Bettina Hartz

Auf dem Rad

Bettina Hartz

AUF DEM RAD

Eine Frage der Haltung

Deutsche Verlags-Anstalt

Das für dieses Buch verwendete FSC®-zertifizierte Papier *EOS*
liefert Salter St. Pölten.

1. Auflage
Copyright © 2012 Deutsche Verlags-Anstalt, München,
in der Verlagsgruppe Random House GmbH
Alle Rechte vorbehalten
Der Abdruck der Gedichte von Elke Erb erfolgt
mit freundlicher Genehmigung der Autorin.
Tyopgrafie und Satz: DVA / Brigitte Müller
Gesetzt aus der Dante
Druck und Bindung: Friedrich Pustet KG, Regensburg
Printed in Germany
ISBN 978-3-421-04479-2

www.dva.de

Inhalt

Wie das Rad erfunden wurde
und zu mir kam

Das Rad als Gefährt und Gefährte

Bei einer großen Liebe weiß man oft nicht, wie und wann sie begonnen hat. Stand ein Urerlebnis am Anfang, eine Initiation, mit der das Geheimnis der Faszination begann? Kam die Liebe ganz plötzlich, über Nacht, oder brauchte sie Zeit? War sie am Anfang vielleicht sogar erst mal Abneigung und musste sich gegen Widerstände durchsetzen?

Ich fuhr durch den Tiergarten, es war dunkel, fast schon Nacht. Schnurgerade war der Weg, die Bäume an den Seiten hoch und schwarz, dichter beisammen, so schien es, als am Tage. Schwarz auch der Himmel zwischen den dahinjagenden Wolken, aus denen warmer Regen fiel. Es war, als zöge er eine Hecke aus Wasser um mich und das Rad, auf dem ich saß, als wäre es mit mir verwachsen, ich fühlte mich wie in einem Schloss, das sich, wundersam und doch ganz natürlich, mit mir, mich umschließend und zugleich von mir angetrieben, fortbewegte. Die Geräusche der Nacht, das Rascheln verborgener Tiere, das Schreien der schlafenden Vögel, von zitternder Stille gerahmt, drangen nur gedämpft zu mir. Die Gerüche dagegen waren stark, stärker als am Tag, wie nackt kamen sie mir entgegen, gelöst im Wasser des Regens, der Haut und Haare, Augen und Lippen liebkoste, strömten mit dem Atem in die Lunge und von dort in den Körper, der mehr und mehr Atem wurde, betörend duftender Atem, da er alle Essenzen der blühenden Bäume und Büsche des Gartens enthielt.

In diesem Duft aber, der durch die dünn-zarten Wände des Regenschlosses drang, das mich fahrend umgab, öffnete sich, seltsam, märchenhaft, die dunkle Nacht zum leuchtenden Tag, der Parkweg zur weiten Landschaft, die von samtenem, sommerlich breitem Licht beschienen war.

Hecken breiteten sich darin aus, Bäume, Wiesen, Felder, dazwischen schlängelte sich ein Weg, hell, Sand mit Kies gemischt, mit einer leuchtend grünen Grasnarbe in der Mitte. Duft von Kiefern, deren Zapfen knackten, Insekten (Mistkäfer, Ameisen, Feuerwanzen), das Flirren von Zweig- und Blätterschatten über Weg, Lenker, Arme, Gesicht, der hohe helle blaue Himmel über den sanft sich wiegenden Wipfeln der Bäume.

Ein Traum? Es schien so, denn wie so oft in Träumen, sah ich mich selbst, war ich die, die sich bewegte, und zugleich die, die sich in der Bewegung beobachtete. Eine kleine, von kindlichem Heroismus erfüllte Gestalt auf dem Fahrrad, die mit galoppierendem Herzen von der glatten Straße hinunter auf kruppelige Waldwege wechselt und mit Freudengeheul die schmalen Pfade eines riesigen, längst überwachsenen Bombentrichters hinuntersaust, als wären es steile Berghänge, voll Ehrgeiz, auf der anderen Seite wieder hinaufzukommen, ohne die Füße auf den Boden setzen zu müssen oder gar zurückzurollen, dabei in den Pedalen stehend und mit jeder Erhebung, jedem Buckel, jeder Wurzel mitgehend. Durch Kuhlen, tief mit trockenem Sand gefüllt, kämpft sie sich hindurch, mit aller Kraft gegenhaltend, um das Gleichgewicht nicht zu verlieren. Und pflügt dann wieder schwebend leicht durch Pfützen – die Beine vom Rad weg hoch in die Luft gespreizt, jauchzt sie, verfolgt von fröhlich dahinjagenden Tieren. Und wie in den langen Stunden eines Feriensommernachmittags kauert sie in den Bäumen, die nackten Beine baumeln vom breiten Ast, der Rücken ist gegen den Stamm gelehnt, in dem unaufhörlich der Saft aufsteigt, leichtes Vibrieren in der Wirbelsäule, den Schulterblättern, gesenkte Augenlider, während unten im kniehohen Gras das Rad leuchtet, rot-weiß, und die Klingel blitzt und sich schimmernd die Speichen des Vorderrads drehen, langsamer, langsamer, zur Ruhe kommen. Und schon das nächste Bild: Heimkehr im Licht der Abendsonne, die kleine Gestalt jetzt auf dem Sattel gemächlich schlenkrig wie ein zum Stall hin trottendes Pferd, die Schatten länger als die Bremsspur im Staub, Rad und Körper gleichermaßen tagesmüde.

Wie man als Kind auf dem Schulweg so leicht von der alltäglichen Welt hinüberwechselt in die abenteuerlich-phantastische der Bücher, etwa in die futuristischen Räume Jules Vernes – so stiegen die Bilder auf. Als ob in diesem nächtlichen Park, durch den ich fuhr, die versunkenen Reiche der Kindheit gleich neben dem Wege lägen und, wenn man die Büsche teilte, das in der Zeit Verborgene wiedererschiene. Als ob die Nacht hier an den Tag grenzte und hinter der dunklen Wand der Bäume lichtüberflutete Wege warteten, hohe Gräser, rot schimmernd, kitzelnd an den bloßen Beinen, im Abendlicht orangeflammende Kiefernstämme. Alles war vor meinen Augen, ja, mehr noch, war körperlich spürbar, war in mir anwesend, wie umgekehrt ich, wenn auch in kindlicher Gestalt, in diesen Bildern anwesend war, die aufstiegen und versanken im gemächlich-gleichmäßigen Auf und Ab der Pedale gleich langsam vorüberziehenden Sternbildern.

Aktion und Selbstbeobachtung gingen Hand in Hand und trugen zum so oft beschriebenen Eindruck der Irrealität oder Überwirklichkeit bei, die der des Traumes gleicht und die, wenn man erwacht ist, noch eine Weile auf die Wirklichkeit abfärbt, sie in ein ebenso überwirkliches Licht taucht, so dass sie einem verwandelt und ungreifbar erscheint, obgleich man sich doch in ihr alltäglich-selbstverständlich bewegt. Und so, wundersam verdoppelt, wechselte ich, während ich fuhr, immerzu zwischen zwei Zuständen, ein seltsamer Bildertaumel war das, der der unruhevollen, wenn auch durch die Gewohnheit kaum mehr empfundenen ständig bedrohten und wiederherzustellenden Balance des Fahrens auf zwei Rädern glich. Mir schien es wie ein Traum im Traum, ein doppelter Traum also.

Aber träumte ich denn? Nein, der erste Traum, der den anderen umhüllte, war kein Traum, sondern wirkliche nächtliche Heimfahrt die Bellevueallee im Berliner Tiergarten ent-

9

lang, diese schräg laufende gepflasterte Doppelachse zwischen Schloss und Potsdamer Platz, wo die Kaninchen am Wegrand kauerten, ein Stück im Scheinwerferkegel vor dem Rad her hoppelten und im Dunkel verschwanden. Wo andere Radfahrer an mir vorübereilten wie Kometen, die durch der Schacht der Nacht flogen, dunkle Boten auf ebenso dunklen, nahezu unsichtbaren Maschinen, die Scheinwerfer voraus – hell strahlend kündigten sie die plötzlich zwischen den Büschen wie Geschosse auf ihren Bahnen Auftauchenden an, die meinen Weg kreuzten, getrieben von geheimnisvollen Pflichten und Wünschen, und verschwanden ebenso schnell unter den stillen Bäumen, lautlos und unaufhaltsam, mit ihren immer noch einmal zwischen den dunklen, unbeweglich stehenden Stämmen aufblitzenden Strahlern ein wenig gespenstisch auch.

Der Regen hatte aufgehört, die Nacht war jetzt vollkommen schwarz. Und da die Schwärze die dritte Dimension geschluckt und den Park in einen nur hier und da sparsam bestickten Teppich verwandelt hatte, bewegte ich mich in ihr wie in der Fläche eines dunklen Bildes, ja, wie der heilige Eustachius, der auf Pisanellos Gemälde seiner Vision entgegenreitet, kam ich mir vor, und der Park wurde zu einer die flackernden Bilder erwartenden Leinwand im Kinosaal. Konnte auf ihr nicht alles erscheinen?

Aber: keine Visionen. Einmal ein Fuchs am Wegessaum, ganz ruhig, im schon räudig-dünnen Winterfell, wir grüßten uns mit den Augen. Dann Gänserufe über den Bäumen. Und dieses nächtliche Rufen hatte einen geheimnisvollen Zauber, wie verwandelte Wesen kamen die Fliegenden mir vor, die ihren mir unbekannten Schmerz einander zuriefen. Auch das Märchenerinnerungen, natürlich.

Keine Visionen. Aber Bilder. Hervorgelockt durch die schwermütig machenden Düfte und die unbewusste oder nur halb bewusste Bewegung. Denn nicht nur die aus der eigenen Urzeit her vertrauten Gerüche, sehnsuchtsvollen Rufe, auch die sanfte, selbstvergessene Bewegung, die weit zurück in die Vergangenheit reicht, hatte die Erinnerungen an die eigene Kindheit hervorgelockt, die tief verborgen in jeder Zelle unseres Erwachsenenkörpers wohnt, ihren uns meistens unbewussten, im Alltagstun unerreichbaren Kern bildet, von der aber, wenn wir nur ein wenig ins Träumen geraten, spürbare Schwingungen ausgehen, die uns in längst verschwundene Reiche davontragen. Und wir wissen dann wieder, unser Sein wird von diesem verborgenen Kindheits-Ich mit dem wehenden Haar und den großen Augen und den immer klebrigen Händen gespeist.

Wie die Gerüche und Bilder aber sind in unsere Körper auch die frühen Bewegungen, erlernten Bewegungsmuster eingeschrieben: die ersten Schritte, die ersten Balanceübungen auf Schlittschuhen, Rollschuhen, das Klettern und Schaukeln, die ersten Schwimmzüge, die erste Rodelfahrt. Die Mühen ihres Erlernens sind vergessen, im Mythos des eigenen Werdens verborgen, es gibt kaum eine Erinnerung mehr an sie.

So ist es bei mir mit dem Fahrradfahren. Ich finde noch flüchtige, wie gehauchte Berührungen, die mir Halt gaben, spüre noch die sanft aufgelegte Hand am Hinterkopf, die mir half, in der Balance zu bleiben. Und ich weiß noch, dass ich bald das Fahren schon gut beherrschte. Nicht aber das Bremsen mit dem Rücktritt. Das Abrupte dieses Vorgangs, der das Gleichgewicht gefährdete, machte mir Angst. Und so ließ ich das Rad lieber allmählich, ohne weiterzutreten, auslaufen und setzte, wenn das Kippeln zu stark wurde, die Füße auf den Boden, um, mit den nachgezogenen Füßen bremsend, zum Stehen zu kommen.

Aber in diesen frühen Jahren der Kindheit, an die ich nur noch so wenige Erinnerungen habe, als ich das erste Mal, von Stützrädern in der Balance gehalten, im Sattel saß und mich bald schon auf ihm bewegte, als wäre es mit mir verwachsen (selbst Stürze änderten daran nichts), oder noch davor, als ich im Körbchen saß, das vorn am Lenker des Elternrads befestigt war, und über die sandigen Wege der Kiefern- und Birkenwälder und die schlaglochreichen Straßen der kleinen Stadt im Siedlungsgürtel von Berlin holperte, muss es gewesen sein, dass meine große Liebe zum Fahrradfahren begann, das Rad mir nicht nur zum Gefährt wurde, sondern zum Gefährten.

Die Füße vom Boden – das Fahrrad ist da

Im Gegensatz zur landläufig vertretenen Meinung, die das Laufrad des Karl Freiherrn Drais von Sauerbronn bereits zu den Fahrrädern zählt, weil es zwei Räder hintereinander anordnet, das eine starr, das andere mit einem Lenker versehen, und nur durch den Menschen, das heißt ohne vorgespanntes Tier, in Bewegung gesetzt, beginnt für mich die Geschichte des Fahrrads erst in dem Moment, da der Fahrende die Verbindung zum Boden kappte, indem er die Füße auf Pedale stellte. Denn erst jetzt erfolgte der Antrieb nicht mehr durch schnelles, die Füße immer wieder vom Boden abstoßendes Laufen, sondern durch eine getretene Kurbel. Niemand würde sagen, mein Kind fährt Fahrrad, solange es auf einem der heute wieder so beliebten Laufräder herumflitzt.

Natürlich gibt es Überschneidungen zwischen Lauf- und Fahrrad: Auch das 1817 in Mannheim entwickelte Laufrad von Drais ist bereits ein einspuriges Zweirad, auf dem auf dieselbe Weise gelenkt und das Gleichgewicht gehalten werden muss, wie wir es vom Fahrrad kennen. Und dem Laufrad gebührt natürlich die Anerkennung als erstes mechanisches Individualverkehrsmittel, bei dem der Fahrende zugleich der Gefahrene ist oder besser: der Sichbewegende auch der Bewegte – denn der Mensch wird auf dieser Maschine ja zu seinem eigenen Esel oder Pferd, verwandelt sich in einen Maschinenkentauren und kommt, wie's im Märchen der Brüder Grimm *Die kluge Bauerntochter* heißt, »weder geritten noch gefahren«.

Wie munter und beschwingt so eine Fahrt aussehen konnte, zeigt Lyonel Feininger bei seinen *Draisinenfahren* von 1910, einem Traumerinnerungsbild natürlich, denn zu Feiningers Zeit fuhr schon lange niemand mehr auf einer solchen Maschine. Die überlängten Glieder der Laufend-Fahrenden sind kühn angeschnitten, die Räder, anders als die historischen, leuchten rot und blau und gelb, die Kleider mit Schleiern und Rockschößen flattern – ein Wettfahrt-Wettlaufen scheint es zu sein, sind die grazilen Gestalten doch, um den Luftwiderstand zu minimieren, tief über die Lenker gebeugt.

Lyonel Feininger: *Draisinenfahrer,* 1910.

Aber von Sportkleidung keine Spur: Man wahrt die Eleganz und fährt mit Zylinder und Haube. Ist da nicht eine Braut in Weiß, ein Bräutigam in Ultramarin? Und in der oberen rechten Ecke, ganz in Schwarz, der Nebenbuhler? Handelt es sich also um eine Hochzeitsgesellschaft? Aber wohin sausen sie? Ins Leben? Die lachsfarbene Leinwand wirkt so fleischig. Andererseits wolkiges Rosa rundum. Ist's also eine Himmelfahrt? Aber im Vordergrund, unübersehbar hinge-strichelt, finden sich Halme und Kieselsteine, auch für die erdbindenden Widerstände ist also gesorgt – abheben wer-den sie nicht. Die Braut trägt sogar eine Kopfbedeckung – wulstige schwarze Polsterung auf rotem Helmgrund –, die den Rennradfahrerhelmen der fünfziger Jahre ähnelt, als fürchtete sie einen Sturz. Überhaupt meidet Feininger das Anachronistische nicht, fährt die Braut doch, um das

13

Kleid zu schützen, ein Rad mit Speichenschutz (sie scheint überaus vorsichtig zu sein und wirkt auch schon ganz porzellanen): Das gab es alles im Laufrad-Biedermeier nicht, bewegten sich damals doch nur Studenten so fort, keinesfalls aber Damen, die weder die Beine spreizen noch rittlings auf Sätteln Platz nehmen durften, um unbeaufsichtigt ins wilde Leben aufzubrechen.

Ob die Geschichte stimmt, dass das Laufrad seinen Erfolg dem Ausbruch des Vulkans Tambora auf einer der Kleinen Sunda-Inseln zu verdanken hat? In dessen Folge kam es wegen des ungeheuren Ascheregens zu dem berühmten »Jahr ohne Sommer«, zu Missernten und Hungersnöten auch auf der nördlichen Erdhalbkugel und, aufgrund von Hafermangel, zu einem großen Pferdesterben. Ein Ersatz, der kein Futter brauchte, war da willkommen. Verwunderlicher aber als die These, dass durch einen Vulkanausbruch das Laufrad erfunden worden sein soll, ist, dass die Erfindung, einmal gemacht, im Ursprungsland keine Weiterentwicklung fand. Erst über den Umweg Frankreich kehrte das Laufrad, dass nun, da es über Pedale am Vorderrad angetrieben wurde, schon ein *Fahr*rad war, nach Deutschland zurück, und zwar infolge der Pariser Weltausstellung von 1867.

Pierre Michaux und Pierre Lallement reklamierten beide die Erfindung für sich, und es wird wohl nie mehr geklärt werden können, wer von beiden der Schnellere war; sicher ist nur, dass Michaux als Erstem die erfolgreiche Vermarktung in Europa gelang. Leider hatte sein Tretkurbelrad jedoch eine Schwachstelle. Konstruktionsbedingt entsprach eine Pedalumdrehung dem Umfang des Vorderrads – wer schneller fahren wollte, musste also entsprechend schneller treten. Oder aber das Rad musste wachsen, damit sich mit einer Umdrehung mehr Strecke zurücklegen ließ. Da man mit der ersten Möglichkeit bald an physiologische Grenzen stieß, blieb die zweite, und so kam es zu einem, aus heutiger Sicht, grotesken Umweg bei der Entwicklung des Fahrrads: dem Hochrad. Indem man das Vorderrad, in dessen Mitte die Pedale angebracht waren, ins Riesenhafte vergrößerte, konnte man so noch weit höhere Geschwindigkeiten erreichen.

In der Anfangszeit bestiegen sehr viele Menschen das Fahrrad, die schon lange keine Kinder mehr waren, und das brachte Schwierigkeiten mit sich. »Wie bei allen neuen Bewegungsarten ist bei ihrem Erlernen das Wichtigste das, was uns am schwersten fällt: das Vergessen«, schreibt Elmar Schenkel in seinem Buch mit dem schönen Titel *Cyclomanie*. »Ohne das Vergessen der alten Muster gibt es keine neuen. Beim Fahrrad mußte man sich von der alten stabilen Bewegung verabschieden, die nur ein statisches Gleichgewicht kannte, das heißt, Balance wurde hergestellt, indem man stehenblieb. (…) Das Fahrrad provozierte die Erwachsenen, weil sie das Körpergefühl nicht kannten, das durch balancierende Bewegung entsteht, also das dynamische Gleichgewicht.«

Das Hochrad mit seinem, verglichen mit heutigen Rädern, viel höher gelegenen Schwerpunkt machte es nicht leichter. Der Sattel befand sich gut anderthalb Meter über dem Boden und nur wenig hinter der Vorderachse, und so drohte den Fahrern bei Bremsmanövern oder Straßenunebenheiten die Gefahr, sich zu überschlagen. Auch das Auf- und Absteigen erforderte sehr viel mehr Geschick, da man dazu die Beine ja bereits vom Boden lösen und mit Schwung in die Bewegung gehen beziehungsweise beim Bremsen immer schon im Abstieg begriffen sein musste.

Es gibt viele Berichte aus dieser Hochzeit des Fahrrads; nicht jeder Radfahrschüler aber hatte das Talent, das Erlernen der Radfahrkunst so zu beschreiben wie Mark Twain, der im Alter von fünfzig Jahren zum ersten Mal ein Fahrrad bestieg, was damals noch ein Hochrad war (allerdings eins für Kinder, mit einem Raddurchmesser von nur 1,27 Meter), die Fallhöhe war also eine ganz andere als heute. Und gefallen ist er oft.

»Der Experte erklärte kurz die Gesichtspunkte des Dings, dann stieg er auf dessen Rücken und fuhr ein wenig herum, um mir zu zeigen, wie einfach das geht. Er sagte, daß das Absteigen die vielleicht schwierigste Sache der Welt sei, deshalb würden wir uns das bis zum Schluß aufsparen. Da hatte er sich aber getäuscht. Zu seiner freudigen Überraschung brauchte er mich nur auf der Maschine zum Rollen zu bringen und aus dem Wege zu gehen, und schon kam ich von allein herunter.« Meistens schaffte der Radfahrlehrer es nicht einmal mehr, »aus dem Wege zu gehen«, wozu Twain lakonisch bemerkt: »Ich führe dies auf meine weise Voraussicht zurück, immer auf etwas Weichem abzusteigen. Manche Leute empfehlen ein Federbett, aber ich finde einen Experten besser.«

Twain kam vor allem mit dem »Eiern« des Hochrades nicht zurecht. Es erforderte körperliche Reaktionen, die »gegen die Natur, aber nicht gegen die Naturgesetze« verstoßen. Wobei unter »Natur« die Gewohnheiten und eingespielten Muster, im Grunde, wie er feststellte, die ganze Erziehung zu rechnen sei, die zu Versteifungen und Blockaden geführt hätte, die sich nicht so leicht auflösen ließen. »Das große Rad muß genau in die Richtung gedreht werden, in die man fällt«, schreibt er. Hier zwang ihn die Physik. Wollte er nicht immer wieder fallen, musste er lernen, gegen Glauben und Gewohnheit zu handeln.

Und dies hat nichts mit körperlicher Fitness zu tun. Denn wie der Schriftsteller Ludwig Ganghofer, der das Radfahren gleichfalls spät erlernte, mit Verwunderung feststellte, fiel es insbesondere guten Reitern und Turnern schwer, sich auf die neue Bewegungsform einzustellen. Das Problem sitzt, was das Fahrradfahren betrifft, tief drinnen im eigenen Körper, die eingeschliffenen Bewegungsmuster lassen sich nicht so leicht überschreiben. Aber vor allem liegt es an unserem Kopf. Der so amüsant zu lesende Bericht Twains zeigt, dass nicht nur unser Körper im Aufgeben alter Bewegungsmuster weit weniger flexibel ist, als wir meinen. Nicht so viel anders steht es mit unseren geistigen Gewohnheiten, Denkmustern, nur dass hier, weil es keine »Naturgesetze« gibt, die die Defizite und Unbeweglichkeit unserer Geistes-

»Natur« an einer Maschine sichtbar werden lassen, die Versteifungen eher von den anderen wahrgenommen werden als von uns selbst.

Es ist vor allem die Ängstlichkeit, die den Anfänger, der das Rad besteigt, hindert (ebenso den Schlittschuhläufer, Inlineskater, Skifahrer). Er muss die Kontrolle aufgeben und sich den Kräften, die ihn im Gleichgewicht halten sollen, überlassen. Beim Fahrradfahren ist zudem, wie bei fast allen Bewegungsarten, ein gewisses Tempo notwendig, denn erst dann fangen die stabilisierenden Kreiselkräfte der Räder an zu wirken – eine Erfahrung, die jeder, der auf dem Rad Schritttempo gefahren und in einen heftigen Taumel geraten ist, schon gemacht hat. Mehr als vor der Wackelei fürchtet der Anfänger sich jedoch vor der Geschwindigkeit, führt sie doch, wenn die Sache schiefgeht, zu schwerwiegenden Konsequenzen. Und so muss der Körper, obwohl er mehr weiß als der Kopf, der ihn steuern will, für dessen Ignoranz mit Stößen und blauen Flecken büßen. Bei Twain dauerte es acht Tage mit je anderthalb Stunden Unterricht, bis er endlich die Balance halten konnte und ihm das Bremsen sowie das Auf- und Absteigen gelangen.

Den Beruf des Radfahrlehrers gibt es im Übrigen noch immer, obgleich man doch annimmt, jede und jeder lerne das Radfahren heutzutage, wie das Schwimmen, bereits als Kind, in einem Alter also, in dem wir uns neue Bewegungsmuster leichter aneignen. Aber auch heute gibt es Gründe, das Radfahren gar nicht oder nur schlecht zu beherrschen, aus Mangel an Übung, wegen einer Krankheit oder der Herkunft aus einem anderen Kulturkreis. Und so bietet unter anderem der Allgemeine Deutsche Fahrrad-Club (ADFC) Kurse für Erwachsene an.

Eine geringe Vorstellung davon, wie es einem Anfänger auf dem Fahrrad ergeht, bekommen wir jedes Mal, wenn wir ein uns unbekanntes Rad besteigen – oder den Typ wechseln, etwa vom behäbigen Tourenrad zum tänzelnden Rennrad, das durch den schmalen Lenker und das geringe Gewicht zu einem viel stärkeren »Ausschlagen« und damit unruhigeren Fahren führt. Auch da müssen wir uns erst gewöhnen, bis wir uns mit derselben Sicherheit wie auf dem uns vertrauten bewegen. Den (sich körperlich äußernden) Widerstand gegen Veränderungen kennen also auch Radfahrer, die seit ihrer Kindheit im Sattel sitzen.

Das Hochradfahren aber ähnelte viel eher als dem heutigen Radfahren dem Fahren auf einem Einrad; auch wenn es durch ein Stützrad besser in der Spur gehalten wurde und einen Lenker besaß, der etwas breiter ausfiel als die heute üblichen, so dass mit seiner Hilfe – wie bei einem Seiltänzer, der eine Stange benutzt, um seine Bewegungen auszubalancieren, oder wenigstens die Arme ausbreitet – leichter das Gleichgewicht gehalten werden konnte.

Stürze, Stürze, Stürze waren das Los der Fahrradpioniere, jeden Flecken Erde lernten sie dabei kennen und konnten nebenbei ihre botanischen Kenntnisse erweitern. Nicht selten gingen diese Unfälle bei den Hochradfahrern, die auch wilde Wettrennen mit Geschwindigkeiten von mehr als vierzig Kilometern pro Stunde veranstalteten, sogar tödlich aus.

Da war die Entwicklung des *Safety,* dessen Name schon den Hauptvorzug dieses neuen Fahrradtyps verrät, eine große Erleichterung. Ermöglicht wurde sie durch den Einsatz der Fahrradkette, die eine Übersetzung der Kurbelumdrehung auf das Hinterrad erlaubte. Die Räder konnten kleiner werden, ohne dass sich deshalb die Fahrgeschwindigkeit reduzierte, und wurden wieder gleich groß, man saß weiter hinten und tiefer, so dass man mit den Füßen den Boden erreichte – so wurde nicht nur die Fahrsicherheit erhöht, sondern war es auch nicht mehr notwendig, bei jedem Halt abzusteigen. Mit dem *Safety* oder Sicherheitsniederrad begann der Siegeszug des Fahrrads vom Luxussportartikel zum Massenverkehrsmittel – und zur meistgebauten Maschine der Welt.

18   Obwohl das Hochrad also im Grunde eine technische Fehlentwicklung war, hat es bis heute eine Fangemeinde. Es erfordert eine weit vorausschauendere Fahrweise, ein Fahren

mit allen Sinnen. Der fehlende Freilauf verlangt ein gleichmäßiges Treten bei ebenso gleichmäßiger Geschwindigkeit, erhöhten Kraftaufwand bergauf und Gegendruck auf die Pedale bergab. Verstärkt wird das urtümlichere Fahrgefühl noch durch den – nach heutigen Maßstäben – Mangel an technischen Raffinessen. Auf den *Penny Farthings*, so genannt nach den ungleich großen Münzen einer alten englischen Währung, wird man ordentlich durchgerüttelt. Dass die erste Weltumrundung auf einem Fahrrad ausgerechnet mit einem solchen Gefährt absolviert wurde, erstaunt da schon. Der in England geborene, später nach Amerika ausgewanderte Thomas Stevens bestieg am 22. April 1884 in San Francisco ein schwarzes 50-Inch-Hochrad und erreichte nach abenteuerlicher Fahrt, die ihn zunächst von der amerikanischen West- an die Ostküste und einmal quer durch Europa führte, ehe es über die Grand Trunk Road weiterging, die alte Handelsstraße, die Afghanistan über Indien und Pakistan mit Bangladesch verbindet und die er für ihren exzellenten Zustand und die gänzliche Abwesenheit von Räubern rühmte, im Dezember 1886 schließlich Yokohama. Von dort setzte er im Januar 1887 mit dem Dampfer über den Pazifik und schloss den Kreis. Seine überall Aufsehen erregende Reise, auf der er etwa 13 500 Meilen mit dem Rad zurückgelegt hatte, beschrieb er in zahlreichen Artikeln, die im *Harper's Magazine* und später auch zweibändig in Buchform erschienen.

Die Radpioniere wussten: Wenn man etwas als Erster tut, muss man sich besondere Mühe geben, weil man, wenn man scheitert, nicht nur sich, sondern die ganze Sache lächerlich macht. Und das bedeutet: Man sollte im Verborgenen üben und erst hervortreten, wenn man die neue Technik beherrscht. Oft, vor allem bei einer Tätigkeit, die im Freien ausgeübt wird, ist das jedoch nicht möglich – also heimst man zunächst Häme, Spott, Verachtung ein und wird für verrückt und zu einer Gefahr für Staat und Kirche, die Gesundheit, den häuslichen Frieden, die Erziehung der Kinder, kurz: die Gewohnheit, das Vertraute erklärt.

Die englische Dichterin Flora Thompson, geboren 1876, die vor allem durch ihre autobiographisch-sozialgeschichtliche Schilderung der ländlichen Bevölkerung in ihrer Roman-Trilogie *Lark Rise to Candleford* bekannt geworden ist, schrieb dazu aus der Rückschau: »Radler in ihren soliden Sportanzügen, runden Mützen mit dem Klubemblem waren für die Dörfler Scherzfiguren. Niemand, der sie vorbeiradeln sah, würde es geglaubt haben, hätte man ihm gesagt, daß innerhalb weniger Jahre in jedem ihrer Häuser mindestens ein Fahrrad stehen würde, daß die Männer zu ihrer Arbeit radeln, die jungen Frauen nach getaner Hausarbeit sich aufs Rad schwingen und zum nächsten Städtchen radeln würden, um dort die Schaufenster zu sehen.«

Und wenn schon die Fahrrad*fahrer* ausgelacht und argwöhnisch beäugt wurden, wie viel mehr erst die Fahrrad*fahrerinnen*! Dass Frauen Fahrräder bestiegen, wurde geradezu als ein Angriff auf die sittliche Ordnung und die herrschenden Geschlechter- und Moralvorstellungen verstanden. Und so wurden den radfahrenden Frauen zunächst ähnliche Beschränkungen wie den Reiterinnen auferlegt: Auch die Fahrräder wurden mit Damensätteln ausgestattet, was bedeutete, dass beide Pedale auf derselben Seite des Rades angebracht waren, die Frauen also seitlich versetzt von der Mittelachse sitzen mussten, was die Sache mit dem Gleichgewicht nicht gerade erleichterte. Dann gab es besondere Konstruktionen für Frauen, unter anderem das *Tricycle*, bei dem es sich eigentlich eher, wie der Name schon verrät, um ein Dreirad handelte, auf dem Röcke getragen und die Beine züchtig zusammengehalten werden konnten – was aber, wie eine Collage von Max Ernst mit dem Titel *Zwei junge Mädchen spazieren quer durch den Himmel* vor Augen führt, die zwei heranwachsende Damen auf einem solchen Gefährt zeigt, das eher einem grazilen Tretboot auf Rädern ähnelt als einem Fahrrad, nicht verhindern konnte, dass eine verführerische Freizügigkeit und Autonomielust von diesen so unbewacht-unabhängig Spazierenfahrenden ausging.

Die Arme locker untergehakt, steuern sie mit der je freien Hand mittels kleiner Hebel die Maschine, deren schulterhohe, seitlich angebrachte Räder Flügeln gleichen, und obwohl die beiden, die wie eng befreundete, vertraute Gymnasiastinnen wirken, nebeneinander auf *einem* Fahrzeug sitzen, in schöner Symmetrie des Gespanns, hat man doch den Eindruck, jede könne sich ganz leicht mit einer flüchtig abschiednehmenden Geste von der anderen lösen, zur Seite schwenken und ihrer Wege durch den Himmel ziehen, durch diesen seltsam gerade strömenden Regen und unter den zuckenden Blitzen hinweg, von denen sich beide so unberührt zeigen, als säßen sie in ihren Jungmädchenzimmern oder lägen träumend auf ihren Betten, Hand in Hand, und malten sie sich bloß aus: die Fahrt über dem dampfend-still-glänzenden Meer.

Max Ernst: *Zwei junge Mädchen spazieren quer durch den Himmel*, 1929.

Diese Unabhängigkeit, die hier bei Max Ernst etwas Schwebend-Poetisches und Erotisch-Verlockendes hat, war es vor allem, die das Fahrrad in den Augen der Feinde weiblicher (Verkehrs-)Emanzipation zum Stein des Anstoßes machte. Vorgeschoben wurden, wie so oft, wenn es um die Autonomie weiblichen Lebens ging, andere Gründe, zuallererst natürlich, wie es sich für die vom Positivismus der Naturwissenschaften geprägte Epoche gehörte, medizinische. Ihren Höhepunkt erreichte die Debatte im letzten Jahrfünft des 19. Jahrhunderts, nachdem das Fahrrad einen ungeheuren Boom erlebt hatte und sich auch unter den Frauen immer größerer Beliebtheit erfreute. Da es an weiblichen Ärzten zu dieser Zeit noch mangelte, wurde sie allein von Männern geführt.

Gewarnt wurde vor der Überanstrengung, die sich in Atemnot, Herzklopfen, erhöhtem Blutdruck, Schwächegefühl und dem Zittern der Oberschenkelmuskulatur zeige, als besonders gefährdet galten darüber hinaus Lungen und Nieren. Ein Kölner Arzt behauptete sogar, gewisse Hirnteile würden durch das Radfahren so gehemmt, dass die Wahrnehmung unscharf werde und die Bewegung zu einer Art Betäubung führe, die der Wirkung des Haschisch nicht unähnlich sei – und empfahl: »Wenn das zarte Geschlecht absolut das Bedürfnis zur Bethätigung seiner Strampelkraft fühlt, so kann es diese ebenso gut an der Nähmaschine efektuieren.«

All die negativen Begleiterscheinungen, die durchweg von Experten diagnostiziert wurden, die selbst keine Radfahrer waren, galten natürlich auch für Männer – die Frau aber, das unbekannte Wesen, Fabeltieren ähnlich, über die man sich lustvoll-schaurige Märchen erzählt, war, so die einhellige Meinung, von ihnen in ungleich höherem Maße betroffen. Da gab es nun manche Überraschung. Überzeugt davon, dass Frauen nur wenig an sportlicher Betätigung vertrügen, stellten nicht nur die Ärzte erstaunt fest, dass »die meisten Damen eine viel größere Leistungsfähigkeit und Ausdauer zeigen, als wir anzunehmen uns angewöhnt haben«, sondern die Männerwelt im Ganzen musste zur Kenntnis nehmen, dass Frauen bei Radrennen nicht selten als Erste die Zielgerade überrollten und geschlechtsübergreifend Geschwindigkeits- und Streckenrekorde hielten.

Die größte Sorge war wohl, die Frau möge sich als weniger »zart« erweisen, als es den Männern lieb war. Denn immer mehr Frauen wollten den geschützten häuslichen Bereich verlassen und ihrer eigenen unbeobachteten Wege gehen beziehungsweise fahren, und wenn die Wirkung dieser selbst angetriebenen Fahrt der des Haschisch nahe kam, umso besser! Seltsamerweise beschreiben Frauen, die zu dieser Zeit das Radfahren erlernten und eigene Touren unternahmen, die Wirkung aber als geradezu entgegengesetzt: Nicht Betäubung erlebten sie, sondern eine Erfrischung des Körpers und ein Klarwerden der Gedanken.

Auf einer 1896 entstandenen Zeichnung hat der damals 33-jährige Emanuel Bachrach-Barée, ein zur Münchner Luitpold-Gruppe gehörender Künstler-Autodidakt, der als Zeitungsillustrator arbeitete und hübsche Genreszenen und Landschaften malte, den Reiz eines solchen Radpionierinnen-Ausflugs eingefangen. Die erste Etappe haben die fünf jungen Frauen bewältigt, nun picknicken sie auf einer Lichtung im Wald. Zwei sitzen im Gras und prosten einander mit einem Glas Wein zu, eine dritte hat sich lang ausgestreckt und raucht eine Zigarette, die vierte, stehend bei den beiden Weintrinkerinnen, hat sich sogar eine Pfeife angesteckt, und die fünfte schließlich repariert etwas an ihrem Rad und wird, sobald sie damit fertig ist, zu den anderen gehen und Wein trinken und rauchen wie sie.

Emanuel Bachrach-Barée:
Picknick Berliner Radlerinnen, Grunewald 1896.

Und wenn man diese fünf so betrachtet, beginnt man sich vorzustellen, was sie tun, wenn sie nicht auf einer sonnenbeschienenen Lichtung im Berliner Grunewald liegen. Sie könnten Studentinnen sein oder schon einem Beruf nachgehen, die eine, die Pfeife raucht und die Hände in die Hüften gestemmt hat, ist vielleicht Lehrerin. Jedenfalls wirken sie nicht so, als würde ihnen ein Leben als bürgerliche Hausfrau und Mutter gefallen, dazu strahlt die im Grase liegende Gestalt zu viel träumerischen Ehrgeiz und Hunger nach Leben aus, die etwas Ältere, Resolutere den Wunsch, auch außerhalb des Hauses zu wirken und ihre Kräfte zu erproben. Wenn man die fünf jungen Frauen betrachtet, denkt man nicht mehr an die Nymphen der Badebilder bei Corregio und Rubens, Renoir und Cézanne, und auch nicht an das *Frühstück im Freien* von Manet, sondern schon an die weltbereisenden rasenden Reporterinnen, an die ersten Pilotinnen und Rennfahrerinnen, an all die wilden schönen selbstbewussten Frauen, die Tamara de Lempicka dann in den Zwanzigern malte.

Albertine mit dem Fahrrad

Niemand hat die widerstreitenden Frauenrollen und Projektionen des Weiblichen, die um die Jahrhundertwende das Leben von Männern und Frauen in Unruhe versetzten und den Übergang der Fin-de-Siècle-Gesellschaft in die Moderne begleiteten, subtiler dargestellt als Proust in seinem großen Roman *Auf der Suche nach der verlorenen Zeit*. Und da in diesem Werk nahezu alles, was um 1900 die europäische Welt beschäftigte, erscheint (man fragt sich ja immer wieder, *was* eigentlich hat Proust *nicht* beschrieben und erzählt?, die *Recherche* – ein Universum, eine ganze Welt), tritt natürlich auch das Fahrrad, das für die Emanzipation des Körpers wie der Seele der Frauen eine kaum zu überschätzende Rolle gespielt hat, auf, und zwar als erstes und wichtigstes Attribut der weiblichen Hauptfigur, Albertine, die so ganz anders ist (und dann auch wieder nicht), als sich der Erzähler Marcel die Frauen eigentlich wünscht.

»Ich bin ganz sicher schon zu alt – jedenfalls bin ich nicht für eine Welt gemacht, in der die Frauen sich in Kleider zwängen, die nicht einmal aus wirklichem Stoff gemacht sind. (…) Ich tröste mich damit, an die Frauen zu denken, die ich gekannt habe, heute, wo es keine Eleganz mehr gibt«, sagt der Erzähler am Ende des ersten Bandes des Romans. Eine Frau, an die er hier denkt, ist Odette, die spätere Madame Swann. Sie stellt für ihn den Inbegriff des Weiblichen dar, den Prototyp der eleganten Frau, ein Kunstwesen, schillernd, zart bis zur Zerbrechlichkeit, das, umgeben von den »flatternden Blütenblättern ihres Kleides«, einer gezüchteten Orchidee gleich, in kostbaren Treibhäusern lebt in beständiger Sorge vor Kälte und Zugluft.

Im Laufe der Romanhandlung, die sich über mehrere Jahrzehnte erstreckt, verändert sich die Mode wie die Gesellschaft insgesamt im Übergang von der Belle Epoque zur Moderne. Dem Wechsel des Geschmacks, der Vorlieben, ist aber nicht nur die Kleidung unterworfen, auch die Gestalt, ja, das Wesen der Frau und der männliche Blick auf sie verändern sich. Ein neuer Typus entsteht – etwas, was uns nicht unbekannt ist und wir sofort empfinden, auch wenn es uns nicht leichtfällt, es schnell zu bestimmen, wenn wir Fotografien einer bestimmten Epoche betrachten: Es scheinen andere Menschen gelebt zu haben in den zwanziger, fünfziger, sechziger oder siebziger Jahren, nicht untereinander und nicht uns Heutigen vergleichbar.

Bei Proust nun gerät der Erzähler, nachdem er am Ende des ersten Bandes des Romans von der jungen eleganten Odette Abschied genommen hat, im zweiten in ein Seebad der Normandie: nach Balbec. Und mit dem Verlassen der Hauptstadt Paris, mit der Ankunft am Meer, dessen Weite und Frische er in überwältigend schönen, jede Lichtstimmung wiedergebenden »Sprachseestücken« beschreibt, atmet er nicht nur freier, er gewinnt auch eine ganz neue Sicht auf das Weibliche. Nicht mehr die klar umrissenen, ins Korsett gezwängten, geziert posierenden Salongeschöpfe haben es ihm angetan, sondern eine Schar junger Mädchen, die »am äußersten Ende der Strandpromenade« auftaucht, von wo aus sie sich wie ein merkwürdiger einheitlicher Farbfleck« auf den Erzähler zubewegt, »in Aussehen und Auftreten so vollkommen anders (...)

als alles, was man sonst in Balbec sah, als es eine eben gelandete Schar von Möwen unbekannter Herkunft hätte sein können«.

Es sind aber nicht nur hier, in Balbec, noch nie gesehene Wesen, dem Erzähler sind auch in Paris und anderswo noch nie solche sich frei und selbstbewusst bis zur Frechheit bewegenden Mädchen begegnet. Eine dieser Unbekannten, die da mit »der Beherrschung aller Gesten, die ein vollkommen durchtrainierter Körper und aufrichtige Missachtung gegenüber der übrigen Menschheit verleihen, unbeirrt und locker geradeaus« schreitet, ist Albertine – und sie ist es, die »ein Fahrrad mit (…) nachlässigem Wiegen der Hüften vor sich herschob«. Die eine, die dann die Besondere, die Geliebte werden wird, fällt also bereits durch das ihr beigegebene Attribut auf.

Aus dem sitzenden, unbewegten Objekt, einer schönen, kostbaren Vase gleich, wie es Odette in Reinform repräsentierte, hat sich das Weibliche in Albertine in ein geschmeidig-fliehendes Wild und eine moderne Göttin der Jagd zugleich verwandelt, nicht etwa nur der Logik der Lebensalter entsprechend, sondern auch ganz dem Geist der Zeit. Etwas von Lesbiertum, von Amazonenstaat liegt in der frischen sonnigen Meeresluft. Albertine ist halb Jungfrau, halb Haudegen, dem Meer entstiegene Aphrodite und »radfahrende Bacchantin«, die ihren »Drahtesel« der »Tramway« vorzieht.

Noch nach ihrem Tod steht dem Erzähler als Erstes Albertines Gestalt als »Albertine mit dem Fahrrad« vor Augen, was zeigt, dass das Rad von ihrem Wesen nicht zu trennen ist. Schon bei ihrem ersten Auftauchen löst sie beim Erzähler eine folgenreiche Obsession aus, die vor allem daher rührt, dass diese junge Frau »unaufhörlich auf ihrem Rad zur Flucht gerüstet schien«. Ebendeshalb erfasst den Erzähler der Wunsch, sie zu besitzen, zu beherrschen, aber, von quälender Eifersucht ergriffen, sieht er nur immer wieder »die ewig Irrende der Regentage« »ihr Rad nehmen und in beschwingtem Tempo davonfahren«.

Später gelingt es Marcel zwar, sie in seine Pariser Wohnung zu locken, wo sie, am Pianola sitzend, auf dem sie ihrem Peiniger die immer selben Stücke vorspielen muss, als Gegenstück zu »Albertine mit dem Fahrrad« erscheint. Die Nähmaschine, die dem Fahrrad als erstes technisches Serienprodukt vorausgegangen war und die einer der frauenfahrradfeindlichen Experten den bewegungshungrigen Frauen als Fahrradersatz anempfohlen hatte, ist hier in eine Kunstnähmaschine verwandelt, an der sich Albertine nun »efektuieren« darf. Die Pedale des Instruments ersetzen jene des Fahrzeugs, und die Tasten die Lenkstange: »Ihre schönen Beine, von denen ich mir am ersten Tage bereits zu Recht vorgestellt hatte, daß sie während ihrer ganzen Jugend die Pedale eines Fahrrades bedient hatten, hoben und senkten sich nun mit denen des Pianolas, auf die Albertine (…) ihre Schuhe aus Goldstoff setzte. Ihre Finger, denen einst die Lenkstange vertraut gewesen war, ruhten jetzt auf den Tasten wie die einer heiligen Cäcilie.«

Der Märtyrertod dieser Heiligen aber, die, da während ihres Leidens eine himmlische Musik gespielt haben soll, später die Schutzpatronin der Musik wurde, bestand darin, bei lebendigem Leibe eingemauert zu werden – und ebendies geschieht mit der ihres rüstungsartigen Regenmantels beraubten, durch kostbare Schuhe und Kleider in eine zweite Odette verwandelten Albertine. Als säkulare Heilige, von ihrem scheinbar gutmeinenden Folterer mit Geschenken und Köstlichkeiten verwöhnt und gefügig gemacht, kann Albertine allerdings auf keinen himmlischen Beistand hoffen – sie muss die Musik selbst produzieren. Max Ernst hat auf seinem Gemälde *Heilige Cäcilie – das unsichtbare Klavier* diese beiden Elemente, die Einmauerung und das erzwungene Spiel, auf schrecklich-grandiose Weise zusammengebracht. Bei ihm ist selbst das Meer, das im Hintergrund als ein blauer, zum Kanal gezähmter Streifen erscheint, zu Eis erstarrt, und der Himmel von so schneidendem Blau, dass er seiner symbolischen Bedeutung als

Friedens- und Freiheitszeichen Hohn spricht (und es ist eine verführerische Vorstellung, dass er, als er das Bild malte, Prousts Roman, dessen fünfter Band mit dem Titel *Die Gefangene*, in dem die domestizierte Albertine am Pianola sitzt, im selben Jahr, nämlich 1923, erschien, bereits kannte).

Prousts Erzähler aber muss einsehen, dass er nur Albertines Körper bezwungen hat, nicht jedoch ihr Herz und ihre Seele. Die Domestizierung jenes »dritten Geschlechts«, das mit den radfahrenden Frauen die Bühne der Welt betrat: der emanzipierten, auch sexuell emanzipierten Frau, gelingt nicht. Schließlich kann Albertine sogar ihrem steinernen Gefängnis entfliehen – sich der wiedergewonnenen Freiheit aber nur kuze Zeit erfreuen, schon bald findet sie den Tod. Das allerdings bei einem Sturz vom Pferde-, nicht vom Fahrradsattel.

Die erstaunliche Verspätung des Fahrrads

Im wirklichen Leben ging es für die Frauen, wenn auch bei Weitem nicht für jede einzelne, besser aus, das Fahrrad wurde dank Massenproduktion sowie Raten- und Gebrauchtkauf für immer weitere Kreise erschwinglich und schließlich etwas für Männer wie Frauen so Normales, Alltägliches, dass die um die Jahrhundertwende geführten Diskussionen um Kleider und Fahrradsättel und unbeaufsichtigte Bewegung an frischer Luft im Rückblick schon bald unverständlich und lächerlich wirkten. Das Fahrrad war nun für beide Geschlechter Verkehrs- und Transportmittel in Beruf und Freizeit, und es ist erstaunlich, wie wenig sich, seit der Entwicklung des Niederrads, an dieser Maschine, die mit über einer Milliarde Exemplaren die meistgebaute der Welt ist, Aussehen und Gebrauch geändert haben. Im Gegensatz zum Auto, das damals, wie es das ja auch bei Proust tut, gleichfalls in immer mehr Exemplaren auf den Straßen erschien, würde ein Fahrrad der Jahrhundertwende heute kaum Aufsehen erregen.

Ein Niederrad von 1900:
Modell der französischen Marke Davy.

So früh hat diese genial-einfache Erfindung ihre gültige
Gestalt und sogar das heute für Räder übliche Gewicht
gefunden (ja, so manches Rad, wie etwa das Rennrad D2
von Bianchi, das 1899 den großen Preis von Paris holte, war
sogar um einiges leichter als heutige Citybikes), dass es
eigentlich erstaunt, dass sie so lange auf sich warten ließ.

Denn würde es uns wundern, entdeckten wir das Fahrrad bereits auf alten Gemälden, zwei-, drei-, ja, vierhundert
Jahre vor seiner Erfindung und allmählichen Durchsetzung
als Alltagsgegenstand? Könnte es nicht schon bei Vermeer an
der Wand lehnen, hinter einem Vorhang halb verborgen, oder
bei Pieter de Hooch die intime häusliche Szene bereichern,
wie es Besen und Eimer, Musikinstrumente, Bettpfannen und
Wäschekörbe tun? Könnte es nicht im Getümmel der Regat-
ten von Venedig auftauchen, wie Canaletto sie gemalt hat,
oder bei den Prozessionen von Antonio Diziani, Lenker und
Rahmen mit Blumen und Federbüschen geschmückt? Oder
am Rande der festlichen Umzüge und Paraden des Denijs
van Alsloot, auf den Plätzen eines in den Norden versetzt
scheinenden Venedigs, wo, wenn Flüsse und Kanäle zugefro-
ren waren und die Schlittschuhläufer und Eishockeyspieler
ihr Vergnügen hatten, ein ebenso fröhlich-buntes Gewimmel
herrschte wie in der Lagunenstadt?

Man kann sich die auf den Gemälden der Altdeutschen,
Italiener und Holländer dargestellten Menschen ebenso gut
wie auf Pferden, Maultieren oder zu Fuß auch auf Fahr-

rädern vorstellen, die flache oder leicht hügelige Landschaft durchfahrend, ein Fuhrwerk überholend, an grasenden Kühen, Schafen, ruhenden Pferden vorbei, Reisenden, die im Gras lagern, am Ufer dampfender Flüsse, über die die Kähne gehen, in denen die Kinder baden und die Frauen die Wäsche waschen, bei Volksfesten oder in Gruppen auf den Plätzen der Städte nebeneinanderstehend, plaudernd auf Lenker und Sättel gestützt und die Gepäckträger mit den Einkäufen vom Markt und Kleinkindern beladen, die ihre holzschuhbewehrten Füße auf den großen Flügelmuttern der Hinterräder ruhen lassen. Damen mit großen, blendend weißen Flügelhauben, Ratsherren oder Kaufleute zu Rade – es wäre kein Stilbruch, selbst bei Rogier van der Weyden erstaunte es nicht, auf einem der Altäre eine Figur mit einem Fahrrad neben sich zu entdecken oder zwei über Land Gehende, die nun stattdessen gemächlich dem Horizont zufahren.

Bei Hieronymus Bosch hat man ohnehin den Eindruck, er habe das Fahrrad schon in seinen Träumen gesehen, und man würde sich nicht im Mindesten wundern, tauchte es auf seinen Bildern unter den vielen grausam-anziehenden Gegenständen auf, die der Lust oder der Folter dienen, riesenhaft vergrößert oder, im Gegenteil, winzig klein, als Ganzes oder in Teile zerlegt, zersägt, beladen mit seltsam geformten Früchten und Gefäßen und einem rittlings auf dem Sattel sitzenden grinsenden Teufelchen.

Und es könnte, ebenso wie die in der Ferne auf dem Meer, zu dem sich der Platz hin erstreckt, sichtbaren Schiffe auf der um 1495 entstandenen *Veduta ideale di città fantastica* des Francesco di Giorgio Martini neben einem der strengen, kühlen Paläste zu sehen sein.

Und auch bei dem mehr als vierhundert Jahre später wirkenden de Chirico, der in seiner *pittura metafisica* so viel von Stimmung und Raumgestaltung seines älteren Kollegen aufgenommen hat, diesem Meister, der nicht nur ein Maler, sondern auch ein Techniker war und sich mit Zahnrädern und Getrieben, Katapult- und Krankonstruktionen beschäftigte, so dass ihm auch die Erfindung des Fahrrads zuzu-trauen gewesen wäre. Aber de Chirico, obwohl er bereits im Zeitalter der Fahrräder lebte, hat immer nur Züge an den Rand seiner leeren Städte gesetzt, mit einer langgezogenen Dampf- und Rauchwolke ziehen sie über ein antik-modernes Viadukt mit unserer Sehnsucht melancholisch in die Ferne.

Vor allem aber sind es die Holländer und Flamen, die, wie mit ihren Schlittschuhen, mit denen sie sich auf den alten Gemälden so elegant über die Eisflächen der zugefro-renen Kanäle bewegen, mit dem Fahrrad geradezu verwach-sen scheinen, Bewohner jenes flachen Landes, das aufgrund seiner Topographie und der kurzen Distanzen zwischen den Städten wie kein anderes zum Fahrradfahren geeignet ist. Und tatsächlich sind sie nicht nur zu einer Fahrradnation geworden, sondern sogar zu Erfindern eines eigenen Typus, dem Hollandrad, etwas, was den Chinesen, obgleich sie die mit Abstand größte Gruppe an Fahrradnutzern bilden, nicht gelungen ist.

Woran aber liegt es, dass das Fahrrad wie etwas längst Bekanntes, Altes erscheint, das sich in seiner Urform sogar den Erfindungen Leonardo da Vincis unterjubeln ließ, in dessen Papieren, den sogenannten *Codices*, man 1974 eine Skizze entdeckt zu haben meinte, die ein Fahrrad mit Ket-tenantrieb zeigte – wie sich schließlich herausstellte (nach-dem ein Professor der Smithonian Institution, Charles Gibbs-Smith, zwei Jahre darauf die Zeichnung als Beweis für »Leonardos visionäre Begabung als Ingenieur« und die dilettantische Ausführung durch die Bemerkung, diese sei durch den Leonardo-Schüler Melzi erfolgt, erklärt hatte), war sie nichts anderes als der Scherz eines Mönchs, der bei einer Restaurierung des in Mailand aufbewahrten *Codex Atlanticus* in den sechziger Jahren das Fahrrad auf die Rück-seite von fol. 133 gezeichnet hatte.

Die Geschichte zeigt, wie groß der Ehrgeiz fahrrad-begeisterter Nationen ist, die Entwicklung des Fahrrads auf einen ihrer Landsleute zurückzuführen – insbesondere die Italiener hegten lange Zeit eine Vorliebe für die Idee, einer der Ihren sei der eigentliche Erfinder dieser Maschine gewesen. Neben dem gefälschten Leonardo-Rad gab es aber noch zahlreiche weitere Versuche, so das Fahrrad des russischen Bauern Artamonow, der damit 1801 vom Ural nach Moskau gefahren sein wollte, oder eine Fahrradkonstruktion aus dem thüringischen Themar, die auf 1844 vordatiert wurde. Dass sie, jedenfalls eine Zeit lang, sogar die Fachwelt überzeugen konnten, erklärt sich aber vor allem aus der so einfachen Gestalt und Funktionsweise des Fahrrads, dessen Erfindung man sich eben auch bereits ins 15. oder 16. Jahrhundert versetzt vorstellen kann, als die Mechanik einen kühnen Aufschwung nahm. Im Gegensatz zu Auto und Flugzeug, die in unseren Augen moderne Verkehrsmittel sind, erscheint uns das Fahrrad als alt, seine Erfindung als verspätet. Woran liegt das?

Das Fahrrad kommt, erstens, ohne Motor und Elektronik aus. Im Vergleich zu Auto oder Motorrad bedient es sich einer geradezu primitiven Technik, auch wenn die Physik seiner Bewegung und deren theoretische Beschreibung komplex sind. Es besteht aus nur circa tausend Teilen, von denen gut die Hälfte auf die Kette entfällt. (Sie war lange Zeit ein sensibler und nicht immer optimal funktionierender Teil der Fahrradtechnik, weshalb man, frei nach Marx, spottete: »Radfahrer, ihr habt nichts zu verlieren als eure Ketten.«) Außerdem sind da noch Rahmen, Räder mit Schlauch und Mantel, Felgen sowie die Speichen, die aus verschiedenen Richtungen und doch von einem gemeinsamen Kranz, der Felge aus, alle auf ein gemeinsames Zentrum hinschießen wie Pfeile und einen blitzenden Strahlenkranz bilden, dessen Muster der Verankerung in Nabe und Felge mich als Kind immer faszinierte. Dann Lenker, Tretkurbel mit Kugellagern und Pedalen, Zahnkränze, der Sattel natürlich, Bremsen, das Steuerrohr, die Gabel, und dann als schon nicht mehr unbedingt fahrnotwendige, aber doch willkommene Accessoires, da sie größerer Annehmlichkeit, schnellerer Reparatur oder der Sicherheit dienen: Schutzbleche, Klingel, Ständer, Lampen, Reflektoren, Werkzeugtasche.

Und der Dynamo, diese wundersame Lichtmaschine. Ihre Wirkungsweise ist so einfach, dass, um sie zu verstehen, die Physikkenntnisse der sechsten Klasse ausreichen: Es handelt sich um einen kleinen Wechselstromgenerator, also einen Draht, der um einen Magneten gewickelt ist, so dass dieser, wenn er rotiert, das elektrische Feld verstärkt und einen Strom induziert, der dann die Lampen zum Leuchten bringt.

Dy-na-mo – aus dem griechischen *dynamis* abgeleitet – bedeutet *Kraft*. Es schwingt darin das Versprechen mit, dass sich die Vorzüge des Fahrrads, die der Radfahrer an seinem Gefährt so sehr schätzt, auch in all seinen Teilen finden. Der Dynamo erscheint hierbei sogar wie eine raffinierte Variation des Fahrrads im Kleinen – nicht nur, dass auch seine Wirkungsweise auf dem Prinzip der Rotation beruht, dieser kleine Trabant des großen Rades beweist auch dieselbe Unabhängigkeit, denn als winziges Kraftwerk, das er ist, kommt er ja wie das Fahrrad ohne Benzin oder anderen Treibstoff, ohne externe Stromquelle aus. Wenn sein Wirkungsgrad auch lange Zeit beschämend gering war und er oft, bei Regen vor allem oder wenn der Reifen und das kleine Rad, das an ihm Schwung holte, voller Sand war, versagte, so war er doch so tröstlich mit seinem Heulen und Surren, wenn man nachts durch stille menschenleere Straßen fuhr, mit dem Aufflackern und Erlöschen des warmmatten Scheins, wenn man eine Steigung zu erklimmen hatte und die Trittfrequenz so sehr abnahm, dass die Lampe nur noch eine Ahnung von Licht gab, ein Glimmen, als hätte sie sich in eins der Glühwürmchen verwandelt, die ihre Lichtbahnen durch die Nacht zogen. (Und ich frage mich, ob es nicht gerade die unperfekten Dinge sind, die, die einen Umweg erfordern und liebevolle Hinwendung, um sie in Gang zu setzen und zu halten, die unserem Leben Poesie verleihen. So sehr das verlässliche Funktionieren uns freut, unsere Erinnerungen, die oft erzählten Geschichten knüpfen sich an die Widerstände, weil diese unsere Aufmerksamkeit und Zuwendung erforderten. Nur dadurch nämlich, dass die Dinge über eine bloß flüchtige, oberflächliche Registrierung hinaus unsere Gedanken und Gefühle beschäftigten, dass sie angeschaut und betastet wurden, verbanden sie sich mit uns und bahnten sich einen Zugang zu unseren Herzen.)

Zum Zweiten zeigt das Fahrrad, wie Karren und Schlittschuh, die Geometrie seines Baus in vollkommener Transparenz – von der Seite betrachtet, ist es gewissermaßen seine eigene Konstruktionszeichnung. Das Fahrrad steht unverhüllt als sein eigenes Skelett da, eine Spinne auf Rädern – wie auch andere einfache rein mechanische Geräte, Stabmixer etwa oder Handrührgerät und, ja, auch die Schreibmaschine, die mit dem Fahrrad, Zufall oder nicht, den Erfinder gemeinsam hat. Das Fahrrad verbirgt nichts (bis auf Kugellager und Schläuche), die Teile und ihr Ineinandergreifen liegen offen da. Und sie öffnen, zusammengeschweißt und -geschraubt, den Raum. Denn Räder und Rahmen erlauben immer die Durchsicht, bilden den mobilen Rahmen zu einem Ausschnitt von Stadt oder Landschaft, durch die sie bewegt werden, und wie jeder Rahmen fokussieren sie einerseits den in sie gefassten Raum, machen ihn deutlicher – und bringen ihn andererseits, wenn sie selbst in den Vordergrund treten, zum Verschwimmen. Dann liegt das Augenmerk ganz auf Kreisen und Geraden, aus denen sich das Rad zusammensetzt, jenen Urelementen der euklidischen Geometrie, die am schönsten sind, wenn sie weder Verzierung noch Schriftzüge aufweisen, wenn sie *pur* sind und in leuchtenden Elementarfarben vorüberschießen.

Drittens korrespondiert der Fahrende mit der Sichtbarkeit der Teile seiner Maschine, indem er sich ebenso wenig wie diese hinter einem Gehäuse, einer Karosserie verbirgt – Kleidung und Bewegung, Gesten wie Mimik sind sichtbar, der grimmige Ausdruck des Gesichts ebenso wie das Lächeln, das den Mund umspielt, und auch akustisch wird nichts gedämpft: Flüche, Rufe, Gespräche, Lachen, Pfeifen, alles weht ungehindert vom Fahrenden fort, wie umgekehrt jedes Geräusch, jeder Ton, zu ihm dringt.

Und schließlich entspricht, viertens, auch die Geschwindigkeit dem Tempo längst vergangener Epochen, nämlich dem von Pferd, Wagen, Kutsche her Gewohnten, und der einzige Unterschied zu diesen Fortbewegungsarten besteht darin, dass der Fahrende die Bewegung selbst erzeugt.

Weshalb aber kam das Fahrrad so spät auf die Welt? Seine Erfindung, so der Eindruck, scheiterte nicht an der Kompliziertheit der Konstruktion, sondern vielmehr gerade an deren genialer Einfachheit. Zwei Räder hintereinander zu montieren und diesem sich selbst nicht aufrecht im Gleichgewicht haltenden Gefährt, das einem halbierten Wagen gleicht, Körper und Leben anzuvertrauen, dazu gehörten Phantasie und Verwegenheit. Und zu seinem Bau das richtige Material, das trotz der Grazilität und Leichtigkeit der Maschine deren Stabilität garantierte und auch einen gewissen Fahrkomfort auf unebenem Grund.

Die Rahmen der ersten Fahrräder wurden aus massivem Eisen oder Hohlstahl gefertigt und waren demzufolge sehr schwer. Ende der 1880er Jahre entwickelten die Brüder Mannesmann jedoch ein Verfahren zur Erzeugung nahtloser Stahlrohre. Damit war das Rahmenmaterial gefunden, das noch bis vor Kurzem im hochwertigen Fahrradbau Verwendung fand. (In der Massenproduktion dagegen nahm man billigere, mit Längsnaht geschweißte Stahlrohre.) Es ermöglichte die hohe Stabilität und Stoßfestigkeit garantierende Trapezrahmenkonstruktion, den aus zwei Dreiecken bestehenden Diamantrahmen, in den die Räder über Vorder- und Hinterradgabel eingehängt werden, so wie es beim männlichen Standardmodell bis heute üblich ist. Die industriellen Voraussetzungen für Rahmen und Luftreifen mit Ventil waren also erst im späten 19. Jahrhundert gegeben, als Stahlwerke und Gummifabriken die notwendigen Teile in ausreichender Qualität liefern konnten. Und auch die Straßen mussten erst gebaut werden.

Denn bis in die zweite Hälfte des 19. Jahrhunderts hinein muss das Fahrradfahren eine Tortur gewesen sein. Nicht nur wegen der eisenbeschlagenen Holzräder – die erst um das Jahr 1870 herum durch Räder mit Vollgummibereifung und gespannten, nur zugbelasteten Stahlspeichen ersetzt wurden, eine Erfindung von Eugène Mayer und James Starley –, sondern auch wegen der Straßenverhältnisse. Wo gab es schon asphaltierte Straßen, wenigstens gutes Pflaster?

»Berlin ist ganz auf einer Sandfläche gebaut, die hinter Leipzig beginnt. Überall dort, wo das Straßenpflaster aufhört, versinkt man bis zum Knöchel in Sand, der die Umgebung der Stadt einer Wüstenei ähneln lässt, wo nur Bäume und Gras wachsen. Ich vermag nicht zu sagen, welcher Einfall den Ausschlag gab, mitten in diesen Sand eine Stadt zu bauen«, schrieb Stendhal 1806 in einem Brief aus der Hauptstadt Preußens. Und in anderen Städten und Gegenden mag es nicht besser ausgesehen haben (außer natürlich in Paris und in Grenoble, Stendhals Geburtsstadt). Mit Pferd und Esel kam man da noch ganz gut voran, mit der Kutsche war es schon schwieriger – wie viele Kutschen sind im Schlamm stecken geblieben oder wurden umgeworfen! –, ein Fahrrad aber hätte man noch zu Beginn des 19. Jahrhunderts kaum benutzen können. Und auch wenn sich fünfzig oder achtzig Jahre später die Straßenverhältnisse gebessert hatten, mit dem Größer-Werden der Städte auch der Anteil der gepflasterten Straßen wuchs, für ausgedehnte Radtouren musste man schon hart im Nehmen sein.

In einigen deutschen Städten war das Radfahren wegen der schlechten Straßenverhältnisse sogar verboten, Straßenrennen gab es damals nur wenige, stattdessen baute man, um den Geschwindigkeitsrausch auskosten zu können, Radrennbahnen; die erste wurde 1880 in München eingeweiht. Die jährlich stattfindenden eintägigen Radrennen Paris–Roubaix und der Flandern-Rundfahrt sind unter den Teilnehmern noch heute als »Pflastersteinrennen« gefürchtet; große Teile der Strecke führen über gepflasterte Wege und Straßen und stellen keine geringe Herausforderung an Geschick und Leidensfähigkeit der Fahrer dar.

Und es ist ja auch heute so, dass in Städten mit viel Kopfsteinpflaster das Radfahren auf dem Gehweg so beliebt ist, weil man auf der Straße durchgeschüttelt wird und wegen des unaufhörlichen Gerüttels Angst haben muss, dass sich überall am Rad die Muttern lösen und man bald ohne Schutzbleche, Klingel, Gepäckträger oder Beleuchtung dasteht, wenn nicht gar ohne Zähne und mit zerrütteten Handgelenken. Und das, obgleich es Luftreifen sowie Sattelstützen- und Gabelfederungen gibt!

Kein Wunder also, dass die ersten Fahrräder im Englischen *boneshaker*, Knochenschüttler, genannt wurden. Eine deutliche Verbesserung trat erst ein, als gegen Ende des 19. Jahrhunderts der schottische Tierarzt John Boyd Dunlop den Fahrradluftreifen erfand, der neben einer deutlich spürbaren Dämpfung auch eine zuverlässige Bodenhaftung mit sich brachte und zudem etwas von einem Luftgeist hatte – trug man in ihm doch, anders als in den eigenen Lungen, die Luft von einer Weltgegend in die andere. Und als dann durch die Verbilligung des Zements auch noch der Beton das teure Natursteinpflaster mehr und mehr ablöste, vor allem aber als im Laufe des 20. Jahrhunderts der Bau von Teer- und Asphaltstraßen deutlich zunahm, wurde das Radfahren in freier Wildbahn, die dann ja schon gar nicht mehr so wild, sondern eine durch befestigte Wege domestizierte war, geradezu zum Vergnügen.

Die guten Straßen waren natürlich vor allem eine Folge des zunehmenden Autoverkehrs, der, um sicherer zu werden und höhere Geschwindigkeiten zu ermöglichen, nach besserem, glatterem Belag verlangte. Das Fahrrad, das, was leider in Vergessenheit geraten ist, dem Automobil ja erst mal ein gutes Stück vorausfuhr, so dass viele der Erfindungen, die im Zusammenhang mit seiner Entwicklung gemacht wurden, dann auf Motorrad und Auto übertragen wurden, profitierte hier also eine Zeit lang von dem zwar etwas später aufgetauchten, sich aber eine Weile mit ihm parallel entwickelnden, es schließlich überflügelnden großen Bruder und Konkurrenten, der das Fahrrad im Laufe des 20. Jahrhunderts immer mehr aus der Straßenmitte an deren Rand drängen sollte.

Im Englischen war, wie erwähnt, *boneshaker* einer der ersten Spitznamen für das Fahrrad – wie aber kam es zu seinem deutschen Namen? Fahr-Rad – ist das nicht eine seltsame Verdopplung dessen, was es bezeichnet? Oder ist das Fahrrad mehr Rad als andere Vehikel? (Jedenfalls ist es keine Kiste auf Rädern wie Kutschen, Autos, Waggons, und die Kurzform *Rad* scheint das zu unterstreichen.) Weshalb aber heißt es nicht Tretrad? Wie doch vergleichbar die ebenfalls über Pedale angetriebenen Tretautos, Tretboote, Tretmühlen? Auch eine Analogiebildung zu Dreirad – Zweirad – wäre plausibel (analog zum englischen *bicycle*, pragmatisch-praktisch auf *bike* verkürzt, oder zum italienischen *bicicletta*, das liebevoll *bici* genannt wird), schließlich war das Fahrrad das erste Doppelrad, erst später kamen ja die motorisierten Geschwister Mofa, Moped, Motorrad dazu.

Nach dem *Wiener Übereinkommen über den Straßenverkehr vom 8. November 1968* ist ein Fahrrad »jedes Fahrzeug mit wenigstens zwei Rädern, das ausschließlich durch die Muskelkraft auf ihm befindlicher Personen, insbesondere mit Hilfe von Pedalen oder Handkurbeln, angetrieben wird«. Einräder gelten daher nicht als Fahrrad, sie sind rechtlich gesehen ein Spielzeug. Die französische Bezeichnung *deux roues* (Zwei-Rad) wäre nach dieser Definition das Passende.

Zunächst hieß das Fahrrad aber auch gar nicht Fahrrad, sondern Veloziped (Schnellfüßler, von lateinisch *velox* = schnell und *pes* = Fuß), analog zum Französischen *vélocipède* – was es seiner Abstammung vom Laufrad zu verdanken hat. Otto Sarrazin, Mitglied des 1885 gegründeten Allgemeinen Deutschen Sprachvereins, gefiel dieses Wort, wie auch viele andere aus dem Französischen entlehnte, jedoch ganz und gar nicht, und so arbeitete er fleißig mit am *Verdeutschungswörterbuch*, in dem dann ein paar Jahre später seine Wortschöpfung »Fahrrad« erschien.

Vergleicht man aber Lauf- und Fahrrad, kommt man also vom Vorläufer des Fahrrads her, versteht man die Sarrazinsche Wortschöpfung sofort: Das auffälligste Unterscheidungsmerkmal war ja, seitdem man die Füße vom Boden genommen und auf Pedale gestellt hatte, dass aus dem Laufen ein Fahren, aus dem *Lauf*rad ein *Fahr*rad geworden war. Aber auch wenn die Wortneuschöpfung logisch ist, schön ist sie nicht. Vor allem wenn sie dann in den Ableitungen und Zusammensetzungen *Fahrradfahrer*, *Fahrrad fahren* auftritt, das hat etwas lächerlich Redundantes, ja, irrwitzig Doppelgängerisches. Die Verkürzungen, *Radfahrer*, *Rad fahren*, machen es erträglicher, aber erst das verknappte *Radler*, *radeln* hat dann die Eigenständigkeit einer wirklichen Wortneuschöpfung – und dem Auto etwas voraus, denn *auteln* kann man nicht. Und zum Glück ist das Radeln kein Rädern geworden, wenn der Radfahrer, vor allem der Rennradfahrer, sich auch manches Mal am Ende seiner Tour wie aufs Rad geflochten fühlen mag. Sehr schade aber ist, dass es im Deutschen keine Entsprechung zum englischen *to cycle* gibt – kreisen, kreiseln, gar zweikreiseln oder bekreiseln, das gäbe der Bewegung etwas Leichtes, Schmetterlinghaftes, Poetisches, drückte in ihrer Bezeichnung etwas von dem aus, was ihren Reiz ausmacht.

Aber natürlich blieb es nicht bei dem einen, vom Allgemeinen Deutschen Sprachverein gefundenen Begriff, das Fahrrad hat noch viele andere Namen. In der Fahrradstadt Münster etwa heißt es *Leeze*, ein Wort, das einer westfälischen Variante des Rotwelschen, der Masematte, entnommen ist. Die Bezeichnung für den um 1750 zum ersten Mal belegten Soziolekt aus den Elendsvierteln in Münster geht auf das jiddische *masso umatan* zurück, was so viel wie »Handel«, »Handelsbetrieb« bedeutet und von Hebräisch *maa u'matan* (Verhandlungen) abgeleitet ist. Im Rotwelschen nahm dieser Begriff nun vorrangig die Bedeutung »Diebstahl« beziehungsweise »Einbruchdiebstahl« an (mit den schönen Unterbezeichnungen *masematte-betook*: gewaltsamer Einbruch, bei dem man die Bewohner »bindet und raitelt«; »zierliche Masematten«: Einbruch bei schlafenden Hausbewohnern; »betuchter Masematten«: Diebstahl ohne

Lärm). Das masemattische *Leeze*, das wahrscheinlich ebenfalls vom Französischen *vélocipède* abgeleitet ist, ist also immer schon von einem Hauch Kriminalität umwittert und halb gestohlen oder unter der Hand angebotene Hehlerware – in einer Stadt, in der der Fahrraddiebstahl grassiert, obgleich es doppelt so viele Fahrräder wie Bewohner gibt, eine durchaus passende Bezeichnung.

Im Portugiesischen wird das Fahrrad auch *magrela*, die Magere, genannt, was natürlich auf die Skeletthaftigkeit seines Baus anspielt. Im Polnischen dagegen scheinen eher die schlechten Straßen und die Folgen ihrer Benutzung auf die Sache selbst übertragen worden zu sein: Das Fahrrad wird dort in der Umgangssprache, reichlich makaber, auch *dawcy* genannt, was so viel wie Organspender bedeutet. Den schönsten Namen aber, der dem Rad geradezu wie eine weithin leuchtende Auszeichnung voransaust, haben ihm die Hallenser verliehen: *Flitzebeh*.

Und natürlich wird das Fahrrad gern als Drahtesel und Stahlross bezeichnet, je nachdem, ob man mehr Gewicht auf vertraulich-gemütliches Vorwärtskommen oder rekordverdächtiges Dahinschießen legt. Und vielleicht hat das Fahrrad diese metaphorischen Spitznamen erhalten, weil es am Beginn einer immer weiter um sich greifenden Ablösung vom Tier als Mittel schnellerer Fortbewegung und zum Transport von Lasten stand, die heute in großen Teilen der Welt erfolgt ist und die ein früher Radenthusiast, Pierre Giffard, Journalist und Zukunftsdenker, der das Radrennen Paris–Brest–Paris ins Leben rief, mit dem Ausruf begrüßte: »Endlich brauchen wir keine Pferde mehr!«

Andere waren da nostalgischer, für sie ging die Emanzipation vom Tier auch mit einem Verlustgefühl einher: Man hatte nicht mehr ein lebendiges, von warmem Blut durchströmtes Wesen unter sich, das Angst und Freude kannte, fror und schwitzte, hungrig und durstig war wie man selbst, nach langer Fahrt erschöpft und sich nach Ruhe sehnend, bockig und treu, sondern eine Maschine, die weder krank wird noch Hunger und Durst kennt. Das Fahrrad rebelliert nicht, gehorcht nicht – es funktioniert. Und wenn nicht, verlangt es nicht Anteilnahme, mitfühlende Zuwendung und Trost, muss es nicht gepflegt werden, sondern: *repariert*. Emotionen sind da gänzlich fehl am Platz.

Und dennoch. Es gibt wohl keinen passionierten Radfahrer, der sich nicht wenigstens manchmal, an idealen Tagen, wenn ein leichter Rückenwind weht und der Weg fest und trocken ist, vielleicht sogar ein leichtes Gefälle hat, wenn man also mit dem Gefühl wunderbar beglückender Anstrengungslosigkeit dahingleitet, mit seinem Rad zu einem Radkentauren oder einer Radamazone verschmolzen fühlte – möglicherweise sogar mehr, als es mit einem Pferd oder Esel oder anderem Reittier möglich wäre, denn das Rad setzt diesem Gefühl keinen Widerstand entgegen, da es keinen eigenen Willen hat.

So wie der Reiter auf Kandinskys 1911 entstandenem Gemälde *Lyrisches (Reiter zu Pferd)* mit seinem Tier verschmilzt,

Wassily Kandinsky:
Lyrisches (Reiter zu Pferd), 1911.

verbindet sich auch der Radfahrer mit seiner Maschine, und es erstaunt nicht, dass die Abbildungen dahinjagender Rennfahrer, wie sie etwa der italienische Futurist Umberto Boccioni geschaffen hat, dem Kandinskyschen Jokey so sehr ähneln.

Umberto Boccioni: *Dinamismo di un ciclista*, 1914.

Und es gibt wohl kaum einen Radfahrer, der sich noch nie dabei ertappt hat, mit seinem Fahrrad zu sprechen, es anzufeuern, es zu loben, mit ihm also über die Bewegung hinaus auch verbalemotional eine verschworene Gemeinschaft zu bilden. Zu Animismus und Anthropophormismus neigen nicht nur Vorschulkinder; wir alle gehen gern eine Art beseligende Verschwörung mit den von uns benutzten Maschinen ein, sammeln Kräfte, führen Emotionen ab, geben dem unaufhörlichen *Stream of Consciousness* eine dialogische Struktur und richten unser fortlaufendes Selbstgespräch an das Ding, das wir in unseren Händen und, umschlossen von unseren Schenkeln, mit uns verwachsen glauben.

Magisches Denken. Zauberkräfte. Märchenland. Kein Wunder, dass die Fahrräder in den Ländern, aus denen die Märchen aus *Tausendundeine Nacht* zu uns gekommen sind, im Mittleren und Fernen Osten also, in Persien und Indien, bei ihrem ersten Erscheinen als halb lebendige Maschinenwesen wahrgenommen wurden, denen der Fahrende ins Ohr flüstert wie dem Pferd, das einen in die Lüfte trägt, oder dem fliegenden Teppich, der einen in ferne Länder bringt.

Und natürlich geben wir den Dingen, die wir so beseelen, Namen – oder andersherum: beseelen sie, indem wir ihnen Namen geben. Der Name individualisiert, macht aus irgendeinem Rad *dieses* Rad, das besondere, eine. »Ein Eigenname ist ein Name, der sich auf etwas Unvergleichliches bezieht«, sagt Roland Barthes in seinen Vorlesungen mit dem schönen Titel »Wie zusammen leben«, und auch mit den Dingen leben wir ja zusammen, sie bilden nicht selten eine Verlängerung, Fortsetzung unserer Körper, sind Tentakel in die Welt und Schutzwände, Panzerungen zugleich. Unter den Eigennamen nehmen nun die Kosenamen einen besonderen Platz ein, sie stellen nicht nur einfach eine Verbindung her, sondern eine liebende, sorgende pflegende, bewundernde.

Ihre Funktion besteht darin, die Maschine zu individualisieren, die allgemeine Bezeichnung – »mein Fahrrad« – in einen *Eigen*namen zu verwandeln, was auch schon durch bloße Attribuierung geschieht: mein *liebes kleines* Rad, mein *Kampfross*. Und eben durch die Taufe. So gab ein Freund seinem beim Trödler gekauften Rad den Namen »Gladdys Silberpfeil«, und diese Benennung drückte nicht nur seine Wertschätzung und eine Erhöhung des doch eigentlich fast schon schrottreifen Rades aus, sondern auch seiner eigenen Person, denn wie das Rad durch den Namen bekam auch dessen Besitzer durch jenen Glanz. Wie, umgekehrt, die Aura des Freundes sich auf das Rad übertrug, das an der Seite eines anderen, ohne dessen schwebend-luftige, vitalisierende, euphorisierende Ausstrahlung, nur ein rostiges altes Fahrrad gewesen wäre, dem niemand mehr eine lange Lebensdauer zugetraut hätte.

Der nach dem Kauf verliehene Name stand offensichtlich im Widerspruch zu Erscheinung und Zustand des Rades und konnte also nur aus dessen Vergangenheit kommen – über die der Freund aber nichts wusste, die er bloß imaginierte und deren ausgedachte Essenz er in dem Namen zusammenfasste. Das durch den Namen verwandelte Rad hatte nun eine – zwar im Dunkel liegende, aber in die Gegenwart herüberleuchtende – glamouröse Vergangenheit, glich einer gealterten Diva voller Falten (Rostflecken) und mit rauer Stimme (quietschende Kette, klappernde Schutzbleche). Aber mit der Verleihung des Namens ging eine Aufwertung einher, wenn nicht gar eine Erlösung. Das Rad hatte durch den Freund, der es mit menschlichen Emp-

findungen und ihm zugeschriebenen verborgenen, verlorenen Qualitäten auflud, seine Würde zurückgewonnen, wie
umgekehrt das aufgewertete Rad ihm den Anschein eines
weit in die Vergangenheit zurückreichenden Herkommens
gab, das ein leuchtendes, heroisches, außergewöhnliches,
ganz und gar undurchschnittliches, erhabenes war. Darin
zeigt sich im Gegensatz zu neuen Objekten, die langweilig
und geheimnislos sind, da in und an ihnen noch nichts ist als
die Geschichte ihrer Produktion, die Macht alter Dinge – in
ihnen verborgen ruht ein Versprechen, das auf uns über-
geht. »Gladdys – Glanz und Glorie für dich«, das ist schon
Dekadenz, und diese ist nie allein an Besitz und Materialität
gebunden, sondern an das Bewusstsein für Tradition und
Formen.

Die Wahl des Namens sagt also mehr über uns als über
die Sache, die es benennt, sie spricht von unseren Wünschen,
Sehnsüchten, Phantasien, Projektionen, unserem Selbstbild,
und so ist die Taufe nicht nur eine Neugeburt und Inbesitz-
nahme des Gegenstands (wir fügen ihn in unser – inneres –
Universum ein), nicht nur eine Unterwerfung des Dings und
eine Machtergreifung per Benennung (man denke an Adam
im Paradies, der die Herrschaft über die Tiere, Pflanzen und
alles andere erhält, indem er ihnen Namen gibt), sondern
auch unseres Selbst. Ihm wird ein Mosaikstein hinzugefügt,
der auf unser Sein abfärbt und unsere Beziehung zu den
anderen bestimmt.

Wenn aber die Maschinen vom Menschen beseelt werden, so vollzieht sich, umgekehrt, ein ähnlicher Prozess.
Durch den Gebrauch der Maschine macht sich der Mensch
zu einem Teil von ihr, unterwirft sich ihrer Funktionsweise,
er *maschinisiert* – so geschehen bei den Fabrikarbeitern an
den Montagebändern, deren Herrschaft über den Menschen
Chaplin in seinem Film *Moderne Zeiten* auf unvergessliche
Art vorgeführt hat. Auch der Radfahrer muss sich der
Maschine, die er nutzen will, unterwerfen, was mit mehr
oder weniger großen Schwierigkeiten und Anpassungs-
leistungen verbunden ist, wie die Blessuren der Radschü-

ler gezeigt haben. Aber es geht noch darüber hinaus! Das Fahrrad, so führt der irische Schriftsteller Flann O'Brien in seinem absurd-komischen Roman *Der dritte Polizist* vor, färbt in gewisser Weise auch materiell auf den Fahrenden ab.

Einer der drei Polizisten bei O'Brien nämlich ist überzeugter Anhänger der Atomtheorie, die er dem Ich-Erzähler gegenüber vehement vertritt und laut der »die Persönlichkeit von Menschen, die die meiste Zeit ihres natürlichen Lebens damit verbringen, die steinigen Feldwege dieser Gemeinde mit eisernen Fahrrädern zu befahren, sich mit der Persönlichkeit ihrer Fahrräder vermischt – ein Resultat des wechselseitigen Austausches von Atomen –, und Sie würden sich über die hohe Anzahl von Leuten in dieser Gegend wundern, die halb Mensch und halb Fahrrad sind.«

Beweise? Beweise! Habe er, so fragt der Polizist den ungläubigen Gesprächspartner, denn nie die Menschen bemerkt, die sich an Hauswände anlehnen oder den Fuß auf den Bordstein stützen? Ein Mann, der näher kommt, wird sogleich taxiert: 23 Prozent Fahrrad. Den Rekord hält, mit 71 Prozent, natürlich der bei jedem Wetter auf seinem Rad sitzende Briefträger. Seit vierzig Jahren ist er auf den Straßen der Gemeinde unterwegs, und es besteht, davon ist der Polizist überzeugt, kaum Aussicht, ihn je wieder unter 50 Prozent zu bekommen.

Die Briefträger (und heute noch mehr die Fahrradkuriere) sind also ganz besonders gefährdet. Und als ob Jacques Tati in seinem Film *Tatis Schützenfest* (Jour de Fête), in dem er den Briefträger François spielt, einen Beweis für die Theorie des Romans hätte liefern wollen, bewegt er sich auf, um, neben seinem Fahrrad, als sei es schon ganz und gar in ihn diffundiert, die 71 Prozent jedenfalls hat er lange überschritten, eher der 90 nähert er sich, so sehr ist er mit ihm verwachsen und gar nicht mehr zu lösen von Sattel und Pedalen.

Aber da es sich nach Ansicht des Polizisten ja um einen Austausch der Atome handelt und dieser folglich gegenseitig erfolgt, gilt eben auch umgekehrt, dass die Fahrräder vermenschlichen: »›Das Benehmen eines Fahrrades mit hohem

Humanitäts-Anteil‹, sagte er, ›ist sehr listig und überaus bemerkenswert. Man sieht nie, wie sie sich aus eigener Kraft fortbewegen, aber man trifft sie unerwartet an kaum erklärlichen Orten. Haben Sie noch nie ein Fahrrad gesehen, in einer warmen Küche gegen die Anrichte gelehnt, während es draußen gießt?« Bei Tati sieht man sogar, oh Wunder, ein Fahrrad ohne Fahrer die Landstraße entlangfahren, die Kurve nehmen, vom hinterherrennenden Briefträger verfolgt, bis es endlich ins Städtchen rollt und, an eine Hauswand sich anlehnend, zur Ruhe kommt.

Wer hat da wen gezähmt? Das Rad den Menschen – oder der Mensch das Rad?

Abenteuer und Freiheit

In den siebziger Jahren, in denen ich aufwuchs, gehörte ein Fahrrad zur Kindheit von Jungen und Mädchen wie Puppen und Autos. Und doch ist es mit dem Fahrrad etwas anderes. Es ist, da auch Erwachsene es benutzen und es ursprünglich eine Erfindung zum Zweck ihres schnelleren Vorankommens war, kein bloßes Spielzeug, vielleicht sogar überhaupt kein Spielzeug, jedenfalls selbst in Kindergröße nicht vergleichbar mit der ins Kindliche verkleinerten Erwachsenenwelt von Puppenstube, Kaufmannsladen und Tretauto. Sehr früh begreift man, dass es ein Instrument ist, um den eng gezogenen Bewegungsradius zu weiten, den Raum des Wirklichen auszudehnen, um Erfahrungen in und mit der Welt zu machen. Mit dem Fahrrad beschleunigt sich die Loslösung von den Eltern, räumlich und auch emotional, mit ihm ziehen wir immer weitere Kreise. Und dem Fahrrad gelingt dies, ohne je zu behindern oder zu beschweren, wie es doch alle anderen Spielzeuge tun, die irgendwann langweilen oder zur Last fallen, weil sie keine andere Funktion haben als eben die, mit ihnen zu spielen. Das Fahrrad aber ist mehr, ist nicht nur ein *Spiel-*, sondern auch ein wunderbares *Fahr*zeug, das die kindliche Mobilität nicht hindert, sondern sie autonom macht, befreit.

Schon auf meinem zweiten Rad, einem dunkelrot-weißen 20-Zoller, das mir von meinen älteren Geschwistern vererbt worden war, zog ich hinaus in die Welt. Mit ihm, das mich am Morgen beim ersten Gang durch den Garten, noch trunken vom tiefen Schlaf in tiefen Betten, bereits vorm Schuppen erwartete, mit dem Vorderrad zwischen die dünnen Stämmchen zweier Pflaumenbäume geklemmt, die wir als auf natürliche Weise gewachsenen Fahrradständer benutzten, frisch blitzend, zur Ausfahrt bereit, mit ihm, dem ich im Vorübergehen schnell einen freudigen Gruß zunickte oder das ich einfach nur mit dem Herzen begrüßte (denn mit den Dingen, die wir lieben, sprechen wir die stumme Sprache des Herzens), mit ihm begann das Abenteuer der auf eigene Faust unternommenen Streifzüge, des Sichtummelns, Herumtollens, Kobolzens kopfüber ins Gras. Immer begleitet von meinem Hund, dem treuesten, mutigsten, sanftesten der Welt, der zudem unsichtbar war, so dass ich ihn überallhin mitnehmen konnte (sogar in die Schule). Nach dem Frühstück genügte ein Wink mit den Augen, und er war an meiner Seite wie das Rad, das ich bereits aus seiner natürlich gewachsenen Halterung befreit hatte, und zu dritt brachen wir auf zu unseren Ritterfahrten. Der Hund lief voraus, und ich schob das Fahrrad die Treppenstufen zum Tor hinauf und durch die dicke Hecke, aus der es kleine weiße Blüten schneite, auf die staubige ungepflasterte Straße, wo noch die Bremsspur von der Heimkehr am Abend zuvor zu sehen war – und voller Erwartung auf das Kommende ging es mit uns Neugierigen, Forschenden, in die unmittelbare Zukunft Verliebten hinaus zur Entdeckung unbekannter Länder, die betreten werden konnten, ohne dass weite, öde Meere zu überwinden oder tiefe Wälder zu durchqueren gewesen wären, grenzten sie doch unmittelbar an unser kleines Reich, so dass ich mich schon mit dem ersten Schritt, der den Fuß über die Schwelle des Gartens hinaus auf die Straße führte, im Abenteuerland mit seinen seltsam fremden Bewohnern fand.

Über Mittag lagerten Rad und Hund neben mir am Feldrand, dösend, während ich mit emporgereckten Händen die Wolken am Himmel hin und her schob. Und wenn auch nicht, wie Giorgio Bassani in seinem traurig-schönen Roman und Erinnerungsbuch *Die Gärten der Finzi-Contini* schreibt, in den »betäubenden Chor der Zikaden«, so doch ins Zirpen der Grillen und ins Summen und Brummen der Insekten, mischte sich »ganz nahe, das immer langsamere Ticktack vom Hinterrad meines Fahrrads, das seinen Ruhepunkt noch suchte«. Und vom Glitzern der Speichen, dem stroboskopischen Effekt, den ihr gemächliches Drehen im Sonnenlicht verursachte, vom Duft des Grases, der schwebenden Hitze wurde ich schläfrig. Ich schloss die Augen und ruhte von den Abenteuern aus wie die dicken Fliegen mit den regenbogenfarben schillernden Flügeln, die sich auf dem warmen Gummi der für sie Karussell spielenden Reifen sonnten.

Am Abend dann, wenn die Schatten lang wurden und sich ein wettfahrender Doppelgänger mir an die Seite gesellte, wurden die Kreise wieder enger, erfolgte die Rückkehr ins Vertraute. Und spätestens wenn die Dämmerung Töne und Farben geheimnisvoll satt machte, ruhte das Rad wieder an seinem Platz zwischen den Stämmchen der Pflaumenbäume, der Hund lag unter dem Tisch, wo die Familie beim Essen saß, und zu den alten Erzählungen, die sich allmählich in Legenden verwandelten, sponnen wir nun neue hinzu – denn zieht man nicht auf *avventure* vor allem, um heimzukehren und zu erzählen? Erst in der Erzählung, bei seiner (Wieder-)Geburt in der Sprache, wird es ja eigentlich beseelt, wie umgekehrt das Abenteuer, wenn wir es erleben und oft auch erleiden, *uns* beseelt, mit Freude und Schmerz, und den Raum der Erfahrung weitet.

Christian Petzold hat einmal im Zusammenhang mit seinem Film *Die innere Sicherheit* davon gesprochen, das Auto habe auf die Struktur der Familie denselben Einfluss wie der Abendbrottisch – es bringe die Familie zusammen. Ich glaube das sofort, auch wenn sich in mir für diese Erfahrung kein gelebtes Äquivalent findet und die Vorstellung in mir eher Beklemmung auslöst. Denn ich bin in einer Familie aufgewachsen, in der das Auto das fernste und befremdendste Fortbewegungsmittel war. Taxifahrten nach Theaterbesuchen, gelegentliche Mitnahme durch Eltern von Klassenkameraden und Freunden – das waren durchaus aufregende Abwechslungen, aber so schönfremd es war, war es dann doch auch wieder gut, aus der Autoenge herauszukönnen, die Beine zu bewegen, sein eigener Herr zu sein. Eine ganze weite Reise im Auto zurückzulegen, stundenlang auf die winzige Insel der Hinterbank verbannt, das wäre nicht nach meinem Geschmack gewesen, es hätte mich an ein allzu sehr in die Länge gezogenes Festmahl erinnert, dem keine Kinderseele und noch viel weniger ein Kinder*körper* gewachsen ist.

Bei uns gab es neben dem wirklichen Abendbrottisch, anstelle der Kleinwagengemeinschaft, die doch immer einer Hierarchie aus Fahrer, Beifahrer und Hinterbänklern gehorcht, den Familienausflug auf Fahrrädern, der für die Kinder nie etwas so Klaustrophobisches, sie an den Willen der Erwachsenen Auslieferndes, ihrem Tempo Unterworfenes hat wie eine Autofahrt. Er ist ein weit demokratischer organisierter mobiler Abendbrottisch, kann man sich doch jederzeit von ihm erheben, sich entfernen, unter ihm verschwinden, und zwar jede und jeder gleichermaßen, ohne das Zusammensein der anderen wesentlich zu beeinträchtigen oder gar ihr Vergnügen zu stören – im Gegenteil, die gelegentliche vorübergehende Abwesenheit des einen oder anderen Familienmitgliedes, sein Vorauseilen oder Hinterherbummeln, sein Ausschwirren als Kundschafter, als Picknickplatzpionier oder als Nachhut, die den Blick schweifen lässt über die kleine Schar vor sich, ihre weit gestreute Bewegung im Raum, kann den Genuss, den eigenen wie den der anderen, sogar steigern, und zwar durch den Moment der Rückkehr in die Gemeinschaft, des Sichwiederanschließens, das wie eine Wiederholung der Heimkehr von der allein unternommenen Tagesabenteuerfahrt im Kleinen ist. Durchbrechen der Routine, Auflockerung des Zusammenseins, Wechsel der Geschwindigkeit, Einbringen neuer Elemente. Das Einrichten des mobilen Abendbrottisches beruht auf Freiwilligkeit und eigener Anstrengung, erzwungene Passivität ist hier, im Unterschied zum Fahren im Auto, zum Glück unmöglich.

Und dieser mobile Tisch bewegte sich unter freiem Himmel, wie auch der eigentliche sich dort befand – denn solange es das Wetter erlaubte, aßen wir nicht im Haus, sondern draußen, wie sich auch sonst das Leben im Freien abspielte, als wäre es eine Fortsetzung der Radtouren, das Haus war nur zum Schlafen da. Wir nahmen die Mahlzeiten an wechselnden Plätzen ein, je nach Jahreszeit und Sonnenstand auf der großen, nach hinten gelegenen Wiese oder unter den Haselnusssträuchern oder dem blühenden Flieder, und wenn es sehr heiß war, im Schatten der hohen Bäume, umgeben vom strengen, dichten Grün des Farns. Am Abend aber saßen wir am liebsten unter dem Küchenfenster in der Geborgenheit des Hauswinkels, schon in der Nähe des Bettes, des Schlafs.

Und beim gemeinsamen Essen erzählte jeder von seinen Abenteuern, die er gleichermaßen gesucht hatte, wie sie ihn gefunden hatten, denn das Abenteuer begegnet uns nicht einfach, es erwählt uns und übt eine Anziehungskraft auf uns aus. Und immer versuchte ich dabei, mich in der Wiedergabe der Affekte nicht bremsen zu lassen, den erlebten Leidenschaften den treffendsten Ausdruck zu geben, um in den anderen ebendieselben Empfindungen auszulösen, die ich selbst bei meinen Erlebnissen gehabt hatte, und sie in atemloser Spannung zu halten – und machte doch die Erfahrung, dass ich, was ich empfunden hatte und jetzt, beim Erzählen, mit inneren Händen noch zu greifen, mit nach innen gerichteten Augen noch zu sehen meinte, nicht in Sprache verwandeln konnte. Vor allem mit den ganz feinen, stillen Dingen war es so, einem Abendhimmel, der von besonderem blassen Blau gewesen war, den Blasen, die beim Baden sich vom schlammigen Boden gelöst und die Beine entlang und Bauch und Rücken kitzelnd aufgestiegen waren, dem Wind, der sich im Nacken in Wirbeln gedreht hatte, der Süße einer letzten Himbeere. »Wie schön war das!«, rief ich aus und erfuhr im selben Augenblick eine der kleinen Qualen des Sprechens, wie Roland Barthes sagt (und dasselbe wiederholt sich jetzt beim Schreiben), nämlich die, dass man nie erklären kann, »warum man diese oder jene Sache schön findet: die Lust erzeugt eine Art Sprechfaulheit«. Man will die Sache selbst an den Ort der Erzählung, vor die Augen und unter die Hände und in die Ohren der Zuhörenden (Lesenden) rücken (was man bei schmerzlichen, gefährlichen, Angst machenden Dingen doch nie will, da will man sie sich gerade durch die Sprache vom Leib halten, sie mittels der Sprache bezwingen und hat sie ja auch bezwungen, da man sich als Erzählender zugleich immer als Überlebender, also Sieger erweist) – aber nun sieht man, man kann das Erlebte nicht noch einmal als es selbst erstehen lassen. Nicht nur dass man statt des konkreten Dings, eines Baumes etwa, an den man ein »dieser hier« heftet, als könnte man auf ihn zeigen (man zeigt doch nur auf das Zeichen im Text), nur den Begriff von ihm zu geben vermag, der auf ihn verweist und im Zuhörer oder Leser statt eines konkreten Vorstellungsbildes ein typisiertes erzeugt – man muss auch den Ausdruck des Genusses durch abgelegenere, rationalere Reden, die Empfindung des Schönen und des Glücks durch eine kunstvolle Beschreibung ersetzen, die im Zuhörenden ebendieses Glück wieder erzeugen soll, was aber noch viel weniger gelingt, als eine Person, einen Gegenstand, eine Landschaft, so wie man sie selbst sieht, in seiner Imagination hervorzurufen, denn alles Erzählen weist ja zuletzt immer auf die Absenz dessen, von dem es erzählt. Und doch spricht man nach dem ersten Erschrecken über die Unmöglichkeit, die einen innehalten und verstummen ließ, dann weiter, wenn auch verhaltener, das Erlebnis in ein Erzählerlebnis (das oft die Form der Anekdote annimmt, also auf eine Pointe zuläuft, die ihm in der Realität fehlte) verwandelnd, in der Hoffnung, der Zuhörende möge auf diese Weise das Glück ahnend erspüren, das für einen darin lag und immer noch, auf seine Art, jetzt, beim Erzählen, beim Schreiben liegt.

Und so ging es mir nicht nur damals, als Kind, mit dem einzelnen Abenteuer an diesem oder jenem Frühlings- oder Sommertag, sondern geht es mir jetzt, wie jedem von uns, mit dieser Kinderwelt insgesamt. So sehr ich die Hände ausstrecke, sie ist unerreichbar, versunken, doppelt versunken sogar. Ich wurde größer und mit mir die Fahrräder. Auf das rot-weiße 20er folgte, als das Höherstellen von Lenker und Sattel seine Grenzen erreicht hatte und die Knie beim Treten schon fast gegen das Kinn stießen, bald das erste wirklich eigene, nicht mehr von den Geschwistern geerbte: ein leuchtend blaues 24-Zoll-Rad. Es war nicht ganz das so sehr gewünschte Fahrrad mit Rennlenker, wurde aber trotzdem gehegt und gepflegt, seine Speichen wurden poliert und mit bunten Nabenputzern geschmückt. Und dann, da ich immer noch weiterwuchs, nicht nur Strich um Strich am Türrahmen hinauf, sondern schließlich auch über dieses Rad hinaus, bekam ich zu meinem vierzehnten Geburtstag mein erstes Erwachsenenrad. Es war silberfarben, hatte helle Reifen wie die bis heute bewunderten Räder in französischen Filmen (in denen immer Sommer ist und man auf autoleeren Straßen durch samtigen Halbschatten fährt), einen Ledersattel und einen Flaschenhalter, und es war 28 Zoll groß.

Da war ich nun also eine fast ausgewachsene Radfahrerin. Und es war dieses letzte von meinen Eltern geschenkte Rad, das nicht nur das Ende meiner Kindheit, sondern dieser ganzen sommerlichen Kinderwelt einläutete. Denn seltsamerweise verschwand mit seinem Vorgänger, dem 24-Zoller, nicht nur dieses selbst, sondern versank auch das Paradiesgärtlein unseres Sommerhäuschens (wo die Räder den ganzen langen Winter hindurch im Schuppen aneinandergelehnt auf uns warteten, denn in der Stadt fuhr nur mein Vater mit dem Rad, wir aber verbrachten den Winter räderlos und konnten erst im Frühling wieder aufs Rad steigen) mit den großen Wiesen, den Pflaumen- und Apfelbäumen, der hohen, schlanken Birke, dem Lagerfeuer und der Gießkannendusche, dem Brunnen, den staubigen

Wegen und schmalen, von Brennnesseln gesäumten Pfaden, den hohen Kiefern, deren rotbraune Stämme im Abendrot zu glühen begannen, als wäre unter der Rinde glimmende Glut, der Schleiereule im Baum, dem Igel, dem Eichhörnchen, das in den Haselnusssträuchern tobte, dem sumpfigen, modrig riechenden Badesee und dem fernen Donnern der Güterzüge, das meine Träume begleitete in der Nacht und meine Sehnsucht nährte.

Nie mehr kann diese Sommerwelt meiner Kindheit von jemandem betreten werden, nicht einmal von mir selbst. Nie mehr kann ich sie jemandem, ohne die Sprache bemühen zu müssen, direkt vor die Augen stellen, unter die Füße legen. Versunken sind ihre Abenteuer, und es bleiben nur die des Erzählens. Nicht nur weil sie in der Zeit untergegangen ist, mehr als zwanzig Jahre sind seither vergangen, sondern weil auch der Raum sich verwandelt hat. Der Nachwende-Immobilienrausch löschte die Kinderwelt aus, mehr, als es das bloße Größerwerden bei jedem von uns mit sich bringt, das in verblüffender Reziprozität die Reiche der Kindheit schrumpfen lässt auf allzu überschaubares Maß. Er verwandelte die Welt der sommerlichen Abenteuer in Bauland, die Bäume wurden gefällt, Haus und Garten planiert – der Untergang war total, ich war nie mehr dort. Eine Märchenhecke wuchs, höher, undurchdringlicher als die von Dornröschen. Und doch, sie kann sich öffnen, immer noch. Nach hundert Tagen, hundert Jahren, wenn ein Geruch, ein Ton, ein besonderes Licht sie berührt, dann wird sie durchlässig für die Bilder der Erinnerung, und ich falle in eine andere, längst vergangene Zeit.

Ebendies, so wurde mir bewusst, war auf der Fahrt durch den Tiergarten geschehen, die Bewegung, die Düfte, die tiefe Dunkelheit, das Rascheln in den Büschen und das Wogen der hohen Bäume hatten die so gut verborgenen Bilder heraufgeführt. Und die durch keinen bewussten Willensakt, sondern zufällige äußere Reize ausgelösten Erinnerungen überkamen mich mit sanfter Gewalt, wirbelten mich durch die Zeit und ergriffen so sehr von meinem Körper und meinem Geist Besitz, dass ich der äußeren, gegenwärtigen Wirklichkeit entglitt und mich ganz der inneren, vergangenen hingab. Ich staunte, wie lebendig, nah, unmittelbar alles war.

Die frühesten Erfahrungen sind die gewaltigsten, sie eröffnen den Raum, dessen Grenzen wir später nur noch erweitern, sie legen das Netz der Wege an, auf denen wir uns bewegen, sie ergreifen uns unmittelbar, ohne Umweg über die abschwächende, ordnende, analysierende Kraft der Reflexion. Und so ist es für mich auch mit der Bewegung auf dem Fahrrad, denn so verschieden und fern alle Räder meiner Kindheit sind, so ist ihnen doch gemeinsam, dass ich sie, sobald ich mich in diese versunkene Welt begebe, immer noch körperlich zu spüren vermag, in Muskeln und Knochen, als säße ich wieder auf ihnen. Ganz so, wie Uwe Johnson in seinem Roman *Das dritte Buch über Achim* schreibt, lebt in mir »der Rausch als Erinnerung an Kindheitsmomente, in denen Schnelligkeit und Verwachsenheit mit dem Fahrzeug erfahren wurden, magische Momente«.

Und vielleicht weil ich als Kind mit dem Fahrrad nur am Wochenende und in den Ferien unterwegs war, wurde es für mich zum Symbol dafür, im Freien und frei zu sein. Das seltene Fahrradfahren in der Stadt hatte zwar immer etwas von Privileg, Erhöhung, Ausnahme und wurde entsprechend gewürdigt, aber nicht wirklich gemocht, da der Verkehr zu viel Disziplin verlangte und das Fahren unter Aufsicht der Eltern erfolgte, wenn auch locker, so doch immer in die Klammer des vorausfahrenden Vaters und der das Schlusslicht bildenden Mutter gespannt, es also gerade nicht die Erfahrung von Erweiterung der Grenzen auf eigene Faust und Verantwortung mit sich brachte, die auf dem Lande untrennbar mit ihm verbunden war.

Das auf dem Sattel empfundene Glück hat sich auch später auf den vielen Rädern, die denen der Kindheit folgten, nie verloren. Und obwohl ich inzwischen das ganze Jahr über und hauptsächlich in der Großstadt Rad fahre, allzu oft auf ihm von Termin zu Termin eile, ist, wenn ich auf dem Rad sitze, das frühere Glücks- und Freiheitsgefühl wieder da. Sofort ist der Blick ein anderer (er geht, sowie eine ruhige Seitenstraße erreicht ist, eine Brücke überquert wird, hinauf in den Himmel). Und auch die Gedanken sind andere, sie weiten sich, werden mutiger, durchlässiger, aufnahmebereiter für das, was ihnen begegnet. Ja, es ist sogar so, dass eine radfahrlose Zeit mich wie abgeschnitten fühlen lässt von der eigenen Vitalität, vielleicht weil sie sich so sehr aus der Kindheit und ihrem Körpergefühl, das Schwere, Trägheit, Mühe nicht kannte, speist (und mehr noch, halb bewusst erfüllt mich die Idee: Solange ich fahre, altere ich nicht, sterbe ich nicht – auch das kindliche Unsterblichkeitsgefühl stellt sich wieder ein). Das Radfahren ist daher für mich mehr als eine bloße Fortbewegungsart unter vielen, es ist eine nicht nur körperliche, sondern vor allem geistige Lebensform. Von ihrer Schönheit, Wildheit und Poesie, aber auch von den mit ihr verbundenen Gefahren soll in diesem Buch erzählt werden.

Bewegung ist keine Frage des Tempos

Geistige Mobilität und die Poesie der Langsamkeit

Mobil zu sein ist mit Beginn der Moderne zum Symbol für Fortschritt und Entwicklung geworden. Das erstaunt, war das Sesshaftwerden und Nicht-mehr-umherziehen-Müssen doch einmal ein Traum, dessen Erfüllung die Menschen anstrebten, um die Kräfte, die von den Nomaden in die Zwangsmobilität gesteckt werden mussten, in geistige Mobilität zu investieren – dass die Gründung von Städten, die die Mehrheit der Bewohner zur Befriedigung ihrer Bedürfnisse nun nicht mehr zu verlassen brauchte, reiche Früchte trug, zeigt sich ja nicht zuletzt an Immanuel Kant, der stolz war, sein Leben lang nicht vor die Tore Königsbergs gekommen zu sein, und doch ein ganzes Zeitalter in geistige Bewegung setzte.

Die Mobilität unserer Tage dagegen ist allzu oft eine rein räumliche, auf Geschwindigkeitsrekorde aus. Mobilität wird dabei zu einem Wert an sich erklärt, als bedeute die bloße Bewegung von A nach B bereits Entwicklung, Zuwachs an Wissen, Erkenntnis. Dabei ist eher das Gegenteil der Fall – Bewegung gerät zur Entwicklungssimulation, die sich tarnend über den Stillstand legt. Denn meistens bewegen wir uns nicht selbst, sondern werden wir bewegt – mit Hilfe einer Vielzahl technischer Prothesen (Fahrstühle, Rolltreppen, Fahrzeuge) wird aus der leibgebundenen Fähigkeit des Ortswechsels eine konsumierbare Ware. Der bewegte Körper suggeriert dann lediglich eine mitlaufende geistige Bewegung, die nicht stattfindet.

Möglicherweise liegt die gegenwärtig weit verbreitete Verstandesträgheit, die sich in einer Verteidigung des Status quo und einer deprimierenden Abwesenheit alternativ-utopischen Denkens zeigt, also an der Passivität unserer Mobilität – wir setzen uns nicht in Bewegung, sondern lassen uns transportieren, von Zügen, Flugzeugen und vor allem Autos. Bloßer Transport aber belässt das Transportierte zumeist im Ausgangszustand – so auch uns: Eingehüllt von Metall- und Kunststoffhäuten, simulieren wir über immer größere Distanzen die gewohnte häusliche Umgebung, bleiben, wohltemperiert klimatisiert, unbehelligt von Wetter und Jahreszeiten und erleben, wenn alles abläuft wie geplant: nichts. Den Kopf über den Bildschirm von Handy und Laptop gebeugt, ist unser Geist zwar immerzu beschäftigt, nimmt aber seine unmittelbare Umgebung kaum mehr wahr. Es scheint, unsere wachsende Beziehungsunfähigkeit ist nicht länger mehr nur auf die Menschen beschränkt, sondern hat auch unseren Umgang mit unserer unmittelbaren Umgebung erfasst.

»Unlängst habe ich die Antwort auf all meine Fragen zugleich bekommen, schockartig. Als ich spätabends ein Flugzeug bestieg, war die Kabine wie üblich voll mit Laptopmännern, und die klappten, sobald die Anschnallzeichen erloschen waren, ihre Bildschirme hoch und fingen an, Excel-Tabellen auszufüllen, E-Mails zu beantworten, Angebote zu schreiben, Berechnungen vorzunehmen, Vermerke zu verfassen, Formulare zu entwerfen, also alles zu tun, was sie auch machen, wenn sie woanders sind als im Flugzeug: im Büro, in Wartelounges, in Cafés, in Meetings, wahrscheinlich auch auf dem Klo. (…) Hier ist ein Krieg im Gange, ein verheerender Angriff, der gegen das Aus-dem-Fenster-Gucken, das Gerade-keine-Antwort-Haben, das Nichtstun, kurz: gegen jeden harmlosen Akt der Freiheit geführt wird.«

Was der Sozialpsychologe Harald Welzer hier in einem Interview mit dem *Zeit-Magazin* beschreibt, ist die unter uns allen immer mehr um sich greifende Unfähigkeit, im Augenblick zu sein, die unmittelbare Umwelt wahrzunehmen oder sich, von ihr inspiriert, in Erstaunen und neue Denkbewegungen versetzen zu lassen. Angesichts der Beschleunigung aller Lebensvorgänge – von der ja nicht nur die Mobilität, sondern auch die Nahrungsaufnahme, die Kommunikation, ja selbst der Schlaf, dessen Länge wir immer mehr beschneiden, betroffen sind – stellt sich die Frage: Erleben wir wirklich mehr? Und ist dieses Mehr nur eine Sache der Quantität oder auch der Qualität?

»In der heutigen Welt hat jede Technik der Verlangsamung etwas Fortschrittliches«, stellte Roland Barthes bereits in seinen 1976/1977 gehaltenen Vorlesungen am Collège de France fest. Oder anders formuliert: Sich dem Zwang der Beschleunigung zu entziehen, ihn zu verweigern hat etwas Rebellisches, wenn nicht gar Revolutionäres. Und mehr noch: Aus dem Verzicht auf Steigerung und Verausgabung aller Kräfte gewinnen wir erst unseren Reichtum – denn nur wer nicht bis ans Limit geht, verfügt über Potenzialitäten, konjunktivische Reserven: Ich könnte, aber ich will nicht, lautet seine Einstellung, ich hebe mir etwas von meinen Kräften auf, nicht aus Sparsamkeit, nicht aus Geiz, sondern um den Möglichkeitssinn zu entwickeln, diese Quelle des Schöpferischen und der Phantasie, aus der sich unsere geistige Mobilität speist.

Darin schwingt etwas mit vom berühmten »I would prefer not to« (Ich möchte lieber nicht) des Melvilleschen Helden Bartleby, Schreiber eines an der Wall Street tätigen Rechtsanwaltes und Hauptfigur der nach ihm benannten Novelle, der jede neue Aufgabe, die ihm sein Arbeitgeber aufträgt, mit dieser zweideutig-eindeutigen Formel beantwortet. Ein solches Verhalten hat in unserer Gegenwart, die dazu neigt, alles, was möglich ist, auch in die Tat umzusetzen, ohne allzu sehr die Folgen zu bedenken, etwas Irritierendes, aber auch Faszinierendes. Denn gerade aus den Möglichkeiten, die wir in ihren schimmernden Anfängen, auch Träume, Utopien genannt, belassen, gewinnen wir den Zauber und die Poesie unseres Lebens. Aus der bewussten Entscheidung, an etwas nicht zu partizipieren, etwas nicht zu konsumieren oder in unseren Besitz zu bringen, entsteht erst ein Gerundetsein, in dem Zufriedenheit und Freiheit wohnen.

Die Futuristen und in ihrer Folge die Städteplaner der fünfziger und sechziger Jahre träumten von der motorisierten Stadt. Solange es ein Traum war, hatte diese Vorstellung Glanz, Strahlkraft, Schönheit. Die Umsetzung der Ideen in die Wirklichkeit dagegen führte zu toten Innenstädten, unpassierbaren Straßen, einer Belastung durch Lärm und Abgase, die die Bewohner in die Peripherie trieb. Als Schuldigen lässt sich die Unvereinbarkeit zweier gegensätzlicher Vorstellungen ausmachen: einer belebten Stadt und einer, in der der Verkehr entfesselt ist und sich alles dem Primat der höchsten Geschwindigkeit unterzuordnen hat.

Mittlerweile hat sich jedoch gezeigt, dass eine bestimmte Geschwindigkeit nicht überschritten werden darf, wenn das Leben drum herum nicht ersterben soll. Man kann nicht erwarten, dass sich am Rande einer Stadtautobahn gesellig-urbaner Raum entwickelt. Vielmehr führen solche Bauten dazu, dass ihnen das Leben, das nicht in kleineren und größeren Kisten auf ihnen herumflitzt, den Rücken kehrt und sich einer neuen, ruhigeren Mitte zuwendet. Eine mehrspurige, viel und schnell befahrene Straße stellt ein nur ungern genommenes Hindernis, wenn nicht sogar eine unpassierbare Grenze dar. Mit der von einkreisender Beschleunigung verursachten Parzellierung der Stadt kommen aber auch die Mikrobewegungen, die Zeichen regen Austauschs und Begegnung sind und in denen sich die Vielfalt und Schönheit des städtischen Lebens entfaltet, zum Erliegen.

Ein Reigen wechselnder Bewegungen

Dass es auch anders geht, zeigt eine Bewegungsart, die wie keine andere in der Lage ist, die Teile einer Stadt zu vernetzen. Diese öffnende, aktive und aktivierende Bewegungsform, in der man nicht davor zurückscheut, sich körperlicher Anstrengung und Begegnungen auszusetzen – sei es nun die mit Naturkräften oder Menschen –, ist das Fahrradfahren. Sie ist die einzige, in der der Fahrende sich nicht in einem geschlossenen System bewegt, sondern permanent auf der Schnittstelle zweier ansonsten scharf voneinander getrennter – verläuft sie doch, um noch einmal aus dem Grimm-Märchen *Die kluge Bauerntochter* zu zitieren, »nicht in dem Weg, nicht außer dem Weg«, sondern gleichsam *dazwischen*, nämlich zwischen Gehweg und Straße, Fußgänger und Auto. Im Gegensatz zum Autofahrer kann sich der Radfahrer jederzeit (außer mitten auf der Kreuzung) in einen Fußgänger verwandeln, einfach indem er sein Gefährt stehen lässt – oder aber es schiebend zur Seite nimmt, was ihm die Möglichkeit gibt, wann immer er will, auf die Straße zurückzukehren. Ja, er kann sogar sein Gefährt, da es um vieles leichter als er selbst ist, tragen und damit Hindernisse nehmen, die für jeden Motorisierten unüberwindbar sind: (Roll-)Treppen, Aufzüge, Böschungen, sogar Zäune. Im Unterschied zum Fußgänger wandert er nicht nur an den Ufern des auf den Straßen dahinfließenden Verkehrs entlang, sondern schwimmt mitten darin. Diese Flexibilität, zwischen zwei Bewegungsformen, dem Fahren und dem Gehen, hin- und herzuwechseln, lässt ihn kurze und längere Strecken sowie eine Vielzahl von Untergründen, wie Straßen, Park- und Fußwege, Treppen und Tunnel, Wiesen und Kopfsteinpflaster, Sand, Kies und Asphalt, zu einem Gewebe verknüpfen, das so bunt und abwechslungsreich ist wie das keines anderen Verkehrsteilnehmers.

»So durch die Straßen, die Viertel zu gleiten wie in unsichtbarer Eskorte ist wie durch die Duftwolken verschiedenster Gärten, wie durch Länder der Erde segeln, überall wirst du anders benebelt, anders gestimmt«, beschreibt Paul Nizon diese Bewegung. »Die Anker festen Wissens sind gelichtet. Die Grenzen der Gewöhnung aufgehoben. Selbstvergessen trägt dich wie Wasserwiegen.«

Aus dem vielfach möglichen Wechsel des befahrenen Untergrunds und der gleichzeitigen Teilhabe an zwei Systemen, die sich sonst unverbunden gegenüberstehen – denn Fußgänger und Autofahrer begegnen sich immer nur als sich gegenseitig in ihrem Vorwärtsdrang blockierende Antipoden –, ergibt sich auch die alle anderen Verkehrsteilnehmer übertreffende Schnelligkeit des Radfahrers. Denn obgleich seine Durchschnittsgeschwindigkeit recht moderat ausfällt, triumphiert er über Fußgänger und Motorisierte, sind die meisten der in einer Großstadt zurückgelegten Wege doch kürzer als fünf Kilometer, eine Distanz, auf der weder das Auto noch der öffentliche Nahverkehr mit ihm mithalten können. Vor allem aber ist es die nur dem Radfahren eigene Vielfalt der Bewegungsmodalitäten, die schöne Abfolge der Choreographien, die die Poesie dieser Bewegung ausmacht.

Auf dem Rad nämlich kann man, wie man es sonst nur von Kutschfahrten und flanierenden Fußgängern kennt, nicht aber von Autos, die von einem merkwürdigen Zwang zum Maximum des Erlaubten befallen sind, *bummeln* – wobei man immer wieder vor Entdeckungen innehält und die kleinen Freuden, die der schlendernd genommene Weg bietet, genießt. Das kann ein Schaufenster ebenso sein wie die glatte oder rissige Rinde eines Baums. Plakate, die, frisch geklebt oder bereits halb verblichen, eine die Straße begleitende Mauer schmücken. Das Klackklack hohl liegender Gehwegplatten. Das bunte Mosaik der Blätter im Herbst. Die Schlangenhautmuster der Reifenabdrücke im ersten Schnee. Die Gesichter der Entgegenkommenden. Der Himmel. Am Morgen. In der Nacht.

Dann, bei etwas höherem Tempo, das vor Vergnügen, Lebensfreude *schlenkrige Fahren* – Kraftausgeben aus reinem Lebensübermut, indem man Hindernisse umfährt, über Bretter balanciert und keine Gelegenheit auslässt, kleine anmutige Abstecher zu machen, in denen Laune sich mit Virtuosität mischt.

Oder das *Cruisen,* dem Bummeln verwandt, aber zielgerichteter, bei dem ich immer an das Ferrara der dreißiger Jahre denken muss, wie Giorgio Bassani es in seinem die Atmosphäre dieser Zeit schwermütigschön spiegelnden Roman *Die Gärten der Finzi-Contini* verewigt hat, mit dieser Schar eleganter Bürgersöhne und -töchter, die durch die breiten Straßen mit dem holprigen Pflaster fahren, an deren Rändern die alten, abweisenden Palazzi aus Backstein stehen. Bis heute ist Ferrara eine Stadt der Radfahrer, und vor ein paar Jahren, als ich dort war, hätte ich sehr gern ein auf seinen Straßen erprobtes Rad mit nach Hause gebracht, so ein schlankes, elegantes Stahlrahmenrad mit schmaler Bereifung und diesem von der Mitte sich leicht nach vorn schwingenden und dann erst kurz vor den Griffen sich zurückbiegenden Lenker, wie sie auch Peugeot lange Zeit produziert hat – in Weiß und mit fröhlich stimmenden Regenbogenstreifen verziert.

Und von Ferraras schnurgeradem Corso mit seinen strengen Renaissancepalästen biege ich dann wieder in die Alleen Berlins mit den buntscheckigen Platanen und den schwarzen schlanken Stämmen der Linden, über denen die hellgrünen luftigen Baumkronen schweben: Das *Hinabgleiten* auf diesen Stadtprachtstraßen, geschoben von leichtem Rückenwind, erzeugt ein Gefühl, als bewegte ich mich wie auf Schienen fort, das Vorfahren vor Theater oder Oper, das Sichschwingen vom Rad, das ich dann leicht am Lenker führe wie ein am Zügel tänzelndes Pferd, zu den wartenden Freunden dirigiere, diese begrüße und mich noch einmal kurz, nur auf einen Augenblick, von ihnen trenne, um mein Gefährt, gegenüber vom Haupteingang, anzuschließen – da hat das Radfahren etwas von Ausritt und großer Welt, Musik und Tanz, einem rauschenden Fest unter mit farbigen Lämpchen geschmückten Bäumen.

Dann das *schlendernde Nebeneinanderherfahren* mit einer Freundin, einem Freund, einer kleinen munteren Schar in lauen Sommernächten nach der Oper oder einem Kinobesuch auf unseren lautlos dahingleitenden »Cabrios«, das Plaudern dabei, jeder frei und für sich und doch zusammen diese Gemeinschaft bildend – eine Intimität, die nur den Heimweg lang währt und doch den Anschein hat, unendlich zu sein, da sie den Augenblick ganz erfüllt.

Und so ist es also nicht der statistisch belegbare Vorteil, dass der Stadtradfahrer, jedenfalls innerhalb eines Radius von fünf, zehn Kilometern, von allen Verkehrsteilnehmern meistens als Erster ans Ziel kommt, der den Radenthusiasten überzeugt – er nimmt das Faktische, erzählt man es ihm, lächelnd zur Kenntnis, es bestätigt nur, was er im Grunde längst weiß, er er*fährt* es ja jeden Tag, an dem er sein Rad besteigt und die Reihe der im Stau stehenden Autos überholt und lange vor dem Freund, der das Taxi nahm und dem daher die Abkürzung über Parkwege und durch Einbahnstraßen versagt blieb, am Treffpunkt ist, wenn er nicht schon längst im Restaurant Platz genommen und ein erstes Glas Wein getrunken hat, während die Freundin wieder und wieder die Straßen auf und ab fährt und den Platz umkreist, ehe sich endlich eine Parklücke für ihr Auto findet.

Und es ist auch nicht das Mitleid, das er empfindet, angesichts frierend und mehr und mehr verzweifelt nach Bus oder U-Bahn Ausschauhaltender, an denen er vorüberfährt – dieses viertelstundenlange Stehen auf zugigen Bahnhöfen und an lauten Kreuzungen in Regen oder Schnee und bei eisigem Wind, das auch mich, wenn ich einmal krankheitsbedingt nicht das Rad nehmen kann, geradezu zermürbt. Ist das Warten an einer Haltestelle doch eine gewissermaßen tote Zeit, in der man sich höheren Mächten ausgeliefert fühlt, die nicht in Erscheinung treten wollen, eine die Geduld strapazierende Übung, während der man zur Passivität verdammt ist und sich immerfort nach seinem Unabhängigkeit verleihenden Rad sehnt, das einen nie solchen Prüfungen ausgesetzt hat, sondern immer treulich ans Ziel trug, mochte einem auch der Frost ins Gesicht schneiden, der Regen Jackenärmel und Hosenbeine durchnässen oder der Wind einen mit seitlichen Böen attackieren. Auf ihm wartet man nicht stumpf vor sich hin, man bewegt sich, man kämpft, man steuert durch die Fährnisse der Nacht und fällt am Ende als stolzmüder Held ins Bett, mit der Songzeile der *Prinzen* auf den Lippen: »Nur Genießer fahren Fahrrad und sind immer schneller da.«

Wechselndes Tempo ist für das Glück des Radfahrens ebenso wichtig wie wechselndes Wetter für unser allgemeines Wohlbefinden. Und am schönsten ist es, wenn das Tempo nicht von außen vorgegeben wird, die Bewegung kein Zur-Arbeit-und-Terminen-Flitzen ist, sondern aus dem eigenen Inneren, der augenblicklichen Stimmung geboren wird – als wäre man noch ein Kind, das, wenn es im Freien spielt, nur seinem eigenen Rhythmus gehorcht. Erst dann verschmilzt man mit seinem Rad, verwandelt sich, wenigstens in der

Vorstellung, in jenen schlanken Amazonentyp, der einem in Berlin so oft begegnet: Frauen zwischen zwanzig und dreißig, in Marlene-Dietrich-Hosen oder Miniröcken, mit kurzen, helmartigen Frisuren, die Lippen sehr rot geschminkt, die mit ihrem – natürlich! – Rennrad verwachsen scheinen (und wie schön, wie passend ist es, sie, Rad und Körper in leichter Schräglage, um das Rondell im Tiergarten mit der Amazone von Louis Tuaillon flitzen zu sehen, ihrer Schutzpatronin, die sie mit dieser halben Ehrenrunde grüßen). Oder in einen der athletischen Fahrradkuriere in eng anliegender Funktionskleidung, diese Maschinisten der Räder, denen Jörg-Uwe Albig in seinem 1999 erschienenen Roman *Velo* ein rasend dahinjagendes Denkmal gesetzt hat: »Nur in der Bewegung war er komplett; ein Rudel Elektronen, das erst in beständiger, schneller Rotation ein Atom ergibt.« So ein Elektronenradelkurier ist auch der einzige, den ich, ohne von ehrgeizigem Kampfgeist gepackt zu werden, an mir vorüberziehen lasse.

Wolllust der Bewegung – fast schon ein Flug

Denn natürlich geht es manchmal auch ums Tempo. Um den Rausch der Geschwindigkeit. Die Wolllust der Bewegung. Das Wettrennen – mit anderen Radfahrern, aber auch Bussen, Autos, Straßenbahnen. Erst dann ergreift den Körper das Gefühl, dass die Beine, ja, der ganze Körper zu einem Teil der Maschine geworden sind, wie diese zu einem Teil des Körpers – ein Gefühl, das Oscar Bie, ein begeisterter Radpionier, in einem Essay über Fahrradästhetik als »eine leichte Welle«, die durch den Körper geht, beschrieb, und die der Gehende, der sich mit jedem Schritt vom Untergrund abstößt, so dass er nie mit ihm verschmilzt, nicht kennt, nicht kennen kann. Ein Gefühl, das sich noch verstärkt, wenn es, auf gerader glatter Strecke oder bei leichtem Gefälle, getragen von beflügelndem Rückenwind eine Zeit mühelos, wie von selbst dahingeht: »Von diesem Augenblick an hat das Rad Leben von seinem Leben erhalten.« Ja!

Das nahezu mühelose Dahinsausen, bei dem man meint, im nächsten Moment abzuheben, ist ja auch wirklich dem Fliegen verwandt. Das wussten nicht nur die Fahrradhersteller, die bereits um 1890 mit den rauschhaften Versprechungen dieses neuen Lebensgefühls warben, indem sie auf den Werbeplakaten für Fahrradmarken und Wettrennen – etwa von Toulouse-Lautrec oder Alphonse Mucha – den Rädern Flügel verliehen und die Radfahrer in Vögel, Engel, Göttinnen verwandelten.

Werbeplakat der Cycles Gladiator.

Nein, das wussten auch die Flugpioniere, etwa die Brüder Wright, die eine Fahrradwerkstatt besaßen und ihre dort gesammelten Erfahrungen, was Fragen der Balance, der Gewichtsreduktion, des Kettenantriebs und der Aerodynamik betraf, später beim Flugzeugbau nutzten. Der französische Ingenieur Paul Cornu entwickelte sogar den weltweit ersten frei fliegenden bemannten Hubschrauber, bei dessen Bau er gleichfalls auf die Fahrradtechnik zurückgriff – nicht ohne Grund wurde dieser also »fliegendes Fahrrad« genannt.

Seinem Fahrrad Flügel zu verleihen und es nicht nur als Ross, sondern Pegasus zu denken, ist nur eine leichte Überhöhung seiner Fähigkeiten. Sie entsteht aus dem Glücksgefühl, das sich aus der selbst erzeugten, durch Bergabfahren oder Rückenwind (oder beides!) noch vervielfachenden Beschleunigung speist. Der Radfahrer kennt eine kinetische Lust – und wie jede Lust kann auch diese zu einer Sucht führen, einem

65

Bewegungshunger, der nicht zuletzt daher rührt, dass das Rad, im Gegensatz zu anderen Verkehrsmitteln, die im Laufe ihrer Geschichte fast alle eine Entwicklung hin zur Geschlossenheit gemacht haben (denn Auto, Bahn, Flugzeug, sie alle begannen ja als Cabrio, heute aber kann man oft nicht mal mehr ein Fenster öffnen und die Hand ins Freie strecken, die Luft, die das Gehäuse umhüllt, atmen – sie alle wurden ein Opfer wachsender Geschwindigkeiten und Flughöhen und sind nun komprimierte Wohnzimmer und Gemeinschaftsräume, die uns die Erfahrung des Draußen vorenthalten) – dass das Fahrrad noch immer ein Fahren unter freiem Himmel ohne Verdeck erlaubt und damit das unmittelbare Erleben, wo, wann und mit wem zusammen man fährt.

Der erste frei fliegende bemannte Hubschrauber von Paul Cornu, 1907.

Etwa mit den Gänsen, die hoch über einem über den Himmel ziehen. Ich werde nicht vergessen, wie ich einmal auf einer Autobahnraststätte stand und Gänse rufen hörte, zum Himmel aufblickte und sie dort oben in eleganter Formation vorüberfliegen sah, und dachte, nichts davon hätte ich bemerkt, in dieser Kiste, das Rufen, das ich seit Kindertagen liebe, nicht gehört und nicht aufgesehen zu ihnen, die sich sammeln, um gen Süden zu fliegen, denn es war Herbst. Und hätte die Sehnsucht nicht gespürt, die einen sofort ergreift, ohne allen Ballast, einfach die Schwingen breitend, sich aufzumachen in ferne Länder und sich auf dem Weg zu suchen, was man braucht, unerschrocken gegenüber Regen und Stürmen und der Dunkelheit der Nacht. Eine Sehnsucht, die das Radfahren manchmal zu stillen vermag –

stärkt doch der auf dem Rad frisch an Gesicht und Körper streifende Luftwiderstand unser kreatürliches Lebendigsein: Wehendes Haar, wehende Schals, Blusen- und Hemdzipfel – darüber vergessen wir die Maschine, auf der und durch die wir uns bewegen, und spüren eine unmittelbare Verbundenheit mit der Welt.

Die innige Verwandtschaft von Radfahren und Schreiben

Denn die Art unserer Fortbewegung beeinflusst die Wahrnehmung des Raums ebenso wie die unseres eigenen Ichs, physisch und psychisch. Und so beantwortet das Radfahren die mobile Frage eben nicht nur technisch anders, sondern auch mental. Dass wir *mit* und *aus* unseren Körpern leben und die Art der gewählten Bewegungsform unser Denken und Fühlen bestimmt, ist eine Erfahrung, die nicht nur die Radpioniere immer wieder beschrieben haben, die davon schwärmten, wie die freie Bewegung zu einer Steigerung des Selbstbewusstseins führt, und dies sowohl im Sinne von Selbstwahrnehmung als auch von Selbstsicherheit. Auch wir merken, nicht nur die Bewegungen unseres Körpers, auch das Denken wird, kaum sitzen wir auf dem Sattel, fließender, geschmeidiger, ein *flumen*. Der zu der Illusion führt, die Welt schwebe an uns vorüber, als führen wir auf einem Karussell – dabei sind wir es selbst, die durch sie hindurchgleiten. Und wenn wir vom Rad gestiegen sind, sind unsere Lebensgeister erfrischt – wie uns umgekehrt die Müdigkeit, ja, Langeweile einer langen Zugfahrt oder eines langen Flugs, auch wenn wir Zug und Flugzeug längst verlassen haben, noch eine Zeit anhängt. Vielleicht weil die Kraft des Radfahrers nicht wie die des Zugreisenden oder Fliegenden eine geliehene, eine angemaßte ist, sondern eine, die – da sie echte Anstrengung erfordert – echte Befriedigung verschafft.

Und natürlich ändert sich unser Denken und Empfinden in der Bewegung selbst. Niemals führt das Radfahren (Körper und Geist schindende Radrennen ausgenommen) zu

Trägheit, Stumpfheit, Überdruss. Es ist eher eine Hirnmassage, die unser Denken belebt. Und ich habe mich oft gefragt, ob Radfahren und Schreiben nicht innerlich verwandt sind. Bei beiden findet sich dieser *flow*, ein Glücksstrom und das Gefühl der Omnipotenz, der aus Selbstbestimmung und frei auffliegender Entfaltung eigener Kräfte erwächst. Auch der Literaturwissenschaftler Elmar Schenkel vermutet in seinem Buch *Cyclomanie*, das Radfahren sei eine Bewegung, die »der Literatur zugute kommt oder von Literaten goutiert wird. Vielleicht ist das durch Treten ausgelöste Denken und Assoziieren weniger scharf logisch fassbar, vielleicht ist der Geist freier, weil der Körper selbständig arbeitet.« Und der französische Schriftsteller Jean-Louis Ezine behauptet sogar: »Das Radfahren unterhält geheime Verbindungen zur Literatur. Zwischen beiden ist kein Raum mehr für den Zufall. Das Fahrrad und die Wörter waren schon immer verschworen, standen in betrügerischem Wechselspiel, in romanhaftem Austausch.«

Nach zu langem Drinnenhocken, zusammengekrümmt am Schreibtisch und eingesunken zwischen Sofakissen, tut es mir jedenfalls gut, mich auf den Sattel zu schwingen, um Geist und Körper zu lüften und wieder in Harmonie zu bringen (was vom Körper aus leichter gelingt als umgekehrt) – ein Rat, den bereits Eduard Bertz, Autor einer *Philosophie des Fahrrads*, gab; insbesondere Schriftsteller, so meinte er, würden vom Radfahren profitieren, da es ihren Köpfen eine Ruhepause von der anstrengenden mentalen Arbeit gebe.

Es erstaunt daher nicht, dass sich unter den Kollegen viele begeisterte Radfahrer finden – so etwa Curzio Malaparte, der auf dem geländerlosen Flachdach seiner Villa auf Capri, die auf einem schwer zugänglichen Felsen hoch über dem Meer thront und durch Jean-Luc Godards Verfilmung des Romans *Die Verachtung* von Alberto Moravia weltberühmt geworden ist, in Schreibpausen seine Runden drehte.

Bei einigen hinterließ der Radfahrenthusiasmus sogar Spuren in ihrem Werk. Etwa bei Samuel Beckett, der in der Erzählung *Fingal* den fahrradbesessenen Helden Belaqua ein

»treffliches Gerät mit Holzfelgen und roten Reifen« stehlen lässt: »Als er den Ackerrain zur Straße hinunter rannte, hüpfte es unter seiner Hand neben ihm her. Er stieg auf, und so flogen sie bergab und um die Ecke, bis sie schließlich bei dem Zauntritt zu dem Feld anlangten, wo die Kirche stand. Das Ding fuhr sich wie Butter; rechts schäumte das Meer zwischen den Felsen.«

Ein wahrer Cyclomane aber war Alfred Jarry, Autor des grotesk-komischen Dramas König Ubu. Seine Radfahrleidenschaft verlockte ihn dazu, im Fahrrad eine Verlängerung des menschlichen Skeletts zu sehen – »Es handelt sich vor allem um eine mineralische Verlängerung unseres Knochensystems, und sie ist fast unendlich perfektibel, denn sie ist aus der Geometrie erwachsen« –, ein neues Organ, das für Denken und Ästhetik eine bedeutsame Rolle spielt, da sich in ihm ein Bewusstsein für Form spiegelt, die sich, in der Bewegung, darin ausdrückt, dass der Radfahrer »das Ungleichmäßige des Gehens und die Gleichmäßigkeit der Kreisbewegung« versöhnt, ihm also gewissermaßen die Verkreiselung oder Verzirkelung des Quadrats gelingt, er eine abrupten Richtungswechseln unterworfene Bewegung in eine fließende verwandelt.

Im November 1896 erstand Jarry zum Preis von 525 Francs ein Fahrrad des Typs Clément luxe 96 – seinerzeit so ziemlich das modernste, was man kriegen konnte.

Jarry auf seinem Fahrrad, in Alfortville.

Er muss auf ihm, das er bis zu seinem frühen Tod im Alter von nur 34 Jahren nie aus den Augen ließ, ziemlich schnell gewesen sein, überholte er damit doch immerhin den Zug auf der Strecke von Tripode nach Paris. Auch das war Programm – denn in der Geschwindigkeit sah Jarry eine sich auf die Ästhetik positiv auswirkende Kraft: Die sinnlichen Eindrücke rauschten so schnell vorüber, dass man nicht mehr denken könne, sondern nur noch lebe – was die Kunst beflügele.

Das ist auch wirklich der Fall. Anders als das Gehen unterbricht das Radfahren den Strom der Gedanken und lenkt die Aufmerksamkeit auf die Umgebung, es führt also aus der Imagination hinaus und zurück in die Welt. Der Geist kann beim Radfahren nicht so vor sich hin bummeln wie beim Gehen, bei dem die Umwelt oft unscharf wird, zu einem bunten Nebel, der vorüberzieht und in dem man nur selten ein Objekt fixiert – wie es mir oft, wenn ich zu Fuß unterwegs bin, geschieht. Ich bleibe dann eingesponnen in meine Gedanken wie in einen Kokon, aus dem mich nur außergewöhnliche Ereignisse jagen, etwa ein in wärmende Umhüllungen verpackter Hund, der plötzlich seltsam quer vor mir steht und mit seiner Leine, deren Ende er bildet, den Weg versperrt. Oder ein ohrenbetäubender Lärm: über mir kreisende Hubschrauber, Güterzüge, brummende Motorschiffe (Lärm ist überhaupt das, was die Einbildungskraft am meisten behindert, wenn nicht sogar zerstört – nicht aber Geräusche, Stimmen, Musik an sich; sie dürfen nur nicht zu laut sein, nicht das Gehirn zersägen, dürfen es nur aus der Ferne in Schwingungen versetzen – dann werden sie zu Verbündeten der Phantasie, viel mehr als es absolute Stille je sein könnte). Auch das Notizenmachen ist auf dem Rad, anders als beim Gehen, nicht möglich, will man nicht immerzu anhalten – und wenn man sie nicht fixieren kann, dann kann man die Gedanken einfach frei lassen, denn man weiß ja, es wird nicht gelingen, das, was einem bei einer nur mittellangen Spazierfahrt begegnet, zu memorieren, wenn man wieder zu Hause über dem Papier sitzt.

Ganz im Welzerschen Sinne hindert uns das Fahrradfahren also daran, uns über das, was wir gerade im Begriff sind zu tun, nämlich Fahrrad zu fahren, hinwegzusetzen. Der Radfahrer muss auf seinen Weg achten, Hindernissen ausweichen und wird dabei automatisch von sich selbst ab-, seine Aufmerksamkeit aber auf die Welt gelenkt. Er ist, wie Henry David Thoreau das nennt, »bei Sinnen«: »Selbstverständlich ist es sinnlos, unsere Schritte zum Wald zu lenken, wenn wir dort nicht wirklich ankommen. Ich bin beunruhigt, wenn ich merke, daß ich eine Meile in den Wald hineingegangen bin, ohne auch im Geist dort zu sein. (…) Der Gedanke an irgendeine Aufgabe schießt mir durch den Kopf, und ich bin nicht mehr dort, wo mein Körper ist – ich bin nicht mehr bei Sinnen. Auf meinen Spaziergängen möchte ich jedoch bei Sinnen sein. Was soll ich im Wald, wenn ich dabei an etwas anderes denke, was nicht im Wald ist?«

Und so ist die Zeit, die der Schriftsteller auf dem Sattel verbringt, für seinen Geist eine wirklich erholsame, sie schenkt ihm die Wahrnehmung der Phänomene außerhalb seiner selbst zurück. Es entsteht eine Freude, die nicht aus der Introspektion herrührt, sondern aus der Teilnahme an der Welt. Selbst auf einsamen geraden Strecken, alltagsvertrauten Wegen, die wenig Aufmerksamkeit erfordern, wird der Blick immer wieder hinauf in den Himmel, zu den Büschen (Formen, Farben) an den Seiten gehen, ist das Sehen ein Sehen des *Ist*, weitet sich der Atem mit dem Blick, entspannt sich der Körper, wächst die Neugier auf alles, was einem begegnet:

***

Ich fuhr mit dem Rad vom Zahnarzt heim, von der Frankfurter Allee. Es wirkt nach die Aufeinanderfolge der Bauten und freien Räume.

Es unterhielt nicht, keinerlei Schönheit.
Ich war gelangweilt, lange öde Fahrt.

Also aber ruhig, also dann auch logisch:
Ich erhöhte die Aufmerksamkeit für das, was ist.

Es kommen keine Zweifel? fragte das Hirn.
Dort lebt es sich wohl?

Das ist ein Rand. Er ist sein Rand. Ein immer zerfurchter
Rand. Scheinrand, Randschein.

Rand, bis vor den meins meins ist?
Es war dann nicht ohne Reiz.

Die erhöhte Aufmerksamkeit lohnte sich.
Sie wirkt als Antwort nach, grafisch. Da waren

Bauten und freie Räume …

26.10.04

Es ist nur eine Routinefahrt vom Zahnarzt nach Hause, die
Elke Erb, die Dichterin, hier beschreibt – und doch erwischt
es das lyrische Ich. In dem Moment, da die Welt die Sinne
packt, und sei es nur der vorüberziehende Rand im Augen-
winkel, wechselt die Aufmerksamkeit vom Innen wirklich
zum Außen, weckt eine Neugier – und verwandelt sich dann
später, zu Hause, ins Gedicht.

Denn natürlich ist es nicht so, dass der Geist auf dem
Rad nicht arbeitet, er arbeitet nur anders, versteckter, gewissermaßen unbeaufsichtigt. Die Bewegung des Körpers geht
mit einer Lockerung des Denkens einher – und präsentiert
dann, wenn man wieder zu Hause ist, Lösungen eines Pro-
blems, über dem man am Schreibtisch sitzend verzweifelte,
oder schenkt einem eine Schönheit, eine Idee, die man ohne
die kleine Ausfahrt nie in sich gefunden hätte.

Ausweichmanöver

*Glasscherben, Hunde, Kinderwagen,
Touristen – die kleinen Torturen des Alltags
und der Geist der Anarchie*

Das Radfahren mit seinem Treten und Rollen ist, wie schon
Jarry entzückt feststellte, eine Bewegung des Kontinuums –
auf die Beine, die beim Gehen mehr oder weniger eckige
Bewegungen ausführen, überträgt sich durch Kurbel und
Tretlager die Geschmeidigkeit der potenziell unendlich sich
wiederholenden Kreisbewegung der Räder und damit die
Eleganz und Vollkommenheit des um seine Achse rotieren-
den Kreises selbst. Den Bewegungen, die Radfahrer und Rad
gemeinsam ausführen, werden damit gewissermaßen alle
Ecken und spitzen Winkel abgeschliffen, sie beschreiben
immer Parabeln, Bögen, Kurven, Schlangenlinien, nie Geraden. Selbst zur Umkehr muss der Radfahrer, will er nicht
von seiner Maschine steigen und kurzzeitig zum Fußgänger
werden (was er scheut, als wäre er ein Gegen-Antäus, der
im Unterschied zu diesem all seine Kraft verliert, sobald er
mit dem Fuß den Boden berührt), einen *Bogen* machen, da
ihm kein Wenden auf der Stelle möglich ist.

Abrupte Bewegungs- und Richtungswechsel, wie Fußgänger sie lieben, sind dem Radfahrer also wesensfremd.
Sie erinnern ihn an zuckende Hühnerköpfe – lächerlich groteske Bewegungen, wie sie auch zu Stechschritt, Gewehr-
präsentation, Hackenzusammenknallen dressierte Soldaten
beim Exerzieren und Salutieren auszuführen gezwungen
sind. Sie widersprechen der Eleganz und Anmut, die der
Radfahrende auf seinem Gefährt sucht und findet, und so
hat er es nicht gern, wenn er zu ihnen genötigt wird. Jede
Stockung seiner auf Kreis- und elliptischen Bahnen dahinrollenden Bewegung lässt ihn an Roboter oder Maschinen
denken, deren Aktionsmustern alles Weiche, Fließende

abgeht und nicht selten eine Komik verleiht – die sich noch verstärkt, wenn man einem System, das so sehr der kontinuierlichen Bewegung unterworfen ist und keine Sprünge erlaubt wie das Fahrradfahren, ihre Ausführung dennoch aufzwingt.

Muss der Radfahrer, obwohl es gegen seine Natur geht, Eckigkeit und rechtem Winkel gehorchen, also einem Wechsel oder einer Kombination aus kontinuierlichen und diskontinuierlichen Bewegungsabläufen, so lässt sich eine groteske Wirkung kaum vermeiden – woraus Jacques Tati für seinen bereits erwähnten Film *Tatis Schützenfest* manche Pointe zog: Der Protagonist, ein Briefträger, wird von seinem Vorgesetzten nach amerikanischem Vorbild auf größtmögliche Effizienz hin dressiert, was nicht nur die Sozialkontakte des Briefträgers in Mitleidenschaft zieht, sondern, da Tati die Sache natürlich übertreibt, auch zur Versteifung aller seiner Körpergliedmaßen und damit zum Verlust jeglicher Radfahreranmut führt.

Denn Anmut, so wissen wir aus Heinrich von Kleists Essay *Über das Marionettentheater,* stellt sich nur bei der Verlagerung des Schwerpunktes entlang einer Linie und den hieraus resultierenden kurvenzeichnenden Bewegungen der Glieder ein, so dass »jedes Mal, wenn der Schwerpunkt in einer *graden* Linie bewegt wird, die Glieder schon *Kurven*« beschreiben. Eine Beobachtung, die Jörg-Uwe Albig in seinem Roman *Velo* aufgreift, wo es über den Protagonisten, einen Kurierfahrer, heißt: »Seine Haut saß knapp über durchpulstem Leben, alle Funktionen lagen in der Form, in Krümmungen zweiten Grades, aus Kreisbögen zusammengesetzten Kurven.«

Das dem Fahrradfahren zugrunde liegende Bewegungsmuster ist ja nichts anderes als ein beständig verhindertes Fallen, dynamisches Gleichgewicht genannt, wobei die Einheit aus Radfahrer und Rad Kurven zweiten Grades, nämlich Ellipsen, Parabeln, Hyperbeln, um die Gleichgewichtsachse vollführt. Dem drohenden Kippen zur Seite wird während der Fahrt dadurch entgegengewirkt, dass man den Lenker in ebendieselbe Richtung ausschlagen lässt, in die man zu fallen droht – womit man eine kurze Kurve einleitet und durch die Zentrifugalkraft zur anderen Seite aufgerichtet wird. Dabei lässt sich allerdings ein Überkippen kaum vermeiden, was erneut zu einer das Gleichgewicht gefährdenden Verlagerung des Schwerpunktes führt, nur dieses Mal auf der anderen Seite, der Lenker muss nun also in die entgegengesetzte Richtung bewegt werden. Und so immerfort – solange die Fahrt dauert.

Eine Geradeausfahrt kommt demnach, da der Fahrende beständig automatisierte Korrekturbewegungen, nämlich Gewichtsverlagerungen des Körpers und kleine Lenkbewegungen ausführt, einem Pendeln um die Gleichgewichtslage gleich. Was man bei durchschnittlichem Tempo nicht bemerkt – fallen diese Bewegungen doch umso minimaler aus, je höher die Geschwindigkeit ist; zudem stabilisieren die auf die Laufräder wirkenden Kreiselkräfte das Gleichgewicht zusätzlich. Ein Phänomen, das aber jeder beobachten kann, wenn er die Geschwindigkeit auf Schritttempo zurücknimmt: Das Pendeln zeigt sich nun in notwendig werdenden starken, abwechselnden Lenkausschlägen. Deutlich zu spüren ist es auch beim Freihändigfahren, bei dem man das Gleichgewicht durch Gewichtsverlagerung auf dem Sattel oder durch das Ausbreiten der Arme hält – das Radfahren bekommt nun etwas vom Balancieren auf einem Seil und gelingt nur, solange die Geschwindigkeit nicht zu gering wird.

Für die Anmut der Bewegung, ja, für ihr bloßes Zustandekommen, ist also eine Mindestgeschwindigkeit erforderlich, die wenigstens doppelt so hoch liegt wie die des Fußgängers. Und jeder Radfahrer hat es gern, wenn er diese Mindestgeschwindigkeit nicht zu unterschreiten braucht, sondern das Tempo zwischen sanft anschwellender Beschleunigung und geschmeidiger Verlangsamung oszillieren lassen kann. Als gehöre er einem Schwarm an und besitze auf geringste Luftdruckschwankungen reagierende Sensoren, als gehöre die Luft zwischen den Körpern noch zu diesen selbst, sei eine Art Puffer, der die Bewegungen lenkt, schwimmt er wie ein Fisch im dahin- und aneinander vorbeiströmenden Verkehr. Und hasst, wenn er schon mal so schön in Schwung ist, jede über diese leichte Fluktuation hinausgehende Verlangsamung – jedes Bremsen oder sogar Halten-Müssen. Warum? Der Kraftaufwand, um sich aus dem Stand wieder in Bewegung zu setzen, ist am Anfang am größten, muss die träge Masse doch erst einmal ins Rollen gebracht werden, und so sieht er darin, die Kraft, die ihn noch weiter trüge, in Reibungsverlusten zu verbrauchen – denn nichts anderes ist ja das Bremsen –, nichts als Verschwendung.

Aber es ist nicht nur die Vergeudung von Energie, die den Radfahrer am Bremsen stört, sondern auch und vor allem die erzwungene, ihn aller Eleganz beraubende Rückverwandlung in einen Fußgänger. Radfahrer bin ich ja nur so lange, wie ich die Füße auf beiden Pedalen habe (oder hoch oben in der Luft, wenn ich jauchzend Pfützen durchpflüge oder einen Berg hinabrolle), und diese Rückkehr in ein profaneres Leben soll doch dann bitte mir selbst überlassen bleiben, nicht aber mir von den überall in meine Bahn hineinragenden Hindernissen aufgezwungen werden. Natürlich spüre auch ich als Radfahrerin hin und wieder den Wunsch, anzuhalten, zu betrachten, zu verweilen, ja, zähle die Fähigkeit, überall und auf der Stelle stehen bleiben zu können, zu den großen Vorzügen der von mir gewählten Fortbewegungsart: um auf jemanden zu warten, zu telefonieren, die Waren in einem Schaufenster zu mustern, ein Kinoplakat zu lesen, mit einem Bekannten zu plaudern – oder mein Rad irgendwo abzustellen und meinen Weg als Fußgänger fortzusetzen. Aber im Allgemeinen ziehe ich es vor, die Post, wie die amerikanischen Zeitungsausträger, aus der Bewegung heraus einzuwerfen und den Kaffee im Fortrollen zu trinken.

76 Solange das Fahren im Nicht-mehr-weiter-Treten, also einer vorübergehenden Reduzierung der Geschwindigkeit besteht, ist alles gut. Wenn aber tatsächlich die Bremsen

zum Einsatz kommen, fühle ich mich gestört: So komme ich aus dem Takt, verliere meinen Rhythmus. Der Ehrgeiz besteht daher darin, alle Hindernisse, die dem angenehmen Fluss der Bewegung im Wege sein könnten, vorauszusehen und ihnen auszuweichen, sie zu umfahren, ohne das Tempo so weit drosseln zu müssen, dass der Schwung der Bewegung dahin ist. Auf die Spitze getrieben haben diese Technik des Immer-Weiter die New Yorker Kurierfahrer, die fast schon in Kamikazemanier auf ihren bremsenlosen Fixed Gear Bikes durch die Straßenschluchten sprinten – aber auch mir gilt eine Fahrt dann als besonders gelungen, wenn ich den Fuß nicht ein einziges Mal auf den Boden setzen musste.

Von der Höhe des Sattels über die Brüstung der Lenkstange gebeugt, dem Balkon des Rades, dem Lenkergeländer, das ihn »von dem Ansturm von Geschehen« trennt, wie es bei Paul Nizon in *Radfahrer durch die Stadt* heißt, hat der Radfahrer die Masse der Autos unter sich (nur die leider immer mehr sich verbreitenden SUVs nicht, die nicht nur im fahrenden, sondern auch im parkenden Zustand eine Gefahr sind, da man über ihre Karosserie nicht wie bei normalen Kleinwagen hinwegschauen kann, und daher, um die Straße einsehen zu können, immer schon mit dem Vorderrad vorwitzig auf die Straße hinausragt, ehe man noch sieht, was da kommt, selbst das Sichaufrichten in den Pedalen und spähende Vorwärtsbeugen nützt nichts). Und aufmerksam registriert er im geübt weiten Gesichtsfeld alle Bewegungen: Rechtsabbieger, türenaufschlagende Parker, ausschwenkende Lastkraftwagen und Busse, träumende Touristen, Hundehalter, die Leinen über die Radwege spannen (aber blitzschnell berechnet er die Lücke zwischen Fußgänger und Hauswand und schafft es, ohne zu bremsen, hindurch), zerbrochene Flaschen, Öllachen, Straßenbahnschienen – die er mit einem doppelten Hüftschwung nimmt, eine kleine Tanzeinlage, bei der er allerdings die von hinten heranschießenden, nervös-ungeduldigen Taxifahrer nie aus den Augenwinkeln verlieren darf.

Nicht mal auf einen Augenblick müssen dafür die Füße von den Pedalen – ein schwaches Abbremsen, ein kleiner Bogen, und es findet sich eine Lücke zum geschmeidigen Hindurchschlüpfen, ist das Hindernis in Form von Baustellen, Demonstrationszügen, Absperrgittern umfahren. Und dann, auf gerader Strecke, am Ufer eines Flusses oder Kanals, kann man die Geschwindigkeit drosseln und ruhig seine Bahn ziehen – denn im Gegensatz zu allen Motorisierten hat der Radfahrer nicht die Verpflichtung zum A-Tempo-Fahren, wird sein Durch-die-Straßen-Bummeln nicht wie bei diesen mit hysterischem Hupen geahndet.

Im Sommer wird vieles geduldet, rechnen selbst Autofahrer mit Menschen auf zwei Rädern. Im Winter aber fühle ich mich oft wie einer der letzten Vertreter einer aussterbenden Spezies, wie der letzte Ritter eines geschlagenen Heeres, der sich mit halb erstarrten Händen und Füßen und tropfenbeschlagenem Visier durch den Schneeregen kämpft. Und durch die Dunkelheit. Sie ist einer der furchterregendsten Feinde des Radfahrers, in ihr droht er unsichtbar zu werden für die Maulwürfe beiderseits seines schmalen Wegs. Der Geist muss nun noch wacher sein als sonst, der Blick doppelt scharf.

Aber für den heroischen Einsatz, für all die frostigen Winternächte, in denen die Straßen wie leer gefegt sind und man auf den eisüberzogenen Radwegen nichts zur Seite hat als die Nachtstraßenbahn, wird man durch die wendig-leichte Maschine immer wieder entschädigt. Nichts Schöneres als in entgegengesetzter Richtung durch eine Einbahnstraße zu fahren, in der die Autos eine vor Ungeduld quengelige Schlange bilden, und welch ein Triumph- und Hochgefühl, an der Herde der im Berufsverkehr sich stauenden Fahrzeuge vorbeizuziehen – und das Tempo vorausschauend so zu wählen, dass man an der Ampel eben in dem Moment ankommt, da sie auf Grün schaltet und man schon wieder beschleunigt und als Erster die Kreuzung überquert, ein paar Sekunden vor den trägen Fahrzeugen, entscheidende

Sekunden, in denen man Anspruch auf den rechten halben Meter der Straße anmeldet.

Ein besonderer Sinn für Möglichkeiten und ihre blitzschnelle Verwandlung in Wirklichkeiten sind Eigenschaften vielleicht die bestimmenden, die den Radenthusiasten auszeichnen – sie verwandeln das Fahren in das Gegenteil von Stop-and-go und Autoscooter, in eine Bewegung nämlich, die dem Streicheln des Windes ähnelt.

Bremsen, Anhalten, Warten – Zeichen geistiger Trägheit

Aber natürlich hält dieses Fahren, das mich in Behagen hüllt und unaufhörlich nach seiner Fortsetzung begehrt, denn wie das Streicheln gehört es den Vergnügen an, die man sich unendlich dauernd wünscht, natürlich hält dieses Behagen, in das eingewebt ich mich allem Abrupten (Umwenden, Armeherausschnellen, Wenden, gar Stehenbleiben), jeder Plötzlichkeit, die immer Störung und Quelle der Gefahr ist, fern fühle, nicht an.

Denn während ich noch, in den Genuss der Bewegung und meine Gedanken versunken, einem Auto hinterherbummele, das mir, wie ein kleiner Bulldozer oder Verkehrspflug, den Weg frei hält, macht dieses Auto, in dessen Windschatten ich fahre, plötzlich eine Vollbremsung. Zum Glück wecken mich die rot aufflammenden Rücklichter noch rechtzeitig aus meinen Träumereien, zum Glück ist der Abstand gerade groß genug, um einen Zusammenstoß zu vermeiden, zum Glück bewahrte ich trotz der Gedankenversunkenheit noch einen Rest Geistesgegenwart – aber ein Schreck durchfährt mich, denn das sich selbst fortstrickende Behagen wurde mit einem Schuss, *tout à coup*, beendet.

Eine Niederlage. Denn nichts hasst der Radfahrer, die Hände auf den gut eingestellten Bremsen – ein winziges Anziehen genügt, und er steht –, so sehr wie ebendies: den ihm aufgezwungenen, abrupten Halt. Der aber unausweichlich ist, wenn sich keine Lücke zeigt, wenn kein Platz ist, das Hindernis zu umfahren. Die Autos stehen, ihre Außenspiegel wie nach Radfahrern fischende Angeln ausgeworfen, knapp am Bordstein, und dieser ist so hoch, dass man mit Pedal oder Fuß hängen zu bleiben droht, und das Verkehrsschild, in Kopfhöhe angebracht, streift schon fast das Gesicht.

Ja, Hindernisse gibt es wahrlich genug: unübersichtliche Kreuzungen, Straßenverengungen, Baustellen. Und Radwege voll von sorglosen Fußgängern, mit ihrem fatalen Hang, alle anderen Sichbewegenden zu ignorieren und los- und weiterzugehen, ohne vorher auch nur kurz in die Richtung zu blicken, die sie zu nehmen gedenken. Als Radfahrer muss man da immer schon vorausschauen, mit allen Möglichkeiten rechnen – als der Stärkere sollte man aber nicht nur für den schwächeren Fußgänger mitdenken und aufmerksamer sein als dieser, man sollte auch großmütig sein: eine schöne Geste, die man auch gerne zeigt, sobald Tauben, Hunde oder Kinder vor dem Rad auftauchen.

Auch auf Park- und Uferwegen, die für Fußgänger und Radfahrer gleichermaßen gedacht sind, kommt der Radfahrer im Bewusstsein der Gehenden kaum vor, denn wie sonst wäre deren Neigung zu erklären, grundsätzlich in der Mitte des Weges und nebeneinanderzulaufen oder gar eine wegbreite Kette zu bilden, so dass, da links und rechts die Bäume und Büsche überstehen, kein Sichvorbeidrücken möglich ist. So muss man der Gruppe hinterherbummeln, was einen natürlich zwingt, ihr Tempo anzunehmen (was seltsamerweise, je größer die Gruppe ist, desto langsamer ausfällt), so dass man fast vom Rad kippt, da die Geschwindigkeit gerade noch zwei bis drei Kilometer pro Stunde beträgt. Wenn sich dann einer aus der Gruppe umwendet, wird man zudem meist noch der Drängelei verdächtigt und sieht sich ungerechtfertigterweise wüsten Beschimpfungen ausgesetzt; beim nächsten Mal, denkt man dann, zeige ich nicht so viel Geduld: und klingelt. Aber das macht es nicht unbedingt besser, jedenfalls muss man den rechten Moment treffen, darf nicht zu weit weg sein, da Fußgänger, in ihre

Gespräche vertieft und dadurch nur halb anwesend, häufig von erstaunlicher Schwerhörigkeit sind; aber auch nicht schon zu nah, um nicht ein erschrockenes Umdrehen und panisches Auseinanderstieben auszulösen, was die Lage nur schlimmer macht, da die Gruppe nun mehr Hindernisse schafft als beseitigt: eine zersprengte Horde, deren Bewegungen schwer zu kalkulieren sind. Und oft wird man mit Hohn und Spott überschüttet, ganz zu schweigen von den Spaßvögeln, die sich einem nun, aus Ärger oder Übermut, gerade noch in den Weg stellen.

Spaziergänger mit Hunden, egal ob an der Leine oder frei laufend, sind ein weiteres unerfreuliches Kapitel. Mir schießt bei solchen Begegnungen oft eine Anzeige von 1900 durch den Sinn, die ich einmal in einer Geschichte des Radfahrens sah. Sie pries für solche Gelegenheiten Salz-Pfeffer-Pistolen, Peitschen, Ammoniakschwämme und Radfahrerbomben an. Letztere seien der »wirksamste Schutz gegen Hunde«.

Auf einem zwei Kilometer langen Weg (der für Radfahrer und Fußgänger ausgewiesen ist) muss man durchschnittlich etwa zehn Mal klingeln, im Winter etwas weniger, im Sommer kann man eigentlich gleich absteigen und schieben, weil man sich und den anderen nur die Laune verdirbt. In der Innenstadt kommen noch die Touristen hinzu, die eine Unterform der Gehenden bilden, deren Nachlässigkeiten potenzierend. Tauchen sie auf, würde ich am liebsten gleich in der zweiten Spur fahren, um sie nicht ständig vor den Reifen zu haben. Das nämlich ist für einen Radfahrer kreuzgefährlich, weicht er doch, in seiner tief verwurzelten Abneigung zu bremsen, automatisch nach links aus, wenn ihn etwas von rechts bedrängt – und kann nur seinen Schutzengel preisen, der ihm die wild gewordenen Motorisierten, die so oft nicht das geringste Interesse am einzuhaltenden Mindestabstand zeigen, wieder einmal vom Leib gehalten hat.

Ja, die Touristen. Überall fahren sie auf den immer beliebter werdenden Leihrädern herum, in Pulks und nicht ganz sattel- und trittfest, bleiben urplötzlich stehen, um zu schauen, zu fotografieren, etwas zu essen, sich nach einer Toilette umzusehen, sich etwas zu zeigen, zu plaudern, nach dem Weg zu fragen, sich umzuziehen, zu bücken, weil sie etwas verloren haben oder glauben, etwas verloren zu haben – das Rad zwischen den Beinen, die Arme auf den Lenker gestützt, den Kopf in die dem anrollenden Verkehr entgegengesetzte Richtung gedreht, blockieren sie die Radwege. Und wenn ich auch manchmal Lust habe, mitten unter sie zu fahren, so ziehe ich es doch vor, sie mit großzügig bemessenem Sicherheitsabstand zu umkurven. Denn sie sind ja doch freundlich anzusehen, oft zum Lachen komisch auf den viel zu großen Rädern mit den weit ausschweifenden Lenkern, auf denen sie herumcruisen, daher letztlich ein innerlich nur wenig beschimpftes Hindernis. Mit seiner eigenen Spezies hat der Radfahrer ohnehin mehr Geduld, und Touristen sind ja sowieso wie Kinder, denen man daher auch mit derselben Nachsicht begegnet.

Ritter der Straße

Im zweiten Band von Prousts Roman *Auf der Suche nach der verlorenen Zeit* taucht in dem Seebad Balbec, wo sich der Erzähler aufhält, zur Stunde des täglichen Spaziergangs eine Schar junger Mädchen auf, die »wie ein leuchtender Komet über die Strandpromenade dahinzog«. Unbarmherzig zwingen sie »die Personen, die stehen geblieben waren, sich vor ihnen zu teilen, wie vor einer Maschine, die, einmal in Gang gesetzt, nicht erwarten lässt, daß sie den Fußgängern aus dem Wege geht«. Die Mädchen schreiten, ihre physische Überlegenheit ausnutzend, »mit der Beherrschung aller Gesten, die ein vollkommen durchtrainierter Körper und aufrichtige Mißachtung gegenüber der übrigen Menschheit verleihen, unbeirrt und locker geradeaus«, und von der einen unter ihnen, Albertine, der späteren Geliebten des Erzählers, die noch nach ihrem Tod in dessen Erinnerung als Erstes mit ihrem Attribut, dem Fahrrad, auftaucht, heißt es: »schnell und gebeugt über ihr mythologisches Rad, bei Regen im Harnisch ihres kriegerischen Gummimantels, der ihre Brust wölbte, das Haupt bedeckt mit dem Schlangenhelm, verbreitete sie Angst und Schrecken auf den Straßen von Balbec«. Diese unbeirrt heranbrausende, die Menge teilende, physisch überlegene, die Fußgänger erschreckende Mädchenschar, wirkt sie nicht wie eine Vorwegnahme des späteren Autoverkehrs, vor dem Fußgänger und Radfahrer immer mehr an die Ränder der einmal allein von ihnen begangenen und befahrenen Straßen zurückzuweichen hatten?

Dabei wäre durchaus eine Umkehrung der herrschenden Verhältnisse denkbar, denn ließe sich die Ordnung des Verkehrs nicht von seinem langsamsten und schwächsten Teilnehmer aus entwerfen? Ähnlich den von Fußgängern und Radfahrern gemeinsam benutzten Wegen, hätten Fußgänger dann immer und überall Vorrang, als überzöge die Straßen der Stadt ein einziger großer Zebrastreifen; und ebenso die Radfahrer vor den Motorisierten, als wäre die Fahrbahn ein breiter Radweg. Wie unattraktiv würde das Autofahren und wie verkehrsberuhigt die Stadt, müsste auf jeden Fußgänger, der die Straße überqueren will, Rücksicht genommen werden, würde den Radfahrern grundsätzlich an allen Kreuzungen und Ampeln Vorfahrt eingeräumt.

Das ist natürlich eine Maximalforderung, aber der ihr zugrunde liegende Gedanke, den Verkehr nicht nach dem Prinzip der Verdrängung, sondern dem der Rücksicht, ja, der Höflichkeit und Zuvorkommenheit zu organisieren, würde bereits den Freiraum eröffnen, in dem die schwächeren Verkehrsteilnehmer ihre Rechte gestärkt sähen und ihre Ängstlichkeit ablegen könnten. Zudem würde deutlich, dass das Auto nur in einer ganz nach seinen Bedürfnissen ausgerichteten Stadt das schnellste Individualverkehrsmittel ist (was selbst jetzt nur für größere Distanzen und außerhalb des Innenstadtbereichs gilt) – in einer den Fußgängern und Radfahrern gehörenden, ihrem ungezähmten Bewegungsdrang gehorchenden Anlage aber das unflexibelste und langsamste.

Warum aber sollte der Radfahrer als Ritter der Straße, der so oft unter den Autofahrern zu leiden hat, nicht den Fußgängern gegenüber vorangehen und also sein Verhalten nicht unter die für die Emblemliteratur der Renaissance so wichtige Zwillingsformel des *arte et marte* stellen, dieser Verbindung aus kriegerischer Tüchtigkeit und kultureller Bildung, der Verschmelzung von ritterlichem und humanistischem Ideal? Schließlich ist er derjenige, der an zwei Systemen gleichzeitig partizipiert, da er sich auf dem schmalen Grat zwischen Gehweg und Straße bewegt. Und wenn ihn auch das Dahinrollen mit dem fließenden Verkehr verbindet, so ist er dem Fußgänger doch näher, denn wie dieser ist er nicht durch eine Panzerung aus Glas, Metall und Kunststoff von seiner Umgebung getrennt. Sie sind Geschwister in Lärm und Abgasen und Wetter. Und so fällt es ihm leicht, sich in die Perspektive des Gehenden zu versetzen und, da er ihm an Wendigkeit und Geschwindigkeit überlegen ist, sein Gepäck nicht tragen muss, sich ihm gegenüber großherzig zu verhalten. Auch der Autofahrer ist, wie wir alle, natürlich potenziell immer ein Fußgänger, das Gehen ist ja das uns allen Gemeinsame, aber mir scheint, er vergisst es, sobald er in seiner Kiste sitzt. Der Radfahrer dagegen, der sich nicht gegen die Außenwelt abschottet, ist dazu befähigt, eine reflektierende, vermittelnde Haltung einzunehmen, die darin besteht, milde gegen die Schwachen und streng gegen die Starken zu sein. Dazu muss er selbst zu einer gelassenen Mitte finden, also die Tugenden des Kriegers mit Anstand, Eleganz und Anmut verbinden, wie es der große Humanist Baldassare Castiglione, Berater der Fürsten von Mantua und Urbino und ihr Botschafter beim Papst in Rom, in seiner berühmten Schrift *Il Libro del Cortegiano* dem Vollkommenheit anstrebenden Hofmann anempfahl.

Nicht Rechthaberei, sondern Aufmerksamkeit und Höflichkeit sollten ihn antreiben, auch das ist eine Form der Eleganz (die dem Berserker immer abgehen wird). Achtung und Respekt vor dem anderen gebieten, dass ich ihn weder erschrecke noch ihn bedränge. Das aber erfordert Distanz –

die jedem sein, wenn auch winziges Reich lässt und dadurch die Reibungskräfte vermindert.

Die (richtige) Distanz, der Abstand der Körper voneinander, ist, wie Roland Barthes in seinen den Konflikt vermeidenden und freiheitbewahrenden Aspekten des Zusammenlebens gewidmeten Vorlesungen, *Wie zusammen leben – Simulationen einiger alltäglicher Räume im Roman,* sagt, das gemeinschaftlich zu lösende Grundproblem jeder Gesellschaft, deren Grad an Zivilisiertheit sich nicht zuletzt darüber bestimmt, inwieweit die sie konstituierenden Individuen freiwilligen Verzicht üben, all ihre Launen und Eingebungen unmittelbar auszuleben. In welchem Maße sie, altmodisch ausgedrückt, bereit sind, eine Haltung der Demut einzunehmen – diese aus der säkularen Gesellschaft nahezu gänzlich verschwundene Kategorie des Denkens und Handelns, die das Zusammenleben mit anderen ungemein vereinfacht und befriedet und so oft mit Schwäche verwechselt wird. Der Demütige ist niemals der Fordernde, Räubernde, auf seine Rechte Pochende, und so klingelt ein Radfahrer, der in diesem Zeichen unterwegs ist, nicht Mensch und Tier aus dem Weg, sondern macht leise, aus größerer Distanz auf sich aufmerksam, um ein Erschrecken der vor ihm Gehenden zu verhindern, er bedankt sich fürs Durchgelassenwerden, er zieht seine Stärke (Überlegenheit) in sich ein, verwandelt sie in Zurückhaltung, Sanftheit, er will nicht siegen, denn der andere ist sein Gegenüber, nicht sein Gegner, er will nicht sein, wo dieser ist, sondern an ihm vorbei – und wenn er ihm dazu den Weg frei machen kann, dann wird er ihm den Vortritt lassen. Der Verkehr würde, unter diese Prämisse gestellt, zu einer Kunst des Beieinander, in der nicht Geschwindigkeit und Kraft triumphieren, sondern die Höflichkeit.

Die Rede vom Radfahrer als dem nach oben Buckelnden, nach unten Tretenden ist nichts als böse Verleumdung. Denn unerbittlich zeigt er sich nur gegen seine motorisierten Feinde, die ihn an den Straßenrand drängen, mit Pfützenwasser bespritzen, ihm die Vorfahrt rauben und hupen, wenn er im Winter von Radwegen, die, da sämtliche Laternen zur Fahrbahn hin ausgerichtet wurden, stockfinster sind und auf denen sich der von den Kehrmaschinen zusammengeschobene Schnee türmt, auf die Straße wechselt. Umbrandet vom Verkehr weiß der Radfahrer, dass er zwar dessen wendigster Teil ist, aber auch sein schwächster, ständig kollisionsbedroht. Das erfordert Aufmerksamkeit, Nervenstärke, Gelenkigkeit und die Fähigkeit, auch mal den einen oder anderen bösen Blick zuwerfen zu können, sich von Autohupen nicht stören zu lassen und auf seinen Rechten durch stures Nichtausweichen zu bestehen.

So bedrängt, gibt man sich, ich gebe es zu, nicht selten einer kindlichen Allmachtsphantasie hin, nämlich der vom Besitz eines mit einem unsichtbaren Panzer versehenen Rades – an dem sich die Autofahrer, wenn sie den Sicherheitsabstand beim Überholen nicht einhalten oder rechts abbiegen und dabei den Radfahrer ignorieren oder den Radweg, aus einer Nebenstraße kommend, halb oder gar ganz bedecken und keinerlei Anstalten machen, auch nur einen Zentimeter zurückzufahren, wenn man sich ihnen nähert, Beulen holen.

In Jacques Tatis' bereits mehrfach erwähntem *Schützenfest* gibt es eine Szene, in der sich die unauflösbare Feindschaft zwischen Auto und Fahrrad, das zwischen ihnen herrschende Prinzip der Verdrängung, das dem aus geliehener Stärke Mobilen so sehr gefällt und von Anfang an eine friedliche Koexistenz unmöglich machte, wunderbar deutlich wird: Das Auto kommt laut hupend und viel zu schnell daher, erwartet, dass alle Welt ihm Platz macht, jagt das Leben von der Straße – die Leute springen zur Seite, spielende Kinder werden besorgt in Sicherheit gebracht. Nur François, der Briefträger, schiebt seelenruhig sein Rad über die Straße, bleibt herausfordernd vor dem Auto stehen, und Auge in Auge mustern sich die ewigen Feinde.

86   Die Feindschaft zwischen Auto- und Radfahrer scheint leider unbeendbar. Und rührt wohl, von Seiten des Autofahrers, vor allem daher, dass der sicher und warm in seinem

Panzer sitzende Motorisierte dem Radfahrer etwas neidet, was ihm selbst, trotz seiner Überlegenheit an Masse, Kraft und Volumen, abgeht: die ungeheure Wendigkeit, die der Radfahrer besitzt, und das Ausleben-Können seines anarchischen Geistes.

Der Radfahrer als Anarchist

Denn es geht eine seltsame Verwandlung mit uns vor, sobald wir auf dem Sattel eines Fahrrads sitzen und in die Pedale treten. Sehr treffend hat Christian Ude, Oberbürgermeister der Stadt München und passionierter Radfahrer, in seinem Buch *Stadtradeln* dazu bemerkt: »Radler sind nicht anders als wir (…). Nein, wir sind anders, wenn wir radeln.«

Von einer Polizeistreife angehalten, fühlt sich ein Radfahrer auch dann noch im Recht, wenn er soeben vor ihren Augen bei Rot über die Kreuzung gefahren ist. Er hat geschaut, es war alles leer, er hat niemanden gefährdet. Und wenn man seine Bewegung nur als Figur sieht, so besitzt ein allein über eine große Kreuzung fahrender, nach links abbiegender Radfahrer auf seiner geschwungenen Bahn die schwankende Schönheit eines Tänzers auf dem Hochseil – kreisförmig umstellt von den auf Grün wartenden Truppen der Autofahrer, bewegt er sich, die flammenden Lichter, die seine flüchtige Position angeben, auf Brust und Rücken, durch den Kessel und aus ihm hinaus, wie über eine große, leere, atemstille Bühne. Ihn umschweben Mut und Gefahr und eine fragile Schönheit, die auch immer etwas von Anmaßung hat, Arroganz, gewiss, denn die gewagte Übertretung gilt ja nur für den einen, die zwei, die kleine Schar. Aber für Sekunden deutet sich im Zentrum dieser Kreuzung eine andere Wirklichkeit an. Ihre leere Mitte hat Raum gewonnen für eine Erscheinung.

Keineswegs setzt sich der Radfahrer aus Hochmut oder Aggressivität über Regeln hinweg, sein Rebellentum erwächst vielmehr aus der beständig geschulten Fähigkeit, sich den Gegebenheiten anzupassen, weshalb er die Regeln und Vorschriften nicht nach dem Buchstaben auslegt, sondern nach der je vorgefundenen Situation.

Denn der Radfahrer ist tief durchdrungen von der Erfahrung, im Straßenverkehr im Zweifelsfall den Kürzeren zu ziehen. Er weiß, dass er auf die höhere Autorität des Rechts, der Vorschrift in Gestalt von Ampeln, Verkehrsschildern, nicht blind vertrauen darf, wie oft hat er erlebt, dass ihm die Vorfahrt genommen wurde, ein Autofahrer über den Radweg hinweg rechts abbog, der ohnehin viel zu schmale Streifen, der für ihn am Rand der Straße reserviert ist, mit parkenden Wagen, Baustellenzäunen, Dixi-Klos, die ihm die Sicht nehmen, verstellt ist.

Wollte er sich auf seine Rechte verlassen, läge er wenigstens einmal in der Woche auf oder unter einem Auto. Und so ist er gezwungenermaßen geschult darin, mit offenen Sinnen unterwegs zu sein und die möglichen Fehler der anderen immer mitzudenken, was umgekehrt bedeutet, das Recht für sich in Anspruch zu nehmen, die Regeln und Vorschriften großzügig auszulegen und die sich bietenden Gelegenheiten zum Ausweichen und Durchschlüpfen zu nutzen.

Nach einer gewissen Zeit, die er im Dschungel des Großstadtverkehrs unterwegs ist, bildet der Radfahrer so seine eigenen, aus Erfahrung und Gewohnheit gewonnenen Regeln heraus – die oftmals geltendem Recht widersprechen, aber weit praxistauglicher sind. Warum soll man nachts um zwei an einer gähnend leeren Kreuzung stehen bleiben und warten, nur weil die Ampel Rot zeigt? Warum soll man wegen einer Entfernung von zwei, drei Querstraßen zwei Mal die Straßenseite wechseln, nur um sich nicht in die dem Verkehr gegenläufige Richtung zu bewegen? Warum soll man sich Hunderte Meter auf Kopfsteinpflaster durchschütteln lassen, wenn doch der Gehweg so schöne ebene Platten hat und breit und kaum begangen ist? Warum den durch Wurzeln holprigen, von Rissen durchzogenen, mit Glassplittern übersäten und von Hunden und Kinderwagen bedrängten Radweg benutzen, wenn die Straße daneben plan und leer ist? Warum soll man noch an der Kreuzung bremsen, wenn doch die Straße schon frei ist, die Fußgänger bereits Grün haben und es nur noch Sekunden dauern kann, bis auch die Ampel für Rad- und Autofahrer den Weg frei gibt? Die pragmatische Antwort des Radfahrers lautet: Ich halte mich nicht stur an das Gesetz, ich schaue mich um, reagiere auf die Situation, und wenn es möglich ist, fahre ich.

Es sind also vor allem die eigenverantwortliche Reaktion auf die jeweilige Verkehrssituation und die subjektive Auslegung der Vorschriften, die den Radfahrer zum Anarchisten machen – dabei handelt er jedoch immer, beziehungsweise sollte es tun!, unter der Maxime, niemanden zu gefährden. Wer den Radweg in gegenläufiger Richtung benutzt oder auf dem Gehweg fährt, sollte dies in dem Bewusstsein tun, eine Regelverletzung zu begehen – und sich entsprechend verhalten: Er kann hier nicht auf Rechte pochen, die er nicht hat, da er ja nur für sich einen Vorteil sucht, eine Lücke, die ihm hilft, besser, schneller, bequemer voranzukommen. Also sollte er Entgegenkommenden Platz machen, das Tempo bei jedem Hindernis drosseln, nicht klingeln, die Gehenden nicht bedrängen, und wenn sie ihn bemerken und großzügig vorbeilassen, sollte er sich bedanken – sein größerer Komfort (er muss nicht die Seite wechseln, muss nicht aufs Kopfsteinpflaster) sollte mit der Rücksichtnahme auf die anderen, die ihn hier, in ihrem Revier, dulden oder für sich sogar einen Nachteil in Kauf nehmen, einhergehen.

Wenn aber der Radfahrer seine Eingebundenheit in die Gemeinschaft leugnet, wenn er auf seinem Rad zu lächeln vergisst und negiert, dass seine Freiheit da aufhört, wo sie einem anderen zu schaden beginnt, verwandeln sich die Vorzüge seiner lautlosen, eleganten, abgasfreien, effizienten, ressourcenschonenden Bewegung in eine Belästigung, ja, Gefahr für die anderen, und der Anarchist auf zwei Rädern, der mit allen gut auskommt, wird in finsterer Nacht ohne Licht und unhörbar seine Kreise ziehend, gefürchtet, erscheint er doch Fußgängern und Autofahrern nun als ein Wesen aus einer anderen schrecklichen Dimension.

Sogar mit den Polizisten, mit denen der Radfahrer wegen seiner laxen Auslegung der Straßenverkehrsordnung und seiner Fähigkeit, sich der Verfolgung zu entziehen, doch eigentlich immer auf Kriegsfuß steht (ist er doch ohne Nummernschild und damit in einer von allen Motorisierten beneideten Anonymität unterwegs, seine Identifikation nur möglich, wenn man seiner habhaft wird – was aber kaum gelingt, denn für Polizisten hat der geübte Radfahrer einen sechsten Sinn, und es ist ihm ein Leichtes, herannahende Polizeistreifen abzuhängen, indem er in einen Parkweg einbiegt oder in einem Tunnel verschwindet) – sogar mit ihnen lassen sich Arrangements treffen. Denn selbst wenn der Radfahrer den Kontrolleuren des Verkehrs mittels Radarfalle oder Straßensperre ins Netz geht, weiß er sie meist zu besänftigen, indem er darauf hinweist, niemanden gefährdet zu haben – noch nie ist es mir jedenfalls passiert, dass Polizisten, die Zeuge einer von mir begangenen Regelwidrigkeit wurden, mich lange an- und aufgehalten und auf Zahlung einer Ordnungsstrafe bestanden hätten; nur eine mehr oder weniger süffisante Strafpredigt wurde mir gehalten, die mir den einen oder anderen Lehrer aus meiner Kindheit in Erinnerung rief.

Résistance und Guerilla

Da das Fahrrad das einzige Verkehrsmittel auf unseren Straßen ist, das ohne amtliche Registrierung, ohne Nummernschild und Führerscheinpflicht für den Fahrenden zugelassen ist, entzieht es sich wie kein anderes den staatlichen Kontrollsystemen und der Bürokratie. Da man auf ihm zudem schnell, lautlos und nach Einbruch der Dämmerung nahezu unsichtbar unterwegs ist – was der Bewegung manchmal sogar etwas Unheimliches verleiht, kommt man auf dem Rad dann doch daher wie ein schwarzer Engel in der Dunkelheit der Nacht; da es außer Muskelkraft keine externe Energiezufuhr benötigt und damit von Tankstellen und Aufladestationen gleichermaßen unabhängig macht; da man, um auf ihm unterwegs zu sein, zwar Wege braucht, aber keine Straßen, und kurze Distanzen auch überbrücken kann, indem man es schiebt oder trägt; da man es leicht verstecken, demontieren, wieder zusammenbauen und reparieren kann – ist es in hohem Maße dazu prädestiniert, als Vehikel bei Unternehmungen zu dienen, die sich der illegalen Arbeit, dem Politischen oder (Para-)Militärischen verschrieben haben.

Kein Wunder also, dass das Fahrrad im Zweiten Weltkrieg in den Beneluxstaaten und Frankreich wie auch bei den italienischen Partisanen zum unentbehrlichen Werkzeug des Widerstands wurde, vor allem nachdem die Deutschen sämtliche Privatautos requiriert hatten.

In Rahmen und Reifen der Fahrräder wurden Flugblätter und Funkgeräte versteckt, auf Gepäckträgern und in Körben Lebensmittel und Sprengstoff transportiert, und über ein gut ausgebautes Netz freiwilliger Kuriere wurden Informationen verbreitet, unabhängig von Post und Telefon, die von den Deutschen überwacht und abgehört wurden. Und wer im besetzten Paris ein Fahrrad besaß, war, um von einem Teil der Stadt in einen anderen zu gelangen, in der glücklichen Lage, nicht auf die Metro angewiesen zu sein, in der immer wieder Razzien drohten.

Auch bei der Rettung von Menschen leistete das Fahrrad treue Dienste: So verbarg die Rotkreuzschwester Sabine Zlatin den zwei Jahre alten Sohn einer zur Deportation abgeführten Jüdin in ihrem Fahrradkorb und brachte ihn in Sicherheit. Und Ida Bourdet, der Ehefrau eines Partisanenführers, gelang es in einer Verhörpause, mit ihren drei Kindern auf dem Fahrradgepäckträger zu fliehen.

Der während des Krieges in Norditalien bei den Partisanen kämpfende Luigi Meneghello, der später ein berühmter Schriftsteller wurde, erzählt in seinem autobiographischen Roman *Die kleinen Meister*, einer der eindrücklichsten Beschreibungen der Resistenza, von der Unterstützung, die die aktiven Widerständler, die sich in den Bergen versteckt hielten, in der Bevölkerung erfuhren. »Sie nahmen uns gastlich auf, sie ernährten uns, sie lieferten uns Fahrräder, sie nahmen Nachrichten für uns in Empfang (…)« Und über diese unter

Mühen beschafften Fahrräder heißt es: »Wir fuhren los mit unseren munteren, neuen, auf Kredit gekauften Fahrrädern; bald flitzten wir nordwärts, bald hinunter über die Riviera Berica (...) Ich glaube, ich bin in jenem Winter mehr Rad gefahren als im gesamten Radfahrtraining meines Lebens.«

Die deutschen Besatzer versuchten den Widerstand zu demobilisieren, indem sie neben Autos und Benzin auch Fahrräder beschlagnahmten. Insbesondere in Holland wurden Millionen von ihnen konfisziert, bei Verdacht auf Einsatz im Widerstand demoliert und mit Fortschreiten des Krieges auch für die eigenen Truppen, als Nachschub an Benzin und Autoersatzteilen oft nicht mehr gewährleistet war, genutzt – nicht direkt bei Kriegshandlungen, für die sich das Fahrrad nicht eignet, aber als Transport- und Fortbewegungsmittel, für Aufklärung und Kurierfahrten. Auch in modernen Armeen werden Fahrräder vereinzelt noch immer als Transportmittel eingesetzt. So verfügte etwa die Schweiz bis vor wenigen Jahren noch über Fahrradeinheiten.

Nachschubversorgung per Fahrrad
während des Vietnamkriegs.

Aber nicht nur in Europa, auch in Fernost bewies das Fahrrad seine Tauglichkeit in bewaffneten Konflikten. Nach Krieg und Bürgerkrieg in China spielte es vor allem im vietnamesischen Befreiungskampf eine große Rolle – bis hin zum Krieg gegen die Vereinigten Staaten, in dem der

Vietkong ganze Fahrradeinheiten befehligte und so den Nachschub sicherte.

Wie nahezu jede Technologie und jedes Werkzeug ist auch das Fahrrad für sich genommen erst einmal neutral, können seine Eigenschaften ebenso positiven wie negativen Zwecken dienen. Erst der Gebrauch entscheidet darüber. Und dieser kann eben auch ein Missbrauch sein. Denn nicht nur im militärischen Kontext, auch im Zivilleben wird das Fahrrad gern als lautlos dahingleitendes, wendiges Vehikel genutzt, von Dieben, Drogenkurieren, Mafiosi und Auftragskillern.

Wenn nur alle Teile gehörig festsitzen und geschmiert sind, nichts klappert und quietscht, können sich Kriminelle bei der Ausübung ihres Handwerks ihrem potenziellen Opfer auf dem Fahrrad nahezu unhörbar hinterrücks nähern, oder, da Radfahrer gemeinhin als harmlos und freundlich gelten, auch mitten am Tag, in belebter Gegend und von vorn. Insbesondere Raubüberfälle werden so verübt – aber auch Drogendealer und Schmuggler sind auf Fahrrädern unterwegs, und selbst Mörder und Triebtäter kann man sich auf dem Rad umherstreifend vorstellen, etwa einen Auftragskiller, der lautlos auftaucht und ebenso wieder verschwindet. Und die Geschichte zeigt bis in die jüngste Al-Qaida-Zeit, dass auch Attentäter das Fahrrad immer wieder für ihre Zwecke einzusetzen wussten.

Natürlich setzt die Verwendung des Fahrrads als Tatfahrzeug eine gewisse Sättigung mit Fahrrädern in der Gesellschaft, in der sich der Kriminelle ja in aller Öffentlichkeit bewegt, voraus, nur so ist seine Unauffälligkeit garantiert. Dies war zu der Zeit, als Arthur Conan Doyle an seinen *Sherlock Holmes*-Geschichten schrieb, bereits der Fall, waren es doch die Jahre des Fahrradbooms zwischen 1890 und 1905, der nach der Einführung des *Safety* einsetzte. Und so erstaunt es nicht, dass Doyle, der stets großes Interesse an Erfindungen und Neuerungen zeigte und sie gern in seine Erzählungen einbaute, auch das Fahrrad in seinen Kriminalgeschichten auftreten lässt. Und wie immer übertreibt er es ein wenig. So berichtet er von Holmes, dieser könne zweiundvierzig verschiedene Reifenprofile unterscheiden (was allerdings nur einem Bruchteil der bereits damals produzierten entspricht), der Detektiv verfügt hier also schon über eine Art kleiner Systematik des Radprofilabdrucks – was eine hübsche Verbeugung vor der Daktyloskopie ist, der Personenidentifizierung mittels Fingerabdruck, die als die damals progressivste Methode der Individualidentifizierung kurz vor ihrer weltweiten Einführung in der kriminologischen Verbrechensbekämpfung stand.

Da aber jede Innovation den Straftätern wie ihren Verfolgern dient, erstaunt es nicht, dass bei Doyle nicht nur die Deliquenten, sondern auch Polizisten und Detektive das Fahrrad nutzen. Ja, in der Geschichte *Der verschwundene Rugby-Spieler* ist es sogar Holmes selbst, der die Verfolgung per Rad aufnimmt: »In der Nähe unseres Gasthauses gibt es einen Fahrradladen, wie Sie vielleicht gesehen haben werden. Ich stürzte hinein, mietete ein Fahrrad, und es gelang mir, loszufahren, noch ehe die Kutsche außer Sicht war. Mit Tempo holte ich sie ein und folgte in einem Vorsichtsabstand von ungefähr hundert Yard den Lichtern, bis die Stadt hinter uns lag.«

Das Fahrrad eignet sich also nicht nur für die Verfolgung von Fußgängern oder anderen Radfahrern, sondern auch für die von Kutschen, da es mit diesen, was die Geschwindigkeit betrifft, durchaus mithalten kann und ihnen in Bezug auf die Wendigkeit sogar überlegen ist. Erst mit der Motorisierung der flüchtenden Tatverdächtigen mussten auch ihre Verfolger umsatteln. Dennoch hat das Fahrrad seine Einsatztauglichkeit nicht verloren. So gibt es etwa in Hamburg seit 1996 eine Fahrradstaffel, die unter anderem Freizeitanlagen und Parks bestreift und Fahndungen in unwegsamem Gelände durchführt.

Die Polizisten eignen sich also, wenn es ihren Zwecken dient, das Subversiv-Anarchische der Bewegung, das Radfahrer so sehr schätzen, gern an. Und auch wenn wir im Alltag eher der Seite der Gesetzestreuen zuneigen, in der Literatur und im Film gehört unsere Sympathie oftmals dem Voranpreschenden, vom Hornissenton der Polizei-Mountainbikestaffel Umsurrten. Vor allem wenn ihn während dieser Jagd auf den erotischen Linien des Bogens, des Kreises, in die Flucht und Rückkehr gleichermaßen eingeschrieben sind, Angst-Lust und adrenalinbefeuerter Geschwindigkeitsrausch ergreifen, wie auch uns manchmal auf unserem Gefährt. Das gar nicht selten eine Gefährtin ist.

Nicht nur im Französischen und Italienischen ist das Fahrrad weiblichen Geschlechts (im Französischen findet sich sogar die liebevolle Bezeichnung *la petite reine*, kleine Königin), auch bei Flann O'Brien, in dessen Roman *Der dritte Polizist* der Held unter Mordverdacht gerät und die Flucht ergreift, begegnet die Leserin einer durch und durch feminisierten Maschine: »Wie kann ich die Vollkommenheit der Behaglichkeit auf dieser zweirädrigen Kalesche übermitteln, die Vollständigkeit meiner Verbindung mit ihr, die süßen Reaktionen, die sie mit jedem Partikel ihres Leibes zeigte? Ich hatte das Gefühl, sie schon seit vielen Jahren zu kennen, das Gefühl, daß sie mich kenne, daß wir einander gründlich verstanden. Sie bewegte sich unter mir mit agilem Verständnis, sie legte eine flinke, luftige Gangart an den Tag, sie fand sanfte Wege durch steinige Pisten, sie wand sich und beugte sich, um meinem wechselnden Fahrverhalten zu genügen (…) Ich seufzte und richtete mich vorausgewandten Sinnes auf ihrer Lenkstange ein, zählte auch frohen Herzens die Bäume, die entlegen am dunklen Straßenrand standen, denn jeder sagte mir, daß ich mich vom Sergeant immer weiter entfernte.«

Sturzumweht

Unfälle und ihre Helfershelfer

In ihren Memoiren erzählt Simone de Beauvoir von den Radtouren, die sie mit Sartre unternahm. Er mochte diese viel lieber als Fußwanderungen, von deren Monotonie er schnell gelangweilt war. Denn beim »Radfahren wechseln das Tempo und die Beanspruchung der Muskeln. Es machte ihm Spaß, bergauf zu sprinten. Ich pustete, weit abgeschlagen, hinterher. Auf ebenen Strecken radelte er so sorglos dahin, daß er ein paar Mal im Straßengraben landete. ›Ich dachte an etwas anderes‹, sagte er dann.«

Was Sartre in den Straßengraben warf, war ein Hindernis. Hindernisse müssen nicht in der physischen Welt vor einem liegen, damit man über sie fällt, sie können auch im eigenen Kopf stecken. Virginia Woolf, gleichfalls eine ausdauernde Radfahrerin, wusste um die mentalen Barrieren, die das Leben gefährden. In ihrem Tagebuch von 1915 notierte sie: »Dann trank ich Tee & bummelte im Dunkeln zu Charing Cross hinunter, während ich Sätze erfand & Episoden, über die ich schreiben könnte. Was vermutlich die Art ist, wie man zu Tode kommt.«

Auch wenn sie hier in London zu Fuß unterwegs war und nicht, wie in Sussex, wo sie zusammen mit ihrem Mann ein Haus mit Garten gemietet hatte, von dem aus sie beinahe täglich mehrere Meilen zur Post in die nahe gelegene Stadt fuhr oder in die verstreut in den Downs liegenden Häuser von Freunden und Verwandten, oder nach Brighton ans Meer, und auch wenn Fuß- und Spaziergänger sicher mehr als Radfahrer dazu neigen, ihren Gedanken nachzuhängen und zu träumen, so sind die Folgen der Unaufmerksamkeit beim Radfahren doch meist gravierender.

Denn das In-sich-Gekehrtsein auf dem Rad wird fast immer umgehend bestraft – mit notwendig werdenden

Vollbremsungen, die einen über den Lenker katapultieren, Zusammenstößen, Schürfwunden. Der sturzerprobte Mark Twain bemerkte dazu trocken: »Nimm ein Fahrrad. Du wirst es nicht bedauern, wenn du es überlebst.«

Selbst die hochprofessionellen Rennfahrer der Tour de France kennen den Verlust der Aufmerksamkeit und Geistesgegenwart. Immer wieder kommt es, wie Louis Malle in seinem 1962 gedrehten Dokumentarfilm *Vive le Tour!* gezeigt hat, der in einem aus Lakonik und Pathos gemischten Ton vom Heroismus des härtesten Radrennens der Welt, aber auch von seiner Melancholie erzählt, zu Massenkarambolagen und Stürzen gerade dann, wenn man sie am wenigsten erwartet. Nach Stunden im Sattel werden die Fahrer schläfrig, ihre Reflexe matt – und schon bricht das Verhängnis über sie herein: Ein Fahrer stößt einen anderen von der Seite an oder fährt ihm ins Hinterrad, der beginnt zu schlingern, touchiert einen dritten und vierten, der Erste stürzt, dann ein anderer und so immer fort, bis schließlich dreißig am Boden liegen, das Feld sich in ein zitterndes Gewirr aus Mikadostäbchen verwandelt hat.

Neben diesen unerwarteten Zusammenstößen und Stürzen gibt es noch die erwartbaren und die, die man kommen sieht, aber nicht mehr zu verhindern in der Lage ist. Bei Letzteren scheint es, als säße man, zur Passivität verdammt, wie ein Zuschauer in einem Film – im Unterschied zum Kino ist man aber nicht nur psychisch, sondern auch physisch in sie verwickelt. Zu dieser Kategorie von Unfällen zählen Kollisionen und Radabwürfe, die auf die Unfähigkeit zurückzuführen sind, rechtzeitig auszuweichen. Nicht aus Gedankenversponnenheit und Unaufmerksamkeit wie bei Sartre und Woolf oder aus Müdigkeit wie bei den Fahrern der Tour de France, sondern weil von den Dingen selbst eine magische Anziehungskraft auszugehen scheint, der man erliegt. Viele Radneulinge berichten von diesem seltsamen Gesetz, dem sie sich unterworfen fühlen und trotz ihres entgegenlaufenden Willens machtlos gegenüber sehen. So auch Lew Tolstoi, der im Alter von 68 Jahren das Radfahren lernte und in seinem Tagebuch notierte: »Mir passiert da etwas Merkwürdiges. Ich brauche nur ein Hindernis zu sehen und schon fühle ich mich unwiderstehlich angezogen, bis ich schließlich daran aufpralle.«

Wenn den heutigen geübteren Radfahrern auch meistens die Erfahrung eines Zusammenstoßes erspart bleibt, so kennen doch auch sie das Haut abschürfende Vorbeistreifen, das blaue Flecke verursachende Stoßen an Laternenpfählen und Geländern, das Schaben von Lenker, Fahrradtasche, Schutzblechen an Mauern und Hauswänden, das Hängenbleiben von Jackenärmeln und Hosenbeinen an dornigen Hecken, das Kratzen der Schuhspitzen und Absätze an Bordsteinkanten. Hier rächt sich die fragile Bauweise des Fahrrads, die für Geist und Körper sonst nur Vorteile hat – säße man nicht so luftig auf seinem Sattel, zöge sich ein Gehäuse all die Kratzer, Dellen und Beulen zu, die einen als Wunden und Schrunden nun selbst zieren. Die vermeintliches Ungeschick anzeigende Neigung, der Anziehung der Dinge zu erliegen, aber rührt allein aus der bereits im vorangegangenen Kapitel beschriebenen Unwilligkeit (nicht Unfähigkeit, wie es bei Radneulingen der Fall sein mag), zu bremsen oder sogar anzuhalten. Sie ist so tief in Seele und Körper des Radfahrers verwurzelt, dass er lieber gewagte Ausweichmanöver unternimmt, als vor dem, was ihm im Wege ist, stehen zu bleiben.

Sind Bremsen und Anhalten eine Kränkung des Radfahrerehrgeizes, für dessen Rettung er liebend gern all die kleinen und großen Wundmale hinnimmt, so sind Aufprall oder Sturz die Niederlage, die Kapitulation. Sie widersprechen seiner fundamentalen Überzeugung, als gewandtester Verkehrsteilnehmer die Situation immer im Griff zu haben und sich durch Anpassung und Reaktionsschnelligkeit aus jeder Gefahr retten zu können. Natürlich kommt es gelegentlich auch zu Stürzen aus eigenem Verschulden: Etwa wenn man Bremsen und Gleichgewichtssinn auf nassen, glatten Straßen zu viel zutraut; oder, bei Regen, der Sehkraft, denn dem Träger einer Brille, die von feinen Tropfen überzogen und von warmem Atem beschlagen ist, werden alle entgegenkommenden Lichter und Lampen zu explodierenden Sternen; oder wenn man sich aus Unvorsichtigkeit oder Überschätzung der eigenen Fähigkeiten in eine Lage manövriert, aus der nur siegreich hervorgeht, wer von Fortuna überreich bedacht wird.

Die Gefahr vervielfacht sich, befindet man sich in einem Zustand, der an Francis Bacons Darstellung seines zeitweiligen Lebensgefährten George Dyer erinnert, dem der Trunkenheit. Dieser *Georges à bicyclette* kannte sich mit Räuschen aller Art weit besser aus, als ihm guttat: Sein kurzes leidvolles Leben war gezeichnet von zerstörerischen Leidenschaften, Drogen, Tabletten – und nicht zuletzt Alkohol. Bacon war von Gesicht und Körper des 25 Jahre Jüngeren wie besessen, malte ihn immer wieder, und seine das Äußere verzerrenden, die Seelenkräfte sezierenden Porträts erleben hier, bei Dyer, noch einmal eine Steigerung in Zärtlichkeit, Scham und Expressivität, die so ungeheuerlich wie faszinierend ist. Auf dem Fahrradbild gelingt Bacon zudem die Überlagerung einer Bewegungs- mit einer Porträtstudie – wobei er in der Schwebe lässt, ob es vor allem die Seelenkräfte und erst in ihrer Folge die physikalischen sind, die Fahrrad und Fahrenden schwanken lassen – oder gerade umgekehrt. Denn er vervielfacht nicht nur die Räder des Fahrzeugs, wodurch er das beständig um den Gleichgewichtspunkt Pendelnde, Sturzbedrohte der Bewegung betont, sondern setzt den Porträtierten auch noch auf den Parabeln seiner eigenen raumdurchschneidenden Kurven wie auf mehreren gleichzeitig zu befahrenden Hochseilen aus. Die modifizierte Wahrnehmung der rauschbedingt kippend-kippelnden Physis und der suchtgezeichneten Psyche gehen hier unauflösbar in eins. Und doch sieht Dyer den Betrachter aus der Mitte des Bildes mit seinem bis auf den Schädelknochen bloßgelegten Gesicht so ungerührt, maskenartig erstarrt an wie ein Tänzer, der bei seinen Pirouetten einen Punkt im Raum fixieren muss, um nicht dem Schwindel zu erliegen, wie ein dem Alkohol Verfallener, der über Gläser und Flaschen hinweg in eine nur seinen deformierten Sinnen fassbare, andere Wirklichkeit starrt.

Über George Dyer wurde gesagt, dass er mehr oder weniger ständig betrunken war, so wohl auch auf dem Fahrradsattel. Was ihn nicht zur Ausnahme macht, gilt doch vielen das Fahrrad an einem feuchtfröhlichen Abend als gute Heimbringalternative – Trunkenheit am Lenker kommt daher öfter vor, als einem lieb sein kann. In Sommernächten begegnen einem nicht selten bis zum Kragen Alkoholisierte, ebenso unwillig wie unfähig, auszuweichen. Und man fragt sich kopfschüttelnd, wie sie, die kaum auf den Beinen stehen könnten, auf dem Rad das Gleichgewicht halten. Als höben sich das Pendeln des Rads und das eigene Torkeln auf, sind sie im Sattel sicherer unterwegs als zu Fuß – sicherer jedenfalls für sie selbst. Zum Glück hat die Bewegung im Freien eine ernüchternde Wirkung, vor allem wenn der nächtliche Fahrtwind Stirn und Schläfen kühlt, verlieren Körper und Kopf die rauschhafte Benommenheit schneller, als manchem lieb ist. Das gilt aber natürlich nur so lange, wie der Radfahrer auf dem Sattel nicht munter weitertrinkt, wie etwa der polnische Schriftsteller Witold Gombrowicz, der, da er während einer Tour seinen Durst mit Wein löschte, bei seiner Ankunft so betrunken war, dass er nicht wusste, wie er vom Rad kommen sollte. Und so umrundete er endlos den Platz des Städtchens und suchte nach der besten Methode, um anzuhalten und vom Rad zu steigen, ohne sich die Knochen zu brechen.

Eros und Thanatos

Die von den Radfahrern provozierten und produzierten Stürze, in die kein Dritter verwickelt ist, sind jedoch nur selten gravierend, meist kommt man glimpflich davon – und schweigt von seiner Schmach. In der Kindheit war das anders. Da rühmte man sich vor den anderen der bestandenen Gefahren und zeigte Wunden und Beulen als blau-gelbgrüne Orden und blutige Trophäen (wenn man sie auch vor den Erwachsenen, insbesondere den eigenen Eltern, Fahr-verbote und andere Sanktionen befürchtend, verbarg). Und nicht selten suchte man geradezu die Gefahr und genoss, bei allem Schmerz, die Verwundung, kippte aus geringer Höhe vorsätzlich und mit Lust ins Gras, neben das Rad, auf den Körper eines anderen Kindes, mit dem man zusammen-geprallt war. So ein Zusammenstoß und Doppelsturz war ja eine durchaus begehrte körperliche Gemeinschaft, dieses Ineinander zweier verschwitzter staubiger Kinderleiber eine Begegnung, ein Kampf, bei dem man die Kräfte maß, eine gewaltsame Berührung, die ihren zärtlichen Kern scham-haft verbarg, die biegsamen Knochen, die weiche warme Geschmeidigkeit der hautüberzogenen Muskeln, das Kit-zeln des nach Sommer riechenden strähnigen Haars, der Staub des Wegs, der an der Haut klebt und sich mit dem am anderen vermischt, die Verwirrung, wem welches Glied gehört – erste Körperlust, die von sich selbst noch kaum etwas weiß, süß lockende Ahnung ist. Und auch wenn die Abschürfungen der Haut später zu glühen und unter der Dusche zu brennen begannen, so stifteten die blauen Flecken, der Schorf auf den Wunden, die sicht- und fühl-baren Male einer gemeinsam geschlagenen Schlacht, eine über Tage andauernde Gemeinschaft – und erst über die (gesuchte) Gefahr, den Schreck, den Schmerz wurde man ja seines Körpers, seines Am-Leben-Seins und seiner Verletz-lichkeit gewahr, und auch das hatte etwas Lustvolles (wie der Geschmack des eigenen Blutes im Mund) – ergriff einen doch der geheimnisvolle Zauber der Autoerotik.

Der Erwachsene dagegen meidet den Sturz, so gut er kann. Ihm ist er die verwünschte Ausnahme, dessen Ursa-che nicht auf ein geheimes Begehren zurückgeht, sondern auf eine sogleich verfluchte Unaufmerksamkeit. Selten ist diese beim Radfahrer zu suchen, denn meist sind nicht die Dinge schuld, die unberechenbar seinen Weg kreuzen und denen er nicht auszuweichen vermag. Vielmehr fremde, sich bewegende Körper: die der anderen, den Radfahrer übersehenden, ihn ignorierenden Verkehrsteilnehmer.

Damals, als de Beauvoir und Sartre unterwegs waren, war es weit weniger gefährlich »an etwas anderes zu denken« – waren die Straßen doch noch fast autoleer, der Radfahrer auf ihnen allein und unangefochten der Schnellste. Einen Eindruck davon kann man heute noch aus alten Filmen und Dokumentaraufnahmen gewinnen: vollkommen leere Straßen, an deren Rand ein paar Menschen von Dorf zu Dorf gehen; die Radfahrer haben, von einem Lastwagen ab und an abgesehen, die Straße für sich, Gegenverkehr gibt es nicht – eine Welt, von der heutige Radfahrer nur träumen können. Und das erklärt auch Sartres Sorglosigkeit, konnte ihm, in Gedanken versunken, doch eigentlich nichts Schlimmeres geschehen, als im Graben zu landen.

Aber wenn das Radfahren damals auch ungefährlicher war, scheute Sartre doch das Risiko nicht, mit seiner Umwelt schmerzhaft in Kontakt zu treten – was die Frage aufwirft, inwiefern Art und Geschwindigkeit der Fortbewegung auf das Denken rückwirken. Es gibt Spaziergänger (Geher) unter den Philosophen und Radfahrer, ebenso unter den Schriftstellern; beiden Gruppen gemeinsam ist, im Gegensatz zu Kutsch- und Autofahrern, der direkte Kontakt mit der Umwelt. Aber nicht einmal auf gut ausgebauten, ebenen Radwegen oder allein im Wald kann man sich auf dem Rad so total gegen die Außenwelt abschließen und allein seiner eigenen (Denk-) Logik folgen, wie es sinnend Gehenden gelingt. Tut man es doch, wird man eher früher als später unsanft daran erinnert, dass es noch eine Realität außerhalb seiner selbst gibt, solipsistische Gedankengebäude spinnt man auf dem Rad eher selten. Auch scheint diese Art der Fortbewegung einer pessimistischen Sicht auf die Welt abträglich (einer die Absurdität des Daseins betonenden dagegen nicht, Beckett war begeisterter Radfahrer): Unter den gehenden Denkern finden sich viele Misanthropen und Schwarzseher, unter den radfahrenden dagegen eher Realisten und Optimisten, Weltzu-, nicht -abgewandte. Begünstigt nun aber das Ungeschützte ihrer Fortbewegung eine existenziellere Art des Schreibens und Philosophierens? Oder suchen vielmehr umgekehrt Schriftsteller und Philosophen, die Existenzialisten sind, den Kontakt mit der Umwelt, möglichst ungeschützt?

Angesichts von Sartres leeren Straßen wünsche ich mir jedenfalls oft, dass das Fahrrad – das nur so kurze Zeit vor dem Auto erfunden wurde, sich zwar eine Zeit lang ganz gut auf den Straßen behauptete, mit zunehmendem Wohlstand, spätestens in den sechziger Jahren nach dem Krieg, aber immer mehr an den Rand gedrängt wurde – mehr Zeit gehabt hätte, zwei-, dreihundert Jahre wenigstens, mit Kutschen und Fußgängern und Eselskarren auf den Straßen allein unterwegs zu sein.

Das Rad wirkt auf den dicht befahrenen Straßen von heute ja immer seltsam zurückgesetzt, wie ein Kind in einer sonst schon ganz erwachsenen Umgebung, wie ein Nachzügler unter den jugendlichen Autos, den halbstarken Bussen und Lastkraftwagen. Eher den Schlitt- und Rollschuhen verwandt, den Skateboards und Skiern als den gewaltigen Maschinen, an dessen Seite es unterwegs ist und sich behaupten muss. Allzu oft fühle ich mich auf ihm, als kämpfte ich mit Spielzeugwaffen gegen Maschinenpistolen, als ritte ich auf einem Pony zwischen Panzern. Als Radfahrerin bin ich ihnen ausgeliefert, ihren Fehlern, ihrer Ungeduld, ihrer Aggressivität wie ihrer Müdigkeit, muss sie vorausschauend mitdenken, denn zwischen ungleichen Gegnern hilft das Im-Recht-Sein nicht. So schlüpfe ich notgedrungen in die Haut des Feindes.

Und doch dachte ich lange Zeit, in noch immer kindlicher Überzeugung von der eigenen Unsterblichkeit, solange ich fahre, altere ich nicht, sterbe ich nicht, ja, mehr noch, bin ich unsterblich – und da, genau da, als ich es am wenigsten erwartete, also *nicht* erwartete, als alles ruhig und die Straße leer war und ich über Lektüre für eine Freundin nachdachte, mit der ich den Abend hindurch über Nabokov gesprochen hatte, ereilte mich der Zusammenstoß.

»Rund 75 Prozent aller Unfälle, in die Fahrradfahrer verwickelt sind, finden zwischen Radfahrern und Autofahrern statt«, so Martin Jobst vom ADFC-Expertenteam Verkehrssicherheit. Und drei Viertel dieser Unfälle werden von den Kraftfahrzeugfahrern verursacht. Natürlich kommen auch Zwischenfälle allein unter Radfahrern vor, wovon nicht zuletzt Simone de Beauvoir in ihren Memoiren berichtet. Bei einer ihrer rasanten Abfahrten versuchte sie, zwei entgegenkommenden Radfahrern auszuweichen und wurde an den Straßenrand geschleudert. Allerdings ist es erstaunlich, wie selten man eine Karambolage, ja, selbst Touchierung mit anderen Radfahrern und Fußgängern erlebt – mir ist das noch nie passiert, wohingegen Zusammenstöße mit Autos schon des Öfteren vorgekommen sind.

Und mit dem ersten schweren Unfall, der einer zwischen ungleichen Gegnern war, verkehrte sich das Lustvoll-Spielerische in (tödlichen) Ernst. Nicht nur für Simone de Beauvoir war der Sturz ein Schmecken des Todes. »Natürlich! Man weicht rechts aus!«, dachte sie noch und dann: »Das ist also der Tod!« Und nachdem sie sich von dem Schock erholt hatte, blieb das nicht oder doch nur allmählich vergehende Gefühl: »plötzlich erschien das Sterben unfaßlich leicht«.

Eine Erfahrung, die auch ich bei einem Unfall, bei dem mich glückliche Umstände vor dem Schlimmsten bewahrten, gemacht habe. Nur noch eine dünne Folie trennte danach das Leben vom Tod, als wäre ich mit den äußeren Gliedern schon ein wenig hineingetaucht, und unfassbar erschien mir danach die Sorglosigkeit, mit der die Menschen sich bewegen, ihren Dingen nachgehen – und zugleich sah ich: Alles leuchtet, alles ist *da*. Im Unfall begegnete mir das *Andere,* erfuhr ich eine paradoxe Exzentrizität, die darin bestand, an den Rand der Existenz geschleudert zu werden und gleichzeitig in ihr Zentrum zu treten.

Zunächst füllte mich der Schock ganz aus, die Verwunderung, dass mir das geschehen ist (es ist geschehen, nicht von mir gemacht) und ich nicht einmal sagen kann, wie, denn in der Erinnerung, in der ich nach der genauen Abfolge der Ereignisse suchte, ist ein Loch, das sich nicht schließen will. Dann, als die Schmerzen kamen, überwog das Gefühl der Rettung, das alles um mich herum an Kostbarkeit gewinnen ließ. Und die Dankbarkeit hielt lange an und verlässt mich vielleicht nie mehr ganz, wenn sich auch der Spalt zwischen exzeptioneller Erfahrung, die mich eine Zeit lang zu etwas Besonderem, Abgesondertem machte, und durch den ich die Welt außer mir und in mir bewundernd bestaunte, und dem Alltag nach und nach geschlossen hat. Eine Naht, eine Narbe ist geblieben, und damit ist nicht nur die über den Körperwunden gemeint. Diese innere, unsichtbare, allein durch mich fühlbare Linie ist nichts anderes als eine Grenze, die eine Aufmerksamkeitserhöhung erzwingt – aber sie hat etwas überraschend Positives, und nicht nur in dem Sinne, dass da etwas dazugekommen ist. Ich habe das Ende, den Tod gekostet, ich weiß etwas mehr über das Leben.

Die Erfahrung der eigenen Verletzlichkeit und die Steigerung des Lebensgefühls gehen in eins – etwas, wonach Extremsportler geradezu süchtig sind: Denn am Rande der Gefahr, wo ein falscher Griff, ein Augenblick der Unaufmerksamkeit genügen, kosten sie erst ihr Lebendigsein. Nach einem Unfall begreift man, dass es sich mit dem Radfahren in der Großstadt nicht so anders verhält – auch wenn man die Gefahr nicht bewusst sucht, sondern notgedrungen in Kauf nimmt. Und immer bemüht ist, Zusammenstoß oder Sturz nicht zu provozieren, ihnen durch doppelte Wachsamkeit zu entgehen. Aber man weiß jetzt: Jede geglückte Ankunft ist nur ein Aufschub.

Der Weg zur Arbeit

Die beste Zeit, der beste Weg – und
wie·schaffe ich es, nicht so zu schwitzen?

Der Weg zur Arbeit ist im Grunde nicht *ein* Weg, sondern es sind *zwei*. Denn selbst wenn man auf dem Stadtplan mit dem Finger zweimal dieselbe Route entlangfährt, gibt es in natura doch gewaltige Unterschiede: Der Weg hin und der Weg zurück sind jeder eine Welt für sich.

Den einen legt man zumeist in großer Eile zurück, bereits im Sattel und schon in die Pedale tretend knöpft man noch den Mantel zu, isst den Rest eines Brötchens, für das am Frühstückstisch keine Zeit mehr war, und legt am Briefkasten einen kurzen Zwischenstopp ein, um die am Morgen eilig zugeklebten Briefe noch vor Arbeitsbeginn einzuwerfen.

Aber dann kommt unweigerlich der Moment, da der Blick sich öffnet und in die Runde, in die Weite, hinauf in den Himmel geht. Die scharfe klare Luft des Morgens weckt die Sinne, vertreibt die Müdigkeit. Eine Amsel auf Würmersuche raschelt im Gebüsch. Das bunte Muster des Herbstlaubs schmückt den Weg. Schnee schaukelt aus dem Himmel sanft zur Erde, sammelt sich auf den Handschuhen, den Jackenärmeln, netzt das Gesicht. Die zwischen schweren grauen Wolken hervorkommende Sonne wärmt den Rücken, und die Wärme fließt allmählich aus der Körpermitte in Arme und Beine.

So ist es vielleicht an einem ersten Wintertag. An einem Morgen im Frühling, der mit Nebel beginnt, der immer zarter, dann durchsichtig wird, perlmuttfarben, irisierend, bis er einen in reinstem Azur strahlenden Himmel frei gibt, ist wieder alles neu und groß. Und dann ein Morgen im Sommer nach einer Gewitternacht, die großen Pfützen, aus denen die Nässe dampft, der Staub des Kieswegs wieder mit Feuchte gebunden, Tausende Wasserperlen an allen Zweigen und Blättern, der Fluss tief blau – da vergisst man die Eile, da streckt man sich aus auf dem Rad, da ist alles Staunen und Glück, da beginnt man zu singen.

Selbst in der Hast und im Gedränge des morgendlichen Berufsverkehrs findet sich auf dem Sattel, im Gleiten und Rollen, beim Warten an der Ampel, immer die Muße, kleine Beobachtungen zu machen, und mit der Entdeckung des feinen Schneerands unterhalb der Bordsteinkante, mit der des Reifenmusterwirrwarrs im Sand beginnt die Verwandlung, die Verzauberung des Alltags.

Nun ist der Blick frei, und nichts entgeht einem mehr: nicht der auf den Pfützen schwimmende Blütenstaub und nicht der süße Duft der blühenden Linden. Und auch ein regnerischer stürmischer Tag, an dem ich gegen den Wind und mir entgegenwehende Blätter und Zweige kämpfe, hat eine Schönheit, die – durch die Bewegung, durch die Anstrengung – mich selbst, mein Lebendigsein weckt. Es ist ein Tag, an dem man mit Henry David Thoreau ausrufen will: »Kann man auf schönere Weise trunken werden als durch die Luft, die man atmet?«

Ich kann mich noch an einen Morgen im Sommer erinnern, an dem es erst nur aus grauen Wolken tröpfelte, dann immer finsterer wurde, bis eine Flut losbrach, bei der sich nur an das Öffnen der Himmelsschleusen denken ließ. Weiterzufahren hatte keinen Sinn, das Fahrrad ist schließlich kein Boot, also stellte ich mich unter, und vor und hinter mir prasselte und tropfte und gurgelte und schmatzte es, bald rannen wilde Bäche die Straße entlang, entstanden ganze Teiche, durch die die Autos pflügten, gewaltige Bugwellen vor sich her schiebend, die über die Bordsteinkanten schwappten. Und ich stand da, unter dem Dach des Hauseingangs, dessen unterste Stufe schon fast im Wasser verschwunden war, inmitten des Rhythmus des Regenstromes, der mal stärker, mal schwächer war, sah die Blasen, die auf den Pfützen schwammen, zerplatzten, die vom Wind geriffelte Oberfläche der neu entstandenen Wasserlandschaft, stand da, wie ich als Kind am Fenster, oder, bei weit geöffneter Tür, auf der Schwelle unseres Sommerhäuschens gesessen hatte, in Geschichten versponnen, die sich an die Tropfen, an das Wehen des Windes hefteten, bis ich über dem Schauen und Lauschen alle Geschichten vergaß. Erwächst daraus nicht der Sinn für das Poetische, aus dieser sich den Phänomenen hingebenden Betrachtung, die erst selbstvergessen konzentrierte Wahrnehmung erlaubt und in der sich das Miteinanderverbundensein und die Schönheit aller Dinge zeigt? Denn Poetisieren heißt ja nicht – das ist ein weit verbreitetes Missverständnis –, etwas hinzuzufügen, sondern etwas wegzunehmen. Die vielen trübenden Schichten, die auf unseren Augen liegen und uns zu sehen hindern: die Farben, die Formen, das Licht, die Schatten, das Trennende und Verbindende. Das Glück kommt immer aus einer Verwandlung, und ihr geht eine Entschleierung voraus.

In diesem Schauen regt sich der Geist des *fûga*, der Windanmut, dieses für die japanische Zen-Lehre so bedeutsamen Begriffes. In ihm drückt sich aus, wie sich das eigene Ich mit dem schöpferischen und künstlerischen Geist des Weltganzen verbindet. »Ein Mensch des fûga findet (...) seine wahren Freunde in Blumen und Vögeln, Felsen und Wasser, Regen und Mond«, schreibt Daisetz T. Suzuki in *Zen und die Kultur Japans*. Die Windanmut aber besitzt jemand, den Gedichte und Musik begeistern (und der womöglich selbst zum Schreiben neigt), denn nach japanischer Auffassung entstammen Poesie und Musik der Natur und führen den, der sich mit ihnen beschäftigt, zur Natürlichkeit zurück. Gelingt es einem Menschen, diese Anmut auf sein alltägliches Leben zu übertragen, wird dieses zum *faryn*, zum Windstrom, der ganz ohne Bedrängnis als Nebensache vorbeifließt und ihn selbst ergreift: wie dahintreibende Wolken ist er nun, eine freundliche Gelassenheit erfüllt ihn, alle Grenzen lösen sich auf.

Ebendies geschah mir an jenem Morgen – alles Schwere, Bedrückende fiel von mir ab, ich war ganz im Augenblick und fühlte mich, indem ich mich ihm überließ, stark, autark, bedürfnislos – dem Wind gleich, unter dem sich die Gräser beugen, wieder aufrichten, und diesen Gräsern gleich, die, geschmeidig und jeden Widerstand aufgebend, so sehr *da* sind, im bloßen Spüren-Lassen lebendig. Und als der Regen vorüber war, ich wieder auf dem Sattel saß und in Richtung Arbeit, Verpflichtung fuhr, war noch eine Weile dieser innere Wind um mich, ich spürte ihn, überließ mich ihm, und er trug mich, als hätte ich Flügel oder doch wenigstens einen ganz leichten, wie ein Segel geöffneten Mantel – und seither hoffe ich, die Windgestalt auf meinen Wegen wiederzugewinnen. Aber man darf nicht darauf aus sein, erst wenn man sie nicht mehr sucht und an nichts mehr denkt, stellt sie sich ein und ist der Weg frei für das Durch-sich- und Um-sich-wehen-Lassen, und auch dann darf man nicht aufmerken, sie halten wollen, jede Begrenzung, jede Kontur, und nichts anderes ist ja ein Gedanke, lässt die so Flüchtige flüchten.

Auf den ersten Blick mag diese meditative Verwandlung, die man nur allein, in der Einsamkeit und Abgeschiedenheit von den anderen finden kann, etwas Egozentrisches haben – scheint sie doch, indem sie mich in eine andere Welt führt, die anderen auszuschließen. Das gilt aber nur, solange sie dauert, führt sie doch zu einer solch tief gehenden Entspannung, dass sie sich, taucht man wieder aus ihr auf, auf die anderen überträgt. An jenem Morgen jedenfalls kam ich so heiter, leicht, leer und doch tief erfüllt im Büro an, dass es die Kollegen anzustecken schien, ein Lächeln zeigte sich auf ihren Gesichtern, und Nervosität, Unruhe, Gereiztheit fielen von ihnen ab.

Natürlich kann man nicht jeden Tag auf dem Weg zur Arbeit viertelstundenlang innehalten – aber man sollte bei dem täglich zu nehmenden Weg darauf achten, eine Strecke zu wählen, auf der einem die Elemente nicht nur als Widernisse begegnen, sondern in all ihrer Kraft und Schönheit. Dazu braucht es Raum: einen großen Himmel, Bäume, Wasser, wechselnde Untergründe. Nicht die kürzeste Verbindung also sollte man suchen, sondern die abwechslungsreichste, erholsamste. Ich nehme gern einen Umweg, wenn ich dafür dem Autoverkehr entgehe, ein Stück des Wegs durch einen Park fahren kann, an einem Bächlein, Fluss, Kanal entlang oder über eine große Wiese.

Da die Zeit meistens knapp ist, spielt die auf dem Weg erreichbare Geschwindigkeit eine Rolle – aber ebenso die Anspannung, der man sich aussetzt. Das Wichtigste für regelmäßig befahrene Strecken, etwa zur Arbeit, zum Sport oder zu Freunden, ist daher, sich eine Route zu suchen, auf der man gut vorankommt, auf der man aber, wenn sie einem in Fleisch und Blut übergegangen ist und sich gewissermaßen wie von selbst fährt, ruhig auch ein bisschen verträumt sein kann. Enge, unübersichtliche Straßen, in denen sich mit den Autos die Aggressivität ihrer Fahrer staut, sollte man, wenn irgend möglich, meiden. Auch wegen der Luft, die man atmet. Wie viele Ideen habe ich so, abseits der Hauptverkehrsströme, auf gerade mal halbstündigen Wegen zur Universität, Bibliothek oder Arbeit entwickelt, über gelesene oder zu schreibende Bücher nachgedacht, Pläne geschmiedet, Gedanken verworfen, neu kombiniert.

Seltsam ist es, aber in freierer Umgebung spüre ich die Wetterunbill weniger, machen mir Regen, Wind, Schnee, Kälte kaum etwas aus, als ob es im Park weniger kalt wäre, auf dem schmalen Pfad am Fluss, auf dem die Eisschollen treiben, weniger windig, auf der großen Wiese, über die die Schmetterlinge flattern, weniger heiß. Das Gegenteil ist ja der Fall, und dennoch fühle ich mich kräftiger, widerstandsfähiger, beginnt hier schon am Morgen ein Glück, das den Tag ins Gelungensein wendet und daher rührt, dass man nicht, als hätte man Scheuklappen angelegt, von Tür zu Tür rast, sondern wahrnimmt, durch welches Wetter, welches Licht man sich bewegt.

Natürlich braucht man dazu etwas mehr Zeit – aber was sind fünf, zehn Minuten auf den Tag gerechnet? Und wenn man doch nur in sein Büro geht, die Tür schließt und sich über seine Arbeit beugt, sollte man nach der Devise leben: Ein Tag ist nur ein Tag meines Lebens, wenn ich ihn gesehen, gespürt, geschmeckt habe – was macht es schon, kommt man ein paar Minuten, köstlich verbrachte Augenblicke!, zu spät. Und wenn das Wetter schön ist, sollte man sich einfach etwas früher auf den Weg machen, noch auf einer Bank am Fluss sitzen und den vorbeifahrenden Ausflugsschiffen zusehen. Oder, an einem warmen Vorfrühlingstag, in dem Park, den man sonst immer nur durcheilt, absteigen und nach ersten Blüten und sich öffnenden Blattknospen Ausschau halten, dem Gesang der Amseln lauschen, das Ineinander der Kreise betrachten, die durch die von den noch regennassen Blättern fallenden Tropfen auf der Oberfläche des Sees entstehen. Man kommt dann so erholt ins Büro, als hätte man ein paar Tage Urlaub gehabt.

Stoßverkehr und Bewegungsneid

Wenn einem nicht die letzten hundert Meter wieder allen Frieden rauben. So vertraut sind das Geschiebe, Gedrängel, Gehupe, sind Gestank und Lärm, und doch schüttelt man, kommt man aus dem Park oder vom breiten Radweg herunter und fädelt sich wieder ein in den Verkehr, jedes Mal innerlich den Kopf über die sich stauenden Autos, die sich am Morgen in die eine, am Abend in die andere Richtung durch die Stadt drängeln, mit zumeist nur einer Person in einer Kiste, die für vier, fünf ausgelegt ist und oft das Fünfzehnfache dessen wiegt, was sie bewegt. Vor allem an Tagen, die wie fürs Radfahren gemacht sind, sonnigen, aber nicht heißen Vorsommertagen etwa, an denen ein leichter spielerischer Wind weht, alles vor Frische glänzt, die Farben leuchten und man so schwebend leicht unterwegs ist, als säße man in einem Ballon, begreift man nicht, warum so viele Menschen sich und ihren Mitmenschen diese nicht nur für sie selbst und ihre Umwelt ungesunde, sondern, von ökonomischen Gesichtspunkten aus betrachtet, auch durch und durch unvernünftige Fortbewegung antun.

Denn im Berufsverkehr erhöht sich ja noch einmal der Vorteil, den die Radfahrer gegenüber den durch ihre Überzahl zur Immobilität verdammten Motoristen haben, die so oft sagen, das Radfahren wäre ihnen zu langsam; dabei sind sie es, die auf den vollen Straßen in der Innenstadt durchschnittlich mit nicht mehr als zwölf bis 15 Kilometern pro Stunde vorankommen, also etwa gleichauf mit den Radfahrern liegen (wenn nicht sogar um ein Viertel langsamer sind, mein Schnitt, beispielsweise, liegt nahe der 19). Wenn man Von-Tür-zu-Tür-Wege rechnet, haben sie sogar deutlich das Nachsehen; entfällt für die Radfahrer doch die zeitraubende Parkplatzsuche.

Und der Vorteil des Fahrrads wäre noch größer, wenn der Radfahrer sich nicht durch vor sich hin stinkende Autokolonnen fädeln und immer wieder seine Geschwindigkeit drosseln müsste, um nicht Leib und Leben zu gefährden, weil die Radwege zu wenige und zu schmal sind. Denn leider ist die Fahrt im Berufsverkehr noch weit stressiger als außerhalb der Stoßzeiten, erfordert sie doch nicht nur eine höhere Konzentration, sondern auch eine geradezu übermenschliche Gelassenheit. Die Aggressivität der Autofahrer gegenüber ihren wendigeren Straßengenossen wächst, so kommt es mir oft vor, mit jeder roten Ampel und jeder Minute im Stau – und wenn sie schon selbst nicht vorwärtskommen, so scheint ihre Maxime zu lauten, soll es der Radfahrer, der umweltfreundlicher, kostengünstiger, gesünder, risikofreudiger unterwegs ist, bitte schön auch nicht.

Ich staune immer wieder darüber, was der Bewegungsneid aus Menschen macht: Autofahrer, die bis zur Radnabe an den Bordstein fahren, damit man nicht an ihnen vorbeikommt und hinter ihren stinkenden Auspuffrohren warten muss – etwas, das ich, wenn möglich, bei nächster Gelegenheit damit beantworte, mich vor die Motorhaube dieser Straßenblockierer zu setzen und in der Mitte der Spur zu fahren; ich nehme damit nicht mehr Platz in Anspruch als ein Autofahrer mit zumeist leerem Beifahrersitz rechts von sich – das hat natürlich etwas von der Auge-um-Auge-Zahn-um-Zahn-Logik des Alten Testaments, aber auch etwas von David gegen Goliath, und es besteht ja immer die Hoffnung, dass auch Autofahrer irgendwann lernen, dass die Straßen ihnen nicht allein gehören, dass Radfahrer gleichberechtigte und folglich auch gleichberechtigt zu behandelnde Verkehrsteilnehmer sind. Und begreifen, dass es vor allem sie selbst sind, die sich am Vorankommen hindern, durch beidseitig zugeparkte Straßenränder, durch ihre schiere Zahl – und daraus ihre Schlüsse ziehen: dass es an der Zeit ist, dem Auto adieu zu sagen.

Und während man, in Abgaswolken eingehüllt und umgeben von im Leerlauf zitterndem Blech, sich bemüht, ruhig zu bleiben und das Gegebene für heute noch einmal hinzunehmen, beginnt man, von einem jener Länder zu träumen, in denen das Fahrrad das normalste Verkehrsmittel auch und gerade im Berufsverkehr ist, den Niederlanden zum Beispiel. So zeigt zum Beispiel ein zweiminütiger Film auf Youtube[*] eine Kreuzung in Utrecht an einem ganz normalen Mittwochmorgen gegen halb neun mit einem nie versiegenden Strom von Radfahrern: Von allen Seiten kommen sie heran, warten in Trauben an der Ampel, um dann in diese oder jene Richtung davonzusausen.

Das Verblüffendste aber ist – was in der Wirkung noch dadurch gesteigert wird, dass der Film im Vierfachzeitraffer abläuft –, dass es trotz der Menge der Radfahrer und der sich kreuzenden Wege zu keinem einzigen Zusammenstoß, nicht einem bösen Blick oder Wort kommt. Das Ganze erinnert vielmehr an eine nicht mit Instrumenten, sondern Fahrrädern aufgeführte Rossini-Oper!

[*]   Holland Rushhour: www.youtube.com/watch?v=n-AbPav5E5M&feature=player_embedded

Eine kalte Dusche!

Der einzige Nachteil, den das Radfahren hat, ist, dass man, ist man nur eine Weile unterwegs, ins Schwitzen kommt. Natürlich spielt neben der individuellen Konstitution auch die Geschwindigkeit eine Rolle – man brauchte ja nur langsamer zu fahren! Und auch die klimatischen Bedingungen sind natürlich nicht zu vernachlässigen. Denn was man sich im Winter, wenn man froh ist, dass die halb erstarrten Hände noch in der Lage sind, Bremsen und Gangschaltung zu bedienen, und die Füße wie hart gefrorene Blöcke sich auf den Pedalen auf und nieder bewegen, kaum mehr vorstellen kann, dass einem eines Tages wieder der Schweiß über den Rücken strömen und auf der Stirn Perlen bilden wird, tritt ein: Plötzlich ist er da – der erste warme Tag! Auch jetzt hilft eine durch Parks und Nebenstraßen führende Strecke, denn im Stau, zwischen den heiß laufenden Motoren oder hinter einem Bus, dessen Wärmeabstrahlung die Luft flimmern lässt, wird es nicht besser. Vor allem aber das Losfahren ein paar Minuten, bevor es nur noch mit Höchstgeschwindigkeit zu schaffen ist. Aber das sind schöne Träume – mir jedenfalls gelingt es, je besser das Wetter ist, desto weniger, rechtzeitig vom häuslichen Schreibtisch loszukommen für eine gemächliche Fahrt, meist flitze ich auf die letzte Sekunde los und treffe selbst im Winter am Bestimmungsort nicht selten gut warmgefahren ein. Nach einer Viertelstunde ist man, kommt man aus der Kälte, wieder vom Kopf bis zu den Füßen wohltemperiert – im Sommer aber, vor allem wenn man in der Mittagshitze über glühend heiße Plätze und durch schattenlose Straßen fahren muss, geht das nicht so schnell. Wie gut täte da eine Dusche, ein Fußbad wenigstens! Wenn die Firmen und Betriebe ihren Mitarbeitern riesige Flächen für Parkplätze und teure Tiefgaragen (mit limousinenlangem Fahrstuhl, weil kein Platz für eine Auffahrt da ist!) finanzieren können, weshalb dann nicht ein Badezimmer, wo man, wenn es nötig ist, vor der Arbeit unter die Dusche springen und eine frische Bluse anziehen kann? Wasch- und Umkleideräume würde wohl auch so mancher Nichtrad- fahrer zu schätzen wissen, könnte er oder sie sich doch dann vor einem Abendtermin noch einmal frisch machen. umziehen, frisieren. Ich jedenfalls genieße es sehr, wenn ich, von meiner Rennradstraßentour schweißtriefend bei Freunden eingetroffen, vor dem gemeinsamen Abendessen oder Kino- oder Theaterbesuch noch unter die Dusche gehen und mich umziehen kann. Das sind Momente, die man nicht vergisst: das kühle Wasser, die duftende Seife, das bereitgelegte Handtuch. Verwandelt taucht man aus der kühlen Grotte des Freundes-Bades auf.

Aber nicht nur dem Auto-, auch dem öffentlichen Nah- verkehr gegenüber ist der Radfahrer überlegen. Zum einen weil er jederzeit Umwege nehmen und kleine Abstecher machen kann, um seine To-do-Liste abzuarbeiten (Geld holen – Bücher verlängern – Brot kaufen – Flaschen zurück- bringen – Kinoprogramm mitnehmen etc.) – Wege, die, zusammengenommen, für einen Fußgänger zu lang und in Kombination mit Bussen und Bahnen zu umständlich sind (außerdem muss der Radfahrer Bücher und Brot und Flaschen nicht tragen, sondern kann sie auf seinem Rad transportieren). Zum anderen weil der Radfahrer nur sehr selten warten muss. Was ich umso mehr schätze, seitdem ich, wie in den letzten Wintern, als der Schnee hoch lag und der Frost mehr als streng war, zu allem Überfluss auch noch mein Fahrradschloss einfror, so dass ich ein paar Wochen aufs Radfahren verzichten musste, auf S- und U-Bahnen und Busse angewiesen war, die mich mit ihren Verspätungen und Totalausfällen, ihrem Schienenersatz- und Pendelver- kehr zur Verzweiflung trieben.

Die geduldige Passivität eines an der Haltestelle War- tenden, nach Bus und Bahn Ausspähenden bringe ich nicht mehr auf. Vor allem nicht nachts um eins und bei 15 Grad minus und mit der Aussicht auf zwei Mal Umsteigen. Mir scheint, hier kommt es zum Gegenteil der oben beschrie- benen Merkwürdigkeit: Steht man halb erstarrt auf dem

Bahnsteig, befeuern einen die Elemente nicht, sondern lassen nur die eigene Ohnmacht spüren. Was die Kälte sofort verdoppelt, den Regen nasser macht und den Wind schneidend scharf. Schon fühlt man eine Erkältung im Anzug. Und sehnt den Tag herbei, an dem man endlich wieder auf seinem Rad sitzen und in die Pedale treten kann.

Der Postbote – der wahre Held des Dienstfahrrads

Aber natürlich gibt es neben uns Pendlern, die wir das Rad benutzen, um zur Arbeit (und anderswohin) zu gelangen, es aber stehen lassen, wenn Schnee und Eis alles unter sich begraben haben, oder es so sehr schüttet, dass wir nach einer Minute schon keinen trockenen Faden mehr am Leibe hätten, oder ein Wind bläst, dass sich das Rad wie ein scheuendes, durchgehendes Pferd benimmt, gibt es neben uns Pendlern, die wir im schlimmsten Wetterfall auf andere Fortbewegungsmittel ausweichen können, noch die wahren Helden des Velos, für die der im Sattel zurückgelegte Weg nicht der *zur* Arbeit, sondern mit dieser selbst untrennbar verbunden ist: die Postboten. Sie, die so fragile, für Seele und Herz nicht selten überlebensnotwendige Dinge, wie Briefe und Päckchen es sind, austragen, sitzen ja viele Stunden täglich auf dem Rad und sorgen sommers wie winters dafür, dass der Nachschub an Liebesbriefen, Einladungen, Zeitungen und Büchern nicht versiegt (und es ist nur recht, dass das Fahrrad so häufig als Motiv auf den Briefmarken erscheint!). Im Winter 2009/2010, der die Straßen Berlins wochenlang in eine Gletscherlandschaft verwandelte, mussten sie im Gegensatz zu den Kurierfahrern, die sich immer so cool geben, von denen sich in dieser Zeit aber keiner blicken ließ (wahrscheinlich nahmen sie wie alle die U-Bahn, die einzig Verlässliche in eiskalten Zeiten), mussten die Postboten, die allzu oft, weil sie so ungelenke Räder fahren, belächelt werden, jeden Tag hinaus in dieses wundersam gen Süden gezogene Grönland. Ich hatte den größten Respekt vor ihnen, die sich Tag für Tag durch Schneewehen und übers Eis kämpften, während alle anderen, so lange es ging, im Warmen saßen und höchstens mal einen Blick aus dem Fenster auf die Eisgebirge wagten. Und schön wäre es gewesen, wenn sie, nachdem sie Bücher, Zeitungen und Briefe gebracht hatten, noch etwas Zeit gehabt hätten, um einen Tee zu trinken und Hände und Füße zu wärmen. So wie Jacques Tati in seiner Rolle als Briefträger François selbstverständlich ein Glas Wein zur Stärkung bekommt, wenn er in der Bar des Dorfes einen Brief abgibt – aber dafür ist dann bald auch keine Zeit mehr. Denn in diesem schon mehrmals erwähnten Film geht es ja um *rapidité* (Schnelligkeit), von der sein Chef ganz besessen ist – de facto um die Einsparung einer Viertelstunde, damit das Postflugzeug Briefe und Päckchen noch am selben Tag mitnehmen kann. Welche (sozialen) Verluste hinzunehmen sind, wenn man an Tempo und damit scheinbar an (wirtschaftlicher) Effizienz gewinnt, zeigt der Film amüsant und doch nicht ohne Wehmut, eine Momentaufnahme auf dem Weg zu der Post als Global Player, die wir heute haben (und wer weiß, wohin noch).

Die Post ist bis heute das einzige Unternehmen, dass Dienstfahrräder wirklich massenhaft einsetzt – worin ihr Anfang der achtziger Jahre die Partei-Grünen für ihre Bundestagsmitglieder folgten (und immerhin vierzig solcher Räder sollen noch heute, inzwischen fraktionsübergreifend, für die Abgeordneten bereitstehen):

117

Bundestagsabgeordnete der Grünen
mit Dienstfahrrad, um 1983.

Ich aber träume vom ersten Staatsgast, der mit einem Fahrradkorso vom Flughafen abgeholt wird und, in einer Fahrradrikscha sitzend, ins Stadtzentrum rollt.

Für die Entfernungen in der Großstadt, wenn man nicht an ihrem Rande, sondern in ihrer Mitte wohnt, in Berlin also innerhalb des S-Bahn-Rings, braucht man mit dem Rad fast nie länger als eine halbe Stunde, um von einem Ort an einen anderen zu gelangen. Und ist es doch einmal weiter, lässt sich ja immer noch überlegen, ob man das Rad in S- oder U-Bahn mitnimmt oder wenigstens einen Teil der Strecke damit fährt, um sich das Umsteigen zu ersparen.

So habe ich es eine Reihe von Jahren beinahe täglich gemacht, denn als ich 17 war, kauften meine Eltern ein Haus ganz am Rande von Berlin, fast schon im Brandenburgischen, was bedeutete, dass sich mein Schulweg von fünf Minuten auf etwas mehr als eine Stunde verlängerte. Da meine Eltern damals ebenso autolos waren, wie sie es heute noch immer sind, war unsere Verkehrsader in die Stadt nun die S-Bahn. Zur Station fuhr ich meist mit dem Rad, und oft nahm ich es auch in der Bahn mit, um damit dann weiter zur Schule zu fahren und nicht auf die Straßenbahn warten zu müssen oder es für nachmittägliche Aktivitäten in der Stadt zur Verfügung zu haben. Auch diese Kombination ließ mich schneller sein als jeden Autofahrer, und anstatt wie diese meine Nerven im alltäglichen Stop-and-go zu strapazieren, konnte ich die Hinfahrt noch für Hausaufgaben oder zum Briefeschreiben nutzen, auf dem Heimweg aber lesen – oft drei, vier Bücher in der Woche, mehr als je davor und danach.

Der kurze Weg zur S-Bahn am frühen Morgen vertrieb die Müdigkeit. Wie berührend schön die Frühlingstage, an denen ich durch ein Meer von Vogelstimmen glitt – lieber als zur Schule wäre ich da weiter in den Wald hineingefahren und hätte mich aufs Moos gelegt, Eichendorff, Stifter aufgeschlagen, gelesen, geträumt. Das ging erst auf dem Heimweg. Da ließ ich mir oft Zeit, fuhr noch durch den Wald, der gleich auf der anderen Seite der Station beginnt, oder nahm den Weg über die kleinen Hügel, die sich bis direkt ans Haus meiner Eltern ziehen und von denen aus man einen weiten Blick in den Himmel und übers Land hat. Schon die letzten beiden Stationen, die bei uns »Fahrt durch die Taiga« heißen, führt die Strecke doch durch nichts als Kiefernwald rechts und links, in einem schon fast leeren Waggon, ließen die Beschwernisse eines langen Schultags von mir abfallen. Und wenn ich dann aus dem Bahnhofsgebäude heraus auf den runden Vorplatz trat mit seinem Frieden, empfing mich die frischere, auch im Sommer kühlere Luft. Dann kam das gemächliche Fahren durch die stillen leeren Straßen, der Gang über die sanft hügelan steigende Wiese, deren hohes Gras im sommerlichen Abendlicht rotgolden schimmert und über die in klaren Winternächten das Vollmondlicht fällt, so hell – das war ein anderes Heimkommen als in der Stadt, eben wirkliche Heimkehr und nicht nur Rückkehr in eine Wohnung, der immer das freie Land drum herum mit seinen leisen Stimmen und würzigen Gerüchen fehlt.

Aber auch in der Stadt findet man auf dem Heimweg Entspannung, sobald man die Straße verlässt, in den Park einbiegt, auf dem Radweg am Wasser entlangfährt, das Schnattern der Gänse und Quieken der Blesshühner hört, die Angler sitzen sieht, deren konzentrierte Muße sich auf den Vorüberfahrenden überträgt. Man hält an einer Bank, setzt sich noch zehn Minuten in die Abendsonne oder legt sich auf die Wiese und streckt die vom langen Sitzen auf dem Bürostuhl verspannten Glieder, schaut den über das Grün verstreuten Leuten zu, die Ball spielen oder Yoga machen – schon ist der Kopf wieder frei, und man bummelt vergnügt nach Hause.

Gerade für den Heimweg ist es wichtig, die tägliche Routine zu durchbrechen und die Strecke immer mal zu wechseln, einen Weg immer nur eine Zeit lang beizubehalten, dann einen anderen zu nehmen, ehe man wieder zum ersten zurückkehrt. Eingeübtes und Gewohntes gibt zwar Sicherheit und ist effizient. Zu viel Sicherheit aber macht lethargisch und lässt uns wie blinde Automaten unterwegs sein. Der Heimweg aber, der keine strikte Ankunftszeit vorgibt, eröffnet so viele Möglichkeiten – und diese kleinen Umwege durch bisher unbekannte Nebenstraßen, die einen Fußgänger ermüden würden (obgleich ich auch oft staune, wie weit und schnell man zu Fuß kommt), verzeihen sich auf dem Rad. Fünfhundert, tausend, zweitausend Meter mehr, das ist kaum zu merken.

Ich komme nach einer solchen kleinen Erholungs- und Entdeckungsfahrt zwar hungriger, aber meist auch sehr viel vergnügter nach Hause, und nach dem Essen und einem Kaffee, bin ich dann noch dazu aufgelegt, ein, zwei Stunden zu schreiben, zu lesen, Freunde zu besuchen, ins Kino zu gehen – oder, wenn der nächste Tag ein wenig Freiheit erlaubt, alles für einen Ausflug bereitzulegen und voller Vorfreude ins Bett zu gehen.

Die Kunst des Ausflugs

Von märkischem Sand
und unerwarteten Regengüssen

Ausflüge sind das, was man mit dem Rad am liebsten macht. Schon beim Aufwachen, ja, schon in der Nacht davor ist alles anders: Man ist von einer schönen Aufregung erfüllt, die aus der Vorfreude auf Wald, Wiesen, Seen, die Abwechslung, die Bewegung kommt. Ein ganzer Tag im Freien!

Das Wetterfähnchen auf dem Hausdach gegenüber dreht sich vor blitzblauem Himmel und blinkt lockend im Sonnenlicht. Die Brote sind geschmiert, das Wasser in die Flasche gefüllt und zusammen mit Messer und Handtuch und Sonnencreme in der Fahrradtasche verpackt. Die Reifen sind aufgepumpt, die Kette frisch geölt. Also, Sonnenbrille aufgesetzt, Hosenbeine hochgekrempelt – und los geht's.

Die meisten frühen Fahrradgeschichten betonen das Gemächlich-Geruhsame des Radfahrens. Die Technik diente zunächst nicht so sehr schnellerem Vorankommen und kostengünstigem Transport als dem Vergnügen, das darin bestand, der Stadt den Rücken zu kehren und in die Natur zurückzukehren. Wobei man allerdings bedenken muss, dass erst die Entfremdung die Sehnsucht nach Rückkehr entstehen lässt, wie ja überhaupt der Begriff der Natur von dem der Kultur abhängig, sein Mit- und Gegenspieler ist, seitdem die Natur nicht mehr das immer schon Vorhandene, Vorgefundene war. Und der Ausflug als freiwilliges, zeitlich begrenztes Nomadentum wurde, als es feste Arbeitszeiten und in ihrer Folge erstmals eine *Frei*zeit, immer mehr freie Tage und schließlich sogar Urlaub gab, zum Vergnügen der kleinen Leute. Der Ausflug ist ihnen, die ihre Arbeit in geschlossenen Räumen tun, fern von Sonne, Wind und Wasser, ersehnter Gegensatz. Und so fuhren sie, als das Fahrrad nicht länger Luxusgut, sondern zum weitverbreiteten Gebrauchsgegenstand geworden war, in Scharen aus den Städten hinaus aufs Land.

Das Radfahren in der Stadt behält, selbst wenn man noch hier und da herumbummelt und einen Seitenschlenker macht, immer etwas Linear-Methodisches. Zum einen weil der Verkehr in unseren Städten durch ein Straßen- und Schienennetz geregelt wird, das einem Plan folgt und immer irgendwohin führt; zum anderen weil uns ein Fahrzeug die Benutzung eines angelegten Weges, also das Beschreiben einer nur geringfügig von der Geraden abweichenden, immer wieder zu ihr zurückkehrenden Kurve aufzwingt. Selbst zu Fuß können wir uns in der Stadt nur selten über Stock und Stein und querfeldein bewegen, können wir das neben dem Weg Liegende, die Zwischenräume erkunden – wie viel weniger aber, wenn wir ein mit Rädern versehenes Fahrzeug benutzen.

Kaum aber haben wir die Stadt mit ihren Geraden und rechten Winkeln verlassen (denn natürlich führt ein Ausflug immer hinaus, ein Ausflug ist nur ein Ausflug, wenn man die Stadtgrenzen hinter sich lässt), verwandelt sich das Radfahren in eine unmethodische Bewegung. Selbst wenn wir auch jetzt noch den Straßen und Wegen folgen – die seitlichen Begrenzungen aus Hauswänden, Mauern, Bürgersteigen fallen fort und mit ihnen die unablässige Reglementierung durch Verkehrsschilder und Ampeln. Und das Radfahren hält hier, im Freien, immer die schöne Möglichkeit bereit, nicht länger der Straße, sondern nur noch den eigenen Wünschen zu folgen.

Der Ausflug ähnelt so einer Reise im Kleinen, und zwar wie das Reisen früher war, als man sich nicht auf dieses oder jene Ziel als bevorzugten Ort zum Nachteil anderer möglicher Orte festlegte, sondern spontanen Einfällen, Gefühlsregungen, den Launen des Wetters und den Einladungen unterwegs gemachter Bekanntschaften folgte, als eine Reise noch das zu äußerster Wandelbarkeit fähige Gefäß freier Bewegung im Raum war, die kürzere und längere Aufenthalte an wechselnden Orten einschloss.

Selbst wenn also für den Ausflug ein Ziel ausgemacht und auch der Weg eher mehr als weniger festgelegt ist, verfolgt der Ausflügler diesen, sobald die hässlichen Abschnitte, wie stinkende Tunnel, Autobahnbrücken, Ausfallstraßen, die man leider bei der Ausfahrt aus der Stadt immer erst mal hinter sich zu bringen hat, überwunden sind, nicht mit derselben Prinzipientreue wie den Wegen dort. Wenn ein Schild auftaucht, das einen Luisentempel, eine Liebesquelle, einen Kranichberg oder einen Herthasee anzeigt, dann lässt man sich von dieser Verheißung natürlich verführen und fährt dorthin. Denn der Ausflug ist ja nichts anderes als eine säkularisierte Pilgerfahrt im Miniaturformat und kennt auch ihre Rituale, nur spricht man auf ihm keine Gebete, sondern fotografiert Kirchen, Burgen, Schlösser, sogenannte Sehenswürdigkeiten.

Sehenswürdig aber ist, hat man den Blick erst einmal geöffnet, immer mehr. Auf dem kleinen Umweg macht man wieder und wieder neue Entdeckungen, die einen tiefer und tiefer in das weitmaschige Netz der Abschweifungen führen. Immer bereitwilliger folgt man den Eingebungen und momentanen Eindrücken, gerade eben entdeckten Vorlieben, unwiderstehlichen Verführungen, wie es ein Bächlein mit einer Brücke ist, die zu einem Weg führt, wie man ihn sich immer erträumt hat: zwei feste Streifen Erde links und rechts mit einer Grasnarbe dazwischen unter hoch aufschießenden Buchen, die das Sonnenlicht filtern. In breiten Strahlenbündeln bricht es durch die sich fächerartig spreizenden Zweige, in denen die Meisen und Finken und Kleiber herumturnen und unter deren lichtem Blätterdach man einen weiten Blick über die hügelige Landschaft mit ihren kehltiefen Senken hat – da vergisst man das ursprüngliche Ziel, verwirft die zu Hause bedachte Route und folgt dem Weg, der sich so anbietet und auf dem es sich wie von selbst fährt, weiter und weiter. Der Ausflug bekommt nun etwas von der hummelnden Unstetigkeit des Nektarsammelns.

Ein großer Freund dieser Art der vage zielgerichteten Fortbewegung war Jerome K. Jerome, der mit seinem Buch *Drei Mann in einem Boot* berühmt wurde. Er schrieb noch eine Fortsetzung des Erfolgsromans, *Drei Männer auf Bummelfahrt*, in der der Erzähler und seine beiden Freunde George und Harris eine Zeit lang Abschied vom geregelten Leben in Familie und Beruf nehmen und eine Radtour machen – zunächst in Sachsen, dann im Schwarzwald. Es regiert das Prinzip Abschweifung – für einen Bummel genau das Richtige, und auch für das Buch, denn natürlich ist es ein getreues Abbild der Tour, von der genauso bummelartig, das heißt viele Anekdoten einstreuend, erzählt wird: von explodierenden Fahrradlampen und Sätteln für Fakire, die die Fahrradreklame nicht erwarten ließ, ist da ebenso die Rede wie von Männern, die ihre Frau auf dem Tandem mitnehmen und einen halben Tag lang nicht merken, dass sie gar nicht mehr hinter ihnen sitzt.

Beide Bücher zeigen, dass es bei einem Ausflug, sei es nun eine Bootsfahrt auf der Themse oder eine Fahrradtour in Sachsen, um eine entspannte Reise, ein, verglichen mit dem schnelllebigen Alltag, anderes Leben geht. Ausflügler sind keine Kilometerfresser, für sie zählt nicht die Leistung, ablesbar an schmerzverzerrten Gesichtern, Stürzen und Unfällen, als ahmten sie die Fahrer der Tour de France nach, sondern das Vergnügen: Ein Ausflug ist gemächlich und hat Raum für Plaudereien, verträumtes Schweigen, fürs Stehenbleiben, Dösen, Schauen, Augen-Schließen, Singen. Und für Abschweifungen.

Das gilt insbesondere oder vielleicht sogar ausschließlich für Ausflüge, die man zum ersten Mal macht, bei denen das Ziel aber eher unwichtig ist (nur muss man eben irgendetwas festlegen, ehe man aufbricht, ein Ausflug ins Blaue hinein lässt sich nicht unternehmen, man braucht eine Richtung, ein wie vage auch immer sich abzeichnendes Ziel, einen Umkehrpunkt). Nicht aber für Fahrten, die in gewissem Sinne Wiederholungen früherer Ausflüge sind. Bei Letzteren ist man viel weniger bereit, einen Weg zu nehmen, den man noch nicht kennt, bringt er einen doch um die Wiederbegegnung mit einer Lieblingsstelle (etwa um jenen Hügel, von dem aus wir den »Blick auf Italien« genießen – beziehungsweise genossen haben: denn inzwischen ist die gepflanzte Schonung, über die wir immer so weit über Land sehen und an Herbstabenden das Aufsteigen der Ballons beobachten konnten, so aufgeschossen, dass man einen Hochsitz brauchte, um noch über ihre Wipfel hinwegblicken zu können) oder um einen schon sehnsüchtig erwarteten Übergang, etwa wenn der Weg zu einer von uralten knorrigen Bäumen bestandenen Allee wird (die »Schlosszufahrt«), oder der dunkle Boden sich zu hellem Sand aufhellt und neben hellgrünem büscheligem Gras sich eine Birke an die andere reiht (»Kleinrussland«), oder der Wald sich zu einer Lichtung öffnet und der Halbschatten gleißend hell oder der dunklere Mischwald luftig wird, weil an die Stelle von Eichen, Birken, Ahorn, Buchen nun die hohen kahlen Stämme der Kiefern treten, deren Wipfel im Wind, der nur dort oben weht, sanft schaukeln. Erst nach einer (mehrmaligen) Wiederholung – den Kindern gleich, die ihre Rituale lieben und sie alle in einer bestimmten Reihe fordern, keine andere dulden –, wenn man all seine Lieblingsstellen in einem all ihre Vorzüge herausstellenden Licht und bei Sonne und Regen wiedergesehen hat, man also ein wenig gesättigt ist und es einen nach Abwechslung verlangt, erst dann erkundet man wieder Unbekanntes und schlägt einen Seitenpfad ein, von dem man nicht weiß, wohin er einen führt.

Ja, die Lieblingsstellen. Auch sie können natürlich Ziel eines Ausflugs sein, eine ganze Suite von ihnen, je nach Tageszeit, Jahreszeit in anderem Gewand, mit den sie verbindenden Lieblingswegen, ihren Ansichten, Aussichten, die man begrüßt und durchfährt und bei denen man verweilt. Denn nicht die Länge der Strecke ist für einen Ausflug entscheidend, sondern dass sie abwechslungsreich ist, und zwar sowohl was den Untergrund und die Breite des Weges betrifft – wie sehr liebe ich die von Wurzeln durchzogenen Uferwege mit ihrem beständigen Auf und Ab – als auch die Ausblicke sowie Tempi und Fortbewegungsarten.

Der perfekte Weg für den Radausflug.

Nur einem Unerfahrenen erscheint ja das Radfahren immer gleich, dabei kennt es so viele Modi und Nuancen. Das Fahrrad erlaubt, ja, verlangt wie kein anderes Fahrzeug die kleine Unregelmäßigkeit in der regelmäßigen Bewegung, die Abweichung, das Innehalten – denn das Rad ist eine Maschine, die, außer bergab, nicht von allein läuft, deren Bewegung wir *dosieren*. Und das gilt natürlich auch bei einem Ausflug, hier sogar mehr noch als im Alltag: Auf glatter Straße spurtet man voran, bergauf legt man sich über den Lenker und tritt schwer in die Pedale, bergab lässt man sich treiben, beschreibt weit ausschweifende Bögen, als würde man tanzen, und wenn es ein schönes Gefälle gibt, saust man, die Hände auf den Bremsen, steilwärts hinunter, die Lungenflügel voll Fahrtwind, Rauschen in den Ohren und einen Jubelschrei auf den Lippen.

Der begeisterte Radfahrer und Schriftsteller Maurice Leblanc erzählt in seinem Roman *Voici les ailes!* (Nun wachsen uns Flügel!) von zwei Pärchen, die eine Radreise durch

Frankreich machen, und schwärmt darin: »Sie fuhren. Sie fuhren. Der verrückte Rausch der Bewegung schwang sie empor. Sie fühlten sich wie übernatürliche Wesen, die mit neuen Mitteln und unbekannten Kräften ausgestattet waren, wie eine Art von Vögeln, deren Flügel über die Erde streiften und deren glühender Kopf bis zum Himmel hinaufschwebte. (…) Sie verloren ihr Bewusstsein, das sich in den Dingen aufgelöst hatte. Sie wurden Partikel der Natur, instinktive Kräfte, wie dahintreibende Wolken, wie wogende Wellen, wie schwebende Düfte, wie forthallende Töne.«

So über Land, im Hügelauf und -ab durch die weniger gezähmte und beengte Natur, im duftgeschwängerten Wind und unter großen schneeweißen Wolkenbergen überm sich wiegenden Korn ist die Fahrt orgiastischer Rausch. Dann wieder fährt man ein Stück freihändig oder im Stehen, oder man setzt sich, wie in der Kindheit, während der Fahrt über den Sattel hinweg auf den Gepäckträger – ein Geschicklichkeits- und Gleichgewichtsspiel, das die Mitfahrenden amüsiert und zu sofortiger Nachahmung verführt.

Denn einen Ausflug unternimmt man natürlich nicht allein. Aber mit wem zieht man los? Ich bevorzuge Menschen, die die Stille suchen, Menschenansammlungen meiden und alles, was nach organisierter Unterhaltung und bestelltem Vergnügen aussieht, fliehen. Die also, einerseits, nämlich was den Komfort des Weges, des Lagerplatzes, den Luxus des Essens betrifft, bescheiden, andererseits aber, und zwar was den Wechsel der Eindrücke, Einsamkeit, Stille, Reinheit von Luft und Wasser angeht, höchst anspruchsvoll sind. Das kann immer nur eine kleine, vertraute Schar sein, nicht mehr als eine Gruppe von drei, vier, fünf Freunden, die bei allen Unterschieden an der Oberfläche ihres Wesens letztlich ein ähnliches Temperament vereint, die daher ohne Absprache harmonieren, Geselligkeit und Absonderung für sich selbst suchen und sie den anderen erlauben, das Nebeneinander im Gespräch ebenso lieben wie das Voraus- und das Hinterdreinfahren, das immer mal notwendig ist, um sich der erholsamen Illusion hingeben zu können, ganz allein unterwegs zu sein und Wald und See und Weg für sich zu haben, die Steigungen zuerst zu erklimmen, unbehelligt von den Staubwolken, die das Rad aufwirbelt und von denen die Nachfolgenden eingehüllt werden – oder, umgekehrt, die gemächliche Verträumtheit des Nachzüglers genießen, nach dem sich die Vorausfahrenden, bevor sie in einen Seitenweg einbiegen, fürsorglich umsehen, ob er des Richtungswechsels in seiner Versunkenheit auch gewahr geworden ist, den sie aber, während sie selbst nebeneinanderher fahrend plaudern, seinen Meditationen überlassen, wissen sie doch um den Genuss, den er jetzt sucht, denn

> wer hinten geht
> hat seine eigne welt. ganz leicht
> fällt alles vom geräusch
> der schritte ab
> ins laub (…) wer
> hinten geht, hat sich verlegt, das ohr
> im saum, ein sanftes echo an den sohlen, er
> ist der fährtenschläfer auf dem weg
> der sich nach innen zieht

schreibt Lutz Seiler in seinem Gedicht *wer hinten geht*, und dasselbe gilt für den Radfahrer, der den Spuren der anderen, diesen parallellaufenden und sich überkreuzenden Schlängellinien auf dem hellen oder dunklen Grund des Wegs, der von der buschigen Grasnarbe geteilt wird, nachfolgt – denn diese Bewegung ist ebenso leise, ganz leicht fällt alles vom Geräusch der Tritte, dem Surren der Kette ab, so dass sie uns nicht daran hindert, unmittelbare Verbindung zu dem, was uns umgibt, aufzunehmen.

Diese Freiheit der Bewegung in der Gruppe, das, was Roland Barthes in seinen Vorlesungen über die Kunst des Zusammenlebens »Idiorrhythmie« nennt, nämlich das im Unterschied zum vorgegebenen, für alle gleich getakteten »Rhythmus« aus verschiedenen individuellen Rhythmen sich fügende Zusammenspiel, verdoppelt das Vergnügen.

Mit ihr ergibt sich eine auf geregelte Weise unterbrochene Einsamkeit: eine paradoxe Vergemeinschaftung der Distanzen – die sich zwar als eine Ab-Trennung darstellt, in der dann aber wieder ein eigensinniger Zusammenhang entsteht. Es ist eine im Einvernehmen getroffene Auflösung, die jedoch stets unvollständig bleibt und sich, bevor sie schmerzhaft werden könnte, zu neuer Ordnung fügt. Und so kann man Avantgarde sein und als Erster einen Hügel erstürmen, von dort stolz verkünden, wie gut die Aussicht, wie sonnig-warm und zum Sitzen einladend der umgestürzte Baumstamm sei (oder sie still für sich allein genießen, bevor die anderen eintreffen), oder von den Eroberungen und Erkundungen der anderen profitieren und sich so manchen Umweg, der sie in die Unpassierbarkeit des Unterholzes oder auf matschigen Grund führte, ersparen. Die wechselnden Gruppierungen, das Sichzusammenballen in einem Pulk, das lang gestreckte Einer-hinter-dem-anderen-Fahren, die Duett- und Terzettbildung, sie folgen den über den Tag hin wechselnden Stimmungen und Launen, den verschiedenen Bedürfnissen und Temperamenten, die mit denen des Geländes, des Lichts harmonieren oder gerade den Kontrapunkt zu ihnen bilden.

Regenerzählfahrten

Als Kind war ich oft in Frühlings- und Herbstferien mit Eltern und Bruder auf dem Fahrrad unterwegs. Einmal fuhren wir die Ostseeküste entlang von Stralsund nach Zingst, da war das Ärgste der Wind von vorn und den Seiten (hätten wir doch die umgekehrte Richtung gewählt!), und mein Vater zog meinen Bruder und mich abwechselnd mit dem Gürtel des Bademantels, den wir zwischen die Räder als Zugseil gespannt hatten, oder schob uns ein Stück, wenn es bergauf fast schon mehr rückwärts als vorwärts ging. Die größte Schmach war natürlich: absteigen, schieben. Auch an endlos niedergehenden Landregen kann ich mich erinnern. Schon beim Losfahren tropfte es aus einem tiefgrauen Himmel, und wir wussten, wie es früher oder später kommen würde: Im strömenden Regen würden wir auf Landstraßen fahren, von Lastern überholt werden, immer wieder von den uns entgegenkommenden Scheinwerfern geblendet sein – aber deshalb im Quartier bleiben? So eine Fahrt hat etwas Episches, stundenlang tritt man vor sich hin, folgt dem Rücklicht des Vordermanns, während das Regenwasser einem übers Gesicht läuft, was im Sommer, wenn der Regen warm ist, sogar angenehm sein kann, der Atem ist seltsam warm und feucht und frisch, die Hände aber fühllos und weit entfernt von der pulsend warmen Körpermitte, die Beine in automatisierter Bewegung gehen auf und ab. Märchen, Lieder, Erzählungen, ganze Romane murmelt man vor sich hin, getragen vom kindlichen Heroismus, der den Ritter, den Kundschafter des nachfolgenden Heeres, als den man sich imaginiert, beseelt.

Ein andermal hatten wir nicht mal mehr einen Weg, denn der, den die Karte verzeichnete, lag hinter einem Zaun auf Armeegelände, und so schoben wir, stundenlang, wie es mir vorkam, unsere Räder durch kniehohes Gras und streiften bei jedem Schritt die Tropfen ab, schon nach kurzer Zeit quietschten die Schuhe, und die Strümpfe trieften vor Nässe, bis endlich ein Querpfad, eine Straße kam und wir uns wieder auf den Sattel schwingen konnten. Doch nun begann das Frieren, denn beim Gehen und Schieben produziert man mehr Wärme, jetzt aber, mit nassen Kleidern im Fahrtwind, schlotterten wir und freuten uns fast über jede Steigung, da mehr Anstrengung mehr Wärme bedeutet. Aber während mir das Regenwasser übers Gesicht lief, den Nacken hinunter in den Kragen, in die Jackenärmel und Schuhe, während die klatschnassen Hosenbeine an den Oberschenkeln klebten, war ich stolz, mich aus eigener Kraft durch die Widrigkeiten zu kämpfen, nur mit einer dünnen, bald durchweichten zweiten Haut bedeckt, und mein eigener Herr zu sein, der keine Tankstelle, kein Benzin, ja, nicht einmal einen Weg braucht.

Vielleicht hatte ich zu viele Abenteuerromane geleser.. Und vielleicht fühlt man sich als Kind in einem Auto, an dem das Wasser wie aus Sturzbächen herabläuft, auch als Held – imaginiert sich als U-Bootfahrer, als Erforscher der Tiefsee und nachts als Jonas im warmen Bauch eines gläsernen Wals. Das Innen und Außen ist ja bei Kindern viel weniger klar getrennt. Aber die Wonne, sich, nachdem man die nassen Kleider abgestreift hat, gegenseitig trocken und warm zu reiben oder minutenlang unter der heißen Dusche zu stehen, bis der Körper dampft, dann mit schwermüden Gliedern am Abendbrottisch zu sitzen und die heiße Suppe zu löffeln, bis die Wangen zu glühen beginnen – wie soll dieses Wonnegefühl nach einer Autofahrt, bei der man nicht mal selbst am Steuer saß, entstehen?

Ich fürchte, heute kommen Kinder unserer Breiten nur noch selten in eine solche Reibung mit der Natur (auch weil die Erwachsenen sich ihr nicht aussetzen wollen). Ausflüge sind Spazierfahrten, und überdacht, eingecremt, satt nehmen die Kinder an ihrer Umgebung mehr als Zuschauer teil, streng überwachte zudem, denn als Akteure, die sich auch mal weh-tun, frieren, hungrig sein dürfen. Und ihre Eltern und Groß-eltern verhalten sich ebenso. Es ist etwas sehr Westliches, dass man für alles, was man unternimmt, eine Spezialausrüstung braucht, sei es nun Wandern, Radfahren oder Schwimmen. Die Menschen laufen herum, als ob sie für den Sonntagnach-mittag eine Weltumsegelung oder die Besteigung des Mount Everest geplant hätten – schuld ist natürlich der Globetrotter-Katalog mit seinen Falttellern und aluminiumbeschichteten Sitzkissen (dabei kann man einfach ein großes Blatt nehmen oder sich auf die Fersen hocken, wenn es zu kalt ist). Wenn ich den Sonntagsradlern in ihren hochfunktionalen Montu-ren begegne, alles so sauber, glänzend und neu, es fehlen nur noch die Bügelfalten in den Radlerhosen, denke ich oft: Deutschland hat keine menschenleeren Polargebiete und keine pfadlosen Urwälder zu bieten, spätestens nach fünf Kilometern findet sich immer eine Siedlung, eine Straße – woher nur kommt diese Angst, unterzugehen?

Denn eigentlich braucht man für alle Fahrradunter-
nehmungen, wenn sie nicht gerade bei Minusgraden und
Orkan stattfinden, immer dasselbe, das heißt nahezu nichts:
Regenjacke, Handtuch, Taschenmesser, Sonnencreme. Wenn
es länger dauert, eine Rast mit Picknick geplant ist, außerdem: Wasser, Brot, Obst, vielleicht noch ein (Notiz-)Buch,
zwischen dessen Seiten man Blüten pressen kann. Wer sich
gegen alles, was passieren könnte, absichern will, sollte besser zu Hause bleiben. Man kann ruhig mal frieren, nass
werden, schwitzen. Ein Unterhemd als Handtuch oder
Verband zweckentfremden und die Socken in Handschuhe
verwandeln. Das unbedingt Notwendige aber passt in eine
Satteltasche – ein Wort, das erst anlässlich eines Ausflugs in
seiner ganzen frohlockenden abenteuerlustigen Schönheit
erblüht und mit dem kein spießig-behäbiger Kofferraum
konkurrieren kann! Hat man ein Rad mit Korb oder Satteltasche, braucht man das wenige nicht einmal zu tragen,
was ich immer als Vorteil des Radausflugs gegenüber einer
Wanderung empfunden habe.

Sand und Wasser

Es gibt freilich etwas, was Radfahrern gar nicht gefällt und
schlimmer ist als jeder Regenguss: ein weicher Untergrund.
Unebener, nachgebender Boden zwingt zum Absteigen
und Schieben, was, wenn es nicht zu lange andauert,
durchaus gefällt, bedeutet es doch wieder eine Abwechslung, die eine andere Wahrnehmung erlaubt. Im Sommer
aber, wenn es lange Zeit trocken war, zeigt sich das wahre
Wesen des Berliner und Brandenburger Landes – und
dann sieht man sich leider zu unfreiwilligen Fußmärschen
gezwungen.

Denn hier in Brandenburg findet man ja, kaum tritt man
unter den Bäumen hervor, schon die asiatische Steppe, und
die anmutigen Hügel sind letztlich nichts anderes als von
Kiefern bestandene Dünen. Was niemand besser verstanden
hat als der aus der Niederlausitz stammende Landschafts-

maler Carl Blechen. Auf seinen Licht und Schatten kontrastierenden und allen Farben des Sandes nachspürenden Skizzen und Ölstudien – denn es ist ja nicht *ein* Sand, sondern eine ganze Palette verschiedenster Körnungen und Tönungen – hat er nicht nur die Verwandtschaft der sonnenheißen heimischen Mulden, Senken und Hohlwege mit dem Süden, mit Italien, das er in den Jahren 1828 und 1829 bereiste, bewiesen, er sah auch, dass unter den weit ausladenden Schirmen der Kiefern schon die Wüste beginnt.

Und dieser Sand, der im Winter, wenn das wenige Wasser, das er zu binden vermag, gefroren ist, dem Radfahrer einen der besten Fahruntergründe bietet, glatt und hart, aber nicht zu sehr – was nur den Nachteil hat, dass es diesen nicht ohne in Gesicht und Hände schneidende Frostluft gibt –, dieser Sand wird im Sommer schon nach wenigen regenlosen Tagen zu einem von Kiefernnadeln durchwirkten und mit Kienäppeln bestückten Strand, in den das Rad tief einsinkt und all seine Behendigkeit verliert. Eine Weile stemmt man sich noch in die Pedale und schlingert darüber hin, immer bemüht, nicht vom Rand der Böschung, wo etwas Gras Halt gibt, zu rutschen. Es zeigt sich dann einmal mehr, dass nicht das Schnellfahren die Kunst ist, sondern eben das Gegenteil – wie die wahre Meisterschaft eines Pianisten oder Geigers sich auch nicht in der aberwitzigen Virtuosität eines dahinjagenden Capriccios zeigt, sondern in der Durchsichtigkeit einer Bachschen Fuge oder eines Andante einer Mozart-Sonate. Die wahren Wettkämpfe waren daher ja auch in der Kindheit immer die, bei denen es darum ging, wer am langsamsten vorwärtskam und doch nicht die Füße auf den Boden setzen musste. Das Stehen auf dem Rad ist sehr schwierig, es erfordert mehr Geschicklichkeit als Kraft, einen guten Gleichgewichtssinn und, wie alles im Leben, Übung. Aber inmitten des Sands, wo man immer nur staunt, dass dort überhaupt etwas wächst, und so hoch in den Himmel hinauf, kommt unweigerlich der Moment, da man so ausgebremst ist, dass man sich nicht mehr oben hält. Wie viele schwungvoll begonnene Abfahrten von der mühsam erklommenen Kuppe eines Hügels hinunter hat dieser Sand schon auf dem Gewissen!

Dieser dicke, trockene Sand, der die Sandalen bei jedem Schritt mit Hitze füllt und in einer Fontäne aus ihnen heraustiebt, setzt man den Fuß nach vorn: Er wird in unserer Familie *müllig* genannt – was auch schon auf die Farbe hinweist, die Socken und Füße in ihm nach kurzer Zeit annehmen. Es ist heiß, man schwitzt, der kühlende Fahrtwind fehlt, sowie ein Flecken Schatten auftaucht, kommen die Mücken, kaum geht es länger unter ein paar vor Trockenheit raschelnden Bäumen hin, fallen sie in wahren Wolken über einen her. Auch darin zeigt sich das Steppenhafte der Gegend, nicht mehr Zikaden singen hier ihr Lied, sondern Mücken, die zu ihrem Surren und Sirren Formationstänze aufführen. Es wird wirklich Zeit, dass jetzt bald der See in Sicht kommt, man das Rad an einen Baum lehnen, die Kleidung abstreifen und ins kühle Wasser springen kann.

Denn so viel Sand es um Berlin herum gibt, so viel Wasser gibt es, zum Glück, auch. Und nicht nur im Sommer sollte man eine Route wählen, die an einer ganzen Reihe von Seen entlangführt, so dass man sich auf dem Weg immer wieder erfrischen kann; auch im Frühling und Herbst beleben die in der Sonne glitzernden, sich im Wind kräuselnden oder nebelsatten Wasserflächen den Blick, und macht man an ihrem Ufer gern eine Rast.

Selbst ein Ort, den man gut kennt, erscheint im Wechsel des Wetters, der Jahreszeiten immer anders, der See im Winter wie entblößt in der Kälte, gefurcht unterm rauen Wind oder bedeckt von Eis, das alle seine Geheimnisse versiegelt. Im Sommer lieblich, mit kreuzenden Segelbooten, umraschelt von schulterhohem Schilf und erfüllt von fröhlich lärmenden Badenden – es ist nie derselbe See, den man, von seiner Imagination, dem inneren Bild geleitet, findet. Erinnerungsbild und Realität müssen bei jeder Wiederbegegnung von neuem einander angepasst werden, die in uns genährte Wirklichkeitsfiktion, die sich aus dem vormals Gesehenen und Erfahrenen speist (denn es ist uns nicht gegeben, das ganz andere, nie Gesehene zu erfinden), wird wieder unter die Wahrnehmung geschoben, überdeckt vom Reichtum des Gleichzeitigen, das sich beständig ändert und all unsere Sinne in Anspruch nimmt. Nur auf der Karte sieht der See immer gleich aus, erscheint in seiner Abstraktion als ein so oder so geformter hellblauer Fleck – seine Wirklichkeit aber, so zeigt sich jetzt, an seinem Ufer, ist nicht Voraussetzung, sondern Ziel des Ausflugs, ich muss sie immer wieder neu erzeugen.

Um aber der Dinge gewahr zu werden, sind auf einem Ausflug Pausen, das Innehalten und Verweilen, notwendig – ja, wie Juni'ichiro Tanizaki in seinem *Lob des Schattens*, dem *Entwurf einer japanischen Ästhetik*, schreibt, »wichtiger als alles andere« ist »das richtige Pausieren«. Und so folgt auf das Bad, das Tauchen und Schwimmen, nun das Lager. Nach Gurkensandwiches und kaltem Tee zündet man genüsslich eine Zigarette an und bettet den Kopf in ein Moospolster. Und so, ausgestreckt unter den Vertikalen der Kiefern, die von Hügeln anmutig belebte Horizontale des Wegs, die kniehohen, hüfthohen Gräser vor sich, verengt sich der Blick – und zugleich vergrößert sich das vor Augen Liegende, dehnt es sich aus, findet die Verwandlung des Wiesenstücks in eine von emsigen Wesen belebte Landschaft statt. Nach und nach werden Insekten, die Vielfalt der Blätter, Blüten, Stengel, Halme, abgestorbene Pflanzenteile, der durchscheinende Erdboden sichtbar, und je länger man schaut, desto mehr verbindet man sich mit dem Geschauten, nimmt seinen Geruch an, spürt Wärme, Kälte, Trockenheit, Feuchte. Die Halme streifen Gesicht und Hände, pressen ihre Muster in die Haut, die Insekten krabbeln darüber, Spinnen weben ihre Netze. Wie in der Kindheit, als man noch Zeit hatte, die Dinge lange anzusehen und ihr Gebrauch zum Spiel wurde, ein Tag so lang war wie eine Reise durchs All und der Körper schwerelos wie dort, strecken sich nun die Stunden, die lange Elegie des Nachmittags hebt an. Plaudern, Lesen, Lachen, Träumen, Schweigen, das Plätschern der Wellen, das Springen der Fische, der Flug der Libellen. Bis die Schatten plötzlich lang sind, die Sonnenuhr zum Aufbruch mahnt. Und wenn man jetzt die Augen von der kleinen Welt löst und nach oben in Baumkronen und Himmel blickt, kann einen ein Schwindel ergreifen, als hätte man zu schnell am Scharfstellrad des Mikroskops gedreht, verschwimmt einem einen Moment lang die Welt.

Wie anders ist die Heimkehr. Erfrischt vom Bad, aber nun statt der Euphorie erfüllt von Melancholie, denn wieder neigt sich ein Tag, der doch unabsehbar schien, seinem Ende zu, war das Schwimmen zu kurz wie auch das Am-See-Sitzen. Und während kleine Wellen ans Ufer schwappen, ein paar Enten, eine hinter der anderen, knapp über der Wasseroberfläche dahinziehen, gerade so hoch, dass die Schwingen sie nicht berühren – immer wendet man den Kopf, öffnet man die Augen, wenn man den Windjammer der die Luft schlagenden Flügel hört –, packt man die Sachen zusammen, schwingt sich auf den Sattel. Und bleibt dann noch einen letzten Moment so, ganz von dem einen sehnsuchtsvollen Gedanken erfüllt, ach, wäre das schön, noch auf dem Steg zu sitzen, bis die Sonne versunken, die Dämmerung so tief ist, dass von allem nur noch die Töne bleiben, den kühlen Nachtwind auf der Haut zu spüren, die ersten Sterne aufgehen zu sehen. Träumt man noch einen Augenblick davon, einmal von den ersten warmen Tagen bis zum Herbst im Freien zu leben, am Wasser, mit nichts beschäftigt, als dem Licht zuzusehen bei seiner Wanderung durch den Tag – aber auch dann, auch dann müsste man ja irgendwann ins Haus, ins Bett, schlafen.

Und während man am Kanal entlangfährt, seinen Schattendoppelgänger zur Seite, diesen vom tief stehenden Abendsonnenlicht herbeigezauberten Begleiter, der immer mal zurückbleibt, dann wieder gleichauf ist und einen schließlich übermütig überholt und dieses wettfahrenden Spiels nie müde zu werden scheint, während das Ufer gegenüber zwischen Claude Lorrain und Modersohn-Becker wechselt und dann, endlich und doch viel zu früh, am fernen Rande einer großen Wiese die Silhouette der

Stadt erscheint, als führe man über Caspar David Friedrichs *Wiesen vor Greifswald*, derselbe Himmel, dasselbe Grün, man schaut schon nach den Pferden aus, während einen eine Müdigkeit, nicht des Kopfes, wie sonst, sondern des Körpers ergreift, nähert sich der Augenblick voller Magie, da man wieder die Schwelle überschreitet, Anfang und Ende sich berühren und sich der Kreis, der nur etwas größer war als der in der Kindheit gezogene, schließt: Das hat immer etwas von Weltumsegelung und glücklicher Heimkehr, wenn man die Grenze zum eigenen Wohnbezirk kreuzt – und jetzt, aus der Rückschau, schon unerreichbar, streckt sich der Ausflugstag zur Erinnerung, zur Erzählung, wird groß und weit.

Nächtliche Irrwege

Aber manchmal glückt die Heimkehr nicht so bald. Manchmal nimmt man eine Abkürzung, die sich als Umweg herausstellt, gerät an eine falsche Abzweigung, macht einen Abstecher und denkt noch, sagt noch, ach was, ein paar Kilometer mehr, was macht das schon. Verpasst die letzte Regionalbahn, die einen hätte mitnehmen können. Verirrt sich. Und nicht eine unerwartete Sonnenfinsternis holt einen ein, sondern die Nacht. Wie gut, wenn es klar und der Mond zur Stelle ist. Dann mischt sich in die Beklemmung die Freude über seine Helligkeit, von der man in der Stadt ja meist nicht mehr als eine Ahnung gewinnt. Und die jetzt eine Überlebenshilfe ist. Denn wer nachts auf einer Landstraße mit dem Rad unterwegs ist, kennt die Angst des Rehs. Eines Rehs allerdings, das nicht nur die Straße schnell überquert oder, vom Fernlicht eines Autos getroffen, schreckerstarrt verharrt und dann wegspringt, ehe die Stoßstange es erwischt, sondern das der Straße folgt und dabei schwach wie ein Glühwürmchen vor sich hin leuchtet. Trotz des Mondes ist es sehr dunkel ringsum, man hatte ganz vergessen, wie dunkel eine Nacht sein kann. Kleists Sosias fällt einem ein, der Diener des Amphitryon, der durch »eine Höllenfinsternis, als wäre / Der Tag zehntausend Klaftern tief versunken«, vom Feldlager seines Herrn zum heimatlichen Palast durch die Dunkelheit stolpert, um Alkmene Bericht von der siegreichen Schlacht des Gatten zu geben. Die Monster und Ungeheuer wohnen nur tagsüber jenseits des Weges, der einsehbar ist – in der Nacht wuchern sie über seine Ränder.

Plötzlich – zwei scharf das Dunkel zerteilende Lichtkegel, die Autofahrer schneiden die Kurven, mit einem Radfahrer rechnen sie nicht. Da kann man sich nur mit einem Sprung in den Graben retten – und wehmütig werden, wenn man an alte Filme denkt, in denen die Straße noch den Radfahrern allein gehörte und sie, nach einem Kneipenbesuch im Nachbardorf, wie Jacques Tati als Briefträger François, ein wenig schwankender als sonst, ihrem Bett zufuhren, ohne ihr Leben zu riskieren.

Umwege erhöhen die Ortskenntnis, heißt es. Und: Wenn wir uns nicht gelegentlich verirren, dann haben wir uns nicht genug bewegt. Und damit ist nicht nur die äußere Topographie gemeint. Wenn die Nacht über uns kommt, im Sommer langsam mit den vielen dünnen Schleiern der nach und nach sich verdichtenden Dämmerung, im Frühling und Herbst früher und rascher, Kälte und Feuchte in ihrem Gewand, betreten wir ein Reich, das uns fremder ist als das des Tags und doch mit uns innig verwoben, uns heimlich vertraut und angetraut, das unsere Sinne anders berührt und mehr noch unsere Seele. Plötzlich beginnen wir zu flüstern, als lägen wir wieder wie als Kinder nebeneinander in unseren Betten und hätten nur unsere ängstlich-leisen Stimmen, uns aneinanderzuhalten, bleiben enger beieinander, warnen uns gegenseitig vor Buckeln und Kuhlen, spähen nach Lichtern aus. Und fürchten sie, denn kann nicht jeder Entgegenkommende ein Räuber, ein Mörder sein?

Zu zweit, zu dritt bleibt man ruhig, macht Scherze, muntert sich auf – allein im Wald dagegen lauscht man auf alles, sieht man in Bäumen und Steinen wieder, wie zuletzt als Kind, unheimliche Gestalten, schreckt man bei jedem Knarren, jedem Knacken zusammen. Denn jetzt, in der Nacht, hat man keine Rechte mehr, gehört der Wald den Tieren – und wer weiß, wem noch. Steht man endlich wieder auf einer Straße, dankt man seinem guten Geist, auch wenn man nicht weiß, welche Richtung nun zu nehmen ist. Bis zum nächsten Ortsschild muss man, so oder so, und kann nur hoffen, dass einem der dort gefundene Name etwas sagt und sich die nächtliche Zweidimensionalität wieder zum Raum entfaltet.

»Es schien, als schlüge ich mir einen unfehlbaren Pfad durch zwei scharfe Windströmungen, die mir kalt an beiden Ohren vorbeipfiffen, wobei sie meine kurzgehaltene Schläfenbehaarung fächelten. Andere Winde machten sich in der Abendstille zu schaffen, sie lungerten in den Bäumen herum und bewegten Blätter und Gräser, um zu beweisen, daß die grüne Welt auch noch im Dunkeln tätig und anwesend sei. Am Straßengraben regte sich Wasser, während des lärmenden Tags stets überschrien und nun in seinen Verstecken hörbar geworden. Fliegende Käfer stießen in ihren ausladenden Schleifen und Kreisen auf mich, wirbelten mir blindlings gegen den Brustkorb; weiter oben riefen Gänse und andere schwere Vögel einen Reiseruf. Hoch am Himmel konnte ich das undeutliche Flechtwerk der Sterne sehen, die sich hie und da zwischen den Wolken hervorkämpften. Und die ganze Zeit war sie unter mir, in ihrer vorwärtsgerichteten, tadellosen Rennbewegung, die Straße mit ausgesuchter Behutsamkeit berührend, mit sicherem Auftreten, geradezu und makellos, und alle Teile ihres Gestänges glichen Speeren, von kundiger Engelshand geschleudert.«

Ja, wer in einer solchen Nacht ein solches Rad wie Flann O'Briens Held im *Dritten Polizisten* unter sich hat – seltsam, dass es immer nur Männern geschieht, dass sich das von ihnen be- und gefahrene Rad zur Geliebten wandelt –, befindet sich höchstwahrscheinlich gar nicht in physis auf einem Fahrrad und stockdunkler Straße, sondern liest oder: träumt.

Denn natürlich unternehmen wir mit dem Rad nicht nur Ausflüge in die wirkliche Welt, sondern befahren mit ihm auch die vielfach gewundenen Straßen unserer Imagination und die versteckten Waldwege unserer Phantasie. Diese Reisen, die im Bekannten, Vertrauten, ganz Nahen beginnen, folgen keinem Plan, außer dem der träumenden Absichtslosigkeit; doch mit kleinen leisen Verschiebungen verwandelt sich, behutsam, unmerklich, Gesehenes, Gelesenes ins Geheimnis, vergrößert sich eine Winzigkeit, die einem begegnet, ohne dass man sie gesucht hat, ins Riesenhafte, verzerrt sich eine Anmut ins Monströse, verwandelt sich eine Lust in eine Angst. Und so führt einen das radfahrende Träumen, das geträumte Radfahren, an einem Nachmittag, an einem Abend in der Stube aus der Stube um die Welt – und diese Ausflüge sind die aufregendsten: Denn beginnt die Exotik nicht schon im Dunkel hinter dem Lichtkreis der Lampe? Und ist die Wohnung neben mir nicht unerhörter, verborgener, geheimnisvoller als ein anderer Erdteil?

Oftmals wird beklagt, dass es nichts mehr zu entdecken gebe, alles bereits vermessen und befahren, bestiegen und kartiert sei, dabei sind es doch immer und vor allem die inneren Landschaften, die erkundet werden wollen. Alles kann einem hier, in der unendlichen Flucht der inneren Räume, die nicht der geometrischen Strenge von Gerade und rechtem Winkel unterworfen sind, begegnen. Wie schnell ist man an einem Winternachmittag, während das Rad im sich immer mehr verdichtenden Dämmerlicht neben einem lehnt, sich draußen der Schnee türmt und die Kälte in Dielen und Fensterrahmen knackt, in Gegenden, die man nicht kennt, bei Wesen, von denen man nie gehört hat. Man wundert sich, dass man die Sprache versteht – und oft genug versteht man sie nicht!

Für diese Ausflüge, die sich zu Weltreisen dehnen, zu Meer- und Himmelfahrten, braucht man keine Wohnung, die so groß ist, dass man in ihr tatsächlich mit dem Rad fahren könnte, wie Malaparte auf dem Dach seiner Villa – dieses Im-Kreis-Fahren ist ja wie ein Ausflug auf engstem Raum, eigentlich etwas, was nur Kinder tun, die die Wiederholung, das Zyklische, in einer für sie überschaubaren, mit ihrem Geist fassbaren Zeitdauer lieben, die vorankommen und dabei doch am vertrauten Platz bleiben wollen. Nein, wie Max Ernst auf einer ausgerechnet mit dem Titel *Seelen- frieden* bezeichneten Collage zeigt, braucht man nur einen Sessel – und die Augen zu schließen:

Max Ernst: *Seelenfrieden*, 1929.

Und das Rad? Steht es nicht im Flur, draußen im langen Gang, oder hier, neben mir, im Zimmer, in der Wärme, mit Lenker und Sattel an die Wand, an die Rückseite des Sessels gelehnt? Wartet es nicht wie ich auf das Ende des Winters? Träumt es nicht auch? Wenn ich nur wüsste, wovon.

Gruppenbild mit Fahrrad

*Allein fahren, zu zweit, in der Gruppe – und
zu mehreren auf einem Rad*

Der Radfahrer, jeder Radfahrer, bildet eine Singularität.
Kaum sitze ich auf dem Sattel, schließt sich ein durchsich-
tiger, dennoch deutlich spürbarer *Room of My Own* um mich,
ein luftiges Zelt, dessen Ausmaße mit denen der Geschwindigkeit wachsen, dessen Grenzen sich jedoch nie, selbst im
Stillstand, ganz auflösen. Eine zweite Haut umgibt mich,
mit feinen Sensoren ausgestattet und weiter gespannt als die
eines Gehenden, ein Raum, der nur mir gehört – und erst
wenn ich absteige, das Rad zur Seite stelle, löst sie sich auf.

Diese Haut umspannt nicht nur den Fahrenden, sondern
ebenso das Rad, die Einheit, die beide bilden, solange sie
fahren; erst wenn das Rad, nachdem der Fahrende sich von
ihm getrennt und sich in einen Gehenden, Sitzenden zurück-
verwandelt hat, wieder eine Entität für sich ist, ein bloßer
Gegenstand, verliert sich die beide umschließende Hülle.
Vielleicht erklärt sich daher die tautologische Bezeichnung:
Fahr-Rad. In ihr stellt sich eben diese Einheit aus Fahrer und
Rad aus, die so sehr an die mythologische Gestalt des Ken-
tauren erinnert, der Verschmelzung von Mensch und Tier,
wenn sie auch im Unterschied zu diesem nur halb organischer
Natur, halb aber mechanischer Bauart ist – sie lässt nichts
Drittes zu: Das Rad gehört ganz mir, wie ich, umgekehrt,
ganz dem Rad gehöre (und vielleicht kommt daher auch die
Phantasie, Rad und Fahrender würden Unzucht treiben – das
Rad als Sexualpartner(ersatz) ist eine wiederkehrende Vorstellung, während die anderen Verkehrsmittel, die Höhlen
bilden, nicht selbst ins Begehren verstrickt, sondern immer
nur der Ort sind, an den man einen anderen locken möchte).

Schon als Kind habe ich eine extreme Empfindlichkeit
gezeigt, wurde diese Einheit aus Mensch und Maschine ver-

letzt. Nicht nur dass ich, saß ich im Sattel, Stöße und Schubse, die gegen mich – meinen Körper – gerichtet waren, übler aufnahm; ich reagierte auch mit einer übersteigerten Verletzlichkeit, auf deren Grund ein in seiner Ehre und Integrität Gekränkter wohnte, wenn, und sei es auch nur im Spiel, im Spaß, das Rad, auf dem ich saß, ein Teil von ihm (Reifen, Speichen, Lenker, Schutzbleche) berührt wurde. Schlimm genug, wenn das Rad von Hand oder Fuß eines anderen, dem ich dies nicht erlaubt, ja, sogar untersagt hatte, eine Erschütterung erfuhr; eine geradezu idiosynkratische Sensibilität aber zeigte ich, wenn dieser sein eigenes Fahrrad als Instrument der Störung einsetzte – mir den Weg versperrte oder absichtlich eine Kollision herbeiführte, also auf seinem Rad nicht fuhr, sondern es zu einem gut handhabbaren, aber seinem Zweck entfremdeten, zu einem im Grunde *beliebigen* Gegenstand degradierte – einem, der eine *Waffe* abzugeben imstande war. Das Rad erwies sich gerade dann mehr denn je als Fortsetzung des eigenen Körpers, der an den ihm zugewachsenen Fortsätzen und Tentakeln aus Stahl und Gummi mit einer besonderen Dichte von Nervenzellen bestückt zu sein schien, die wie die Fühler eines Insekts bereits Luftschwingungen und deren geringfügigste Änderungen wahrzunehmen imstande waren und ihre Signale unverzüglich meinem Gehirn zusendeten und dort Alarm auslösten. (Selbst das Halten eines fremden Rades stellt ja eine Übertretung dar, die Verletzung der Grenze zwischen mir und dem anderen, der immer etwas Schüchternes beigemischt ist; und gar das Fahren auf einem Rad, das nicht das eigene ist – eine erlaubte Grenzüberschreitung und doch eine Eroberung, Annexion auf Zeit –, ein doppelter Mischzustand: Man bewohnt für eine begrenzte Dauer ein unbekanntes Land, reitet ein Tier, das einem fremd ist und das einen nicht kennt. Welche Ehre, Steigerung im Ausdruck der Zuwendung aber auch: das Fahrrad als Liebes- und Freundschaftspfand – denn wem man sein Rad leiht, dem vertraut man, dem ist man zugetan.) 143

Die Kunst des Ausweichens, die das Radfahren so sehr übt, stößt hier an ihren dunklen Grund und ihre verbor-

gene Kehrseite, an die man unauflöslich gefesselt ist: nämlich dass sie die Antwort auf eine Gefahr und die mit ihr
verbundene Angst ist. Jede Berührung auf dem Fahrrad
und des Fahrrads selbst bedeutet ja eine Gefährdung des
labilen Gleichgewichts, dem *touché* während der Fahrt
wohnt potenziell immer Kollision, Sturz, Verwundung
inne, auf die man zumindest mit einem nervösen Zittern
reagiert. Denn wird das fragile System gestört, werden
Fahrer und Rad gar getrennt, erlischt die Kunst, sich auf
zwei Rädern, die nur mit je einem Punkt auf einer Fläche
aufliegen, aufrecht zu halten – es ist, als würde der Kentaur,
der sich eben noch so leicht, so elegant bewegt hat, mitten im Sprung entzweigeschnitten. Und Füße und Räder,
gerade noch eine schöne Einheit bildend, erscheinen nun
als ein Zuviel an Gliedmaßen, für das bloße Vom-Fleck-
Kommen ist das eine oder das andere überflüssig. Und dies,
weil das Noli-me-tangere nicht respektiert, die Haut geritzt,
das unsichtbare Zelt betreten wurde.

Das Fahrradfahren ist folglich, trotz der Offenheit, die
das System aus Rad und Fahrer in Bezug auf seine Umgebung zeigt, eine Schule der Distanz – nicht nur die Körper,
sondern auch die Räder haben einen (Mindest-)Abstand ein-
zuhalten. Und vielleicht ist es daher in Fernost so beliebt, wo
man über die Jahrtausende ein besonderes Gespür für Raum
und Abstände, das berühmte *Zwischen* (ma) entwickelt hat,
gerade weil man gezwungen ist, das Zusammenleben vieler
in eng gezogenen Grenzen zu organisieren, mit möglichst
wenig Reibungsverlusten. Denn das Radfahren, wie es der
dichte Großstadtverkehr in China oder Vietnam trotz der
zunehmenden Motorisierung bis heute kennt, verlangt die
Annäherung in gewissen, uns, die wir einer anderen Kultur
angehören und also auch einer abweichenden Dosierung
von Distanz und Nähe gehorchen, unzumutbar erscheinen-
den Graden – und zugleich, um in Bewegung zu bleiben,
ein, wenn auch noch so minimales Distanzhalten. Für Rad
und Fahrer gilt gleichermaßen ein implizites Berührungs-
verbot. In dieser dialektischen Spannung aus Annäherung

und Distanz aber eröffnet sich das Wechselspiel von Anziehung und Abstoßung, Flucht und Verfolgung – der Raum des Begehrens, der Erotik.

Denn der Radfahrer ist der sich ungeschützt Zeigende und zugleich immer auch der sich Entziehende, und das Fahrrad kein Ort, der die Liebe erlaubt – es zieht einen erotischen Rahmen, keinen sexuellen. Die Erotik ist ja ein *Spiel* der Lust, ihre Imagination, nicht ihr Vollzug – sie erlaubt nur eine Liebkosung aus der Distanz. Etwas muss immer zwischen dem Begehrenden und dem Begehrten sein, ein Objekt, etwa ein Stoff (ein Kleid, ein Schleier), eine Glasscheibe, ein Maschendrahtzaun – oder eben ein metallenes Gestänge.

Auf dem Rad begegnen sich die fahrenden Körper nie unmittelbar, da sie mit einer Maschine, mit der sie während der Bewegung verschmelzen, bewaffnet sind. Diese ist zwar aufgrund ihrer offenen Geometrie und im Unterschied zu Auto, Zug, Flugzeug, Schiff, die Höhlen bilden, einsehbar, hält die Fahrenden aber dennoch voneinander fern. Das Rad ähnelt hierin dem bloßen Schwert, das Tristan zwischen sich und Isolde legt, als sie sich in der Liebesgrotte entdeckt glauben und allen Verdacht von sich wenden wollen:

Da fand Tristan einen Ausweg,
auf den sie sich einigten.
Sie gingen wieder zu ihrem Bett
und legten sich dort nieder,
voneinander entfernt,
ganz so wie zwei Männer,
aber nicht wie Mann und Frau.
Da lagen die beiden Körper
in ungewohnter Lage.
Zudem hatte Tristan gelegt
sein bloßes Schwert zwischen sie.
Auf der einen Seite lag er, auf der anderen sie.
Sie lagen getrennt, jeder für sich.
So schliefen sie beide ein.

Das Begehren findet allerdings, anders als bei den beiden berühmten Liebenden Gottfrieds von Straßburg, die in wohltätigen, ihre Angst ebenso wie ihre aufeinander bezogene Sinnlichkeit aufhebenden Schlaf fallen, über diese scharfe Grenze, das Rad, das den Abstand der Körper erzwingt, hinweg statt. Der Raum, den die Bewegung auf dem Rad zwischen den Fahrenden schafft, ist eben nicht leer, sondern integraler Bestandteil ihrer aufeinander bezogenen Form. Und entspricht damit dem, was im Zen *ma* heißt und Leere, Verneinung, Nichtigkeit meint, allerdings ins Positive gewendet, bezieht es sich doch auf die Anwesenheit, nicht auf die Abwesenheit von etwas – das *ma* ist die Kategorie des Intervalls, die Relation zwischen zwei Augenblicken, zwei Orten, zwei Zuständen, meint den Raum zwischen den Zweigen eines Blumenarrangements oder den nur ungefähr zu bestimmenden Moment, in dem eine Blüte zu verwelken beginnt. Und auch beim Radfahren entsteht ein solches Zwischen, ein Reich ohne sichtbar gezogene Grenzen, durch die Bewegung, die Geschwindigkeit geschaffen. Unbetretbar ist dieser Raum, und dennoch ist der Fahrende in ihm exponiert, gibt er sich den ihn begehrenden Blicken der anderen ungeschützt preis.

Dieses Begehren kann so stark werden, dass an die Stelle der bloßen Verfolgung mit den Augen die auf einem anderen Rad tritt, dass aus der Fahrt ein Wettrennen, eine wilde Jagd wird. Die Darstellungen von Erotik oder, genauer, Sex im Zusammenhang mit Automobilen gehen in die Millionen; es gibt ganze Zeitschriften, die sich mit nichts anderem befassen. Selten dagegen ist ähnlich explizit im Zusammenhang mit dem Fahrrad von der geschlechtlichen Lust die Rede. Ein kleiner Text von Georges Bataille, und zwar aus seiner *Geschichte des Auges,* gehört zu den wenigen Ausnahmen. Darin beschreibt er eine Verfolgungsjagd – die zudem eine Doppelflucht ist und bei Nacht erfolgt – eines fast unbekleideten Liebespaars auf Fahrrädern, wobei der männliche Ich-Erzähler hinter der Frau fährt: »Bald (wir hatten unsere Räder wiedergefunden) konnten wir uns gegenseitig das erregende, theoretisch schmutzige Schauspiel eines nackten, nur beschuhten Körpers auf dem Fahrrad bieten. Wir radelten schnell, ohne zu lachen und ohne zu sprechen, in der gemeinsamen Isolierung aus Schamlosigkeit, Erschöpfung, Absurdität.«

Hier zeigt sich nun: In der doppelten, aber aufeinander bezogenen Isolation – denn beide haben ihr Rad unter sich, sind ihm näher als dem Mitfahrenden – weitet sich die immaterielle Membran, die jeden umgibt, wird zu einem gemeinsamen Zelt des Begehrens, das die Welt ausschließt, unter dem sie aber weiterhin voneinander geschieden sind. Eine seltsame Gemeinschaft in der Separation ist das, in der beide immer erregter werden, die sich aber erst aufhebt, als es zu einem Unfall kommt. Der Sturz, der die gewaltsame Trennung der Fahrenden von ihren Rädern nach sich zieht, lässt die Körper endlich zueinanderfinden. Er erlaubt die Berührung und damit die Befriedigung des Begehrens.

Solange man sich aber auf dem Sattel hält und fährt, ist jede gemeinsam unternommene Tour immer (auch) Verfolgungsjagd. Müheloser, sanfter, ekstatischer als eine zu Fuß, da sie, anders als das Gehen, jederzeitiges schnelles Verschwinden erlaubt, aber auch gefährlicher. Es scheint so einfach, den anderen zu berühren, ihn an- und aufzuhalten, und doch ist den Fahrenden nie mehr als ein Aneinanderstreifen vergönnt – des im Fahrtwind wehenden Haars, der Hände, der Ellbogen, wenn es eine kurze Zeit nebeneinanderher geht, eine nicht mehr als flüchtige Berührung, die der Halt an einer roten Ampel erlaubt, bevor der Weg oder überholende Autos zum Hintereinander der Räder, in deren Mitte die Körper thronen, nötigen und sie einander wieder unerreichbar werden durch die Kettenglieder aus Vorder- und Hinterrad, der begehrte andere sich wieder entzieht oder man selbst es ist, der flüchtet, verfolgt von Blicken, die allein das Objekt der Lust zu berühren imstande sind. Selbst Freunde und Liebespaare sind, im unauflöslichen Zugleich von Jagd und Flucht, Verfolgung und Wettfahrt, dem durchtriebenen Spiel der Distanzen, den flüchtig streifenden

Berührungen unterworfen, denen nichts anderes zugrunde liegt als die Suche nach Aufhebung einer Versagung: Der Körper des anderen ist mir nicht verboten. Und ich liefere mir selbst den Beweis dadurch, dass ich ihn – unter dem Deckmantel eines unschuldigen Grundes – flüchtig berühre.

Äußerst selten ist das Hand-in-Hand, gar die Umarmung von Rad zu Rad. Die Hände fassen sich und lösen sich gleich wieder voneinander, muss die Berührung der Räder doch unbedingt vermieden werden – wodurch die der Körper immer nur auf einen Augenblick gelingt. Und so verrückt die Bewegung, die den Abstand erzwingt, die so oft nicht einmal den Händen, sondern nur den Augen die Berührung erlaubt, die Erfüllung der Lust ins Imaginäre, verwandelt sie in einen Traum. Das Radfahren ist so betrachtet nichts anderes als die Bewegung fortgesetzt ungestillten Begehrens.

Daraus zu schließen, dass es eine einsame Art der Fortbewegung sei, ist nicht falsch. Aber sie vereint, das ist das Wundersam-Erstaunliche, alle Vorzüge des Alleinseins, ohne dessen Nachteile miteinzuschließen. Und zwar zum einen, weil man eben immer schon eine Gemeinschaft mit dem Rad, das einem treu Gesellschaft leistet, bildet, die so eng ist, dass sie jede andere bestimmt, und die, so scheint es, ebenso vom Fahrrad ausgeht wie vom Fahrenden – denn: ein Fahrrad für sich genommen, was ist das? Ein Fragment, dem die Hauptsache fehlt. Ein Fahrrad kann nicht für sich bestehen, ja, nicht einmal stehen (außer auf dem Kopf, also auf Lenker und Sattel), es braucht immer jemanden oder etwas, gegen das es sich stützen kann, der es hält – weshalb ein umgefallenes, ein gestürzt daliegendes Rad auch immer an ein angeschossenes Tier erinnert, das aus seinen Wunden blutet. Und woher auch die Seltsamkeit des Anblicks und das Befremden rühren, steht man in einem Fahrradladen und hat die Reihe der Räder vor sich: lauter amputierte Leiber, die eine nervös-ungeduldige Potenzialität ausstrahlen, die sich erst mit dem Fahrenden im Sattel beruhigt. Denn nur in der Bewegung, die es aber allein nicht ausführen kann, zeigt das Rad sein wahres Selbst, seine Fähigkeiten, seinen Charakter,

seine Bestimmung (was man auch daran sieht, dass kein Kind
ein Spielzeugfahrrad unbemannt fahren ließe wie doch ganz
selbstverständlich Autos und Boote und Flugzeuge – diese
bestehen für sich, sind sich selbst und dem Kind auch ohne
Chauffeur, Kapitän und Pilot genug). Pablo Neruda hat das
in seiner *Ode an das Fahrrad* nicht verschwiegen:

> und vor der Tür
> wartet
> das Fahrrad
> regungslos,
> denn
> aus Bewegung
> nur ist seine Seele,
> und angelehnt dort
> ist es kein
> transparentes Insekt,
> das den Sommer
> durcheilt,
> sondern
> ein kaltes
> Skelett,
> das
> einen sausenden Leib
> nur wiedererlangt
> mit der Dringlichkeit
> und dem Licht,
> das heißt
> mit dem
> Wiedererwachen
> eines jeden Tags.

Das Fahrrad braucht wenigstens die sanft aufgelegte Hand
auf dem Sattel, mit der es geschoben und dirigiert wird,
was eine gewisse zarte Geschicklichkeit verlangt. Mir hat
es immer gefallen, dass man ein Fahrrad nicht ziehen kann;
eine so plumpe Art des Übermanntwerdens und der Unter-

ordnung unter einen Willen, dem man blind folgen soll, der sich nicht zu einem umwendet, einen nicht überredet, sich nicht um einen bemüht, ist unter seiner Würde. Ein Rad aber, das man so neben sich her bewegt, fast ein Stück vorausgehen lässt, behält seinen Stolz, seine tänzelnde Leichtigkeit, seinen Übermut – und erfordert alle Aufmerksamkeit des Auges, der Muskulatur von Hand, Arm, Oberkörper, der Hüfte. Fahrer und Rad sind auch hier ein Paar, das gemeinsam einen Tanz aufführt.

Aus zwei Körpern wird einer, und so ist man also immer schon besetzt; andererseits aber ist diese Verbindung, die etwas Fast-Natürliches hat und in der ein kindlicher Animismus auch beim Erwachsenen virulent bleibt (es kommt zu einer Belebung der Maschine, Ansprache an sie – nicht zu einer Maschinisierung des Subjekts, einem Leben, dem alle Empfindungen abgestorben sind), doch so einzigartig und locker, dass sie weitere flüchtige nach außen hin erlaubt. Denn da das Radfahren eine Bewegung ist, die Aufmerksamkeit und Reaktionsschnelligkeit erfordert, lenkt sie immer wieder vom Eigenen und also auch von der selbstgenügsam-freudigen Symbiose zwischen Mensch und Maschine ab, führt aus der Verschließung in sich selbst hinaus in die Welt – und so kann man auf dem Rad zwar durchaus melancholisch sein, aber nicht depressiv (wer depressiv ist, fährt nicht Rad, wenn aber doch, verliert sich seine Depression, sobald und solange er fährt).

Kein Wunder, dass Henry Miller in seiner unglücklichen Liebe, von der er in seinen *Erinnerungsblättern, Mein Fahrrad und andere Freunde*, erzählt, zu seinem Rad flüchtet – denn nichts macht einsamer als unerwiderte Liebe. Von einer glücklichen Liebe kann man den Freunden gegenüber, die man dann ohnehin meist nur noch selten sieht, schweigen, weil man mit der oder dem Geliebten zusammen ist (und mit ihm oder ihr die Liebe endlos beschwören kann, in der Sprache, vor allem aber in Gesten und Blicken). Der einseitig unglücklichen, da unbeantworteten Liebe aber fehlt das aufnehmende, korrespondierende, widerspiegelnde Gegenüber.

In seinem Liebeskummer wird Miller nun das Fahrrad zum treuesten Gefährten. Die aus Fleisch und Blut nämlich reagieren zunehmend mit Ablehnung, wenn er immerzu nur das eine Thema, den einen Gedanken am Wickel hat, erwarten, dass er sich mit ihnen und ihren Problemen beschäftigt, dass er, wenn er mit ihnen zusammen, auch *anwesend* ist, nicht nur physisch, sondern mit seinen Gedanken und aller gebotenen Anteilnahme. Da er dazu nicht fähig ist, ermüdet seine Gesellschaft sie schon bald. Das Rad dagegen ist nicht nur immer zur Stelle, wenn er es braucht, es reagiert auch nicht eifersüchtig und gibt keine dummen Kommentare ab: »Ich fühlte mich so allein, daß ich mein Rad meinen Freund nannte. Ich führte stumme Gespräche mit ihm.« Das Rad hört ihm nicht nur geduldig zu, der Rausch des Fahrens nährt zudem die Stimmung melancholisch getrübter Verliebtheit, beflügelt die Wünsche, Gedanken, macht die Träume süß.

»Oft war ich (…) von morgens bis abends im Sattel. Ich fuhr überallhin, und gewöhnlich in recht flottem Tempo. (…) Ich besuchte Orte, an denen ich früher oft gewesen war – Bensonhurst, Ulmer Park, Sheepshead Bay, Coney Island. Und wie unterschiedlich sich auch die Umgebung darbietet, ständig denke ich an *sie*.«

Der Wechsel zwischen Versunkenheit und Aufmerksamkeit, den das Radfahren verlangt, das Sichtreibenlassen, das, anders als das Gehen, keine Erschöpfung kennt und schnelleres Verschwinden aus hässlichen, von Lärm und Gestank durchzogenen Gegenden erlaubt, nährt seinen Zustand – andererseits aber weckt die schnelle Bewegung auch mehr und mehr die Gegenkräfte, führt ihn in die Welt zurück.

Fahrgemeinschaften

In der Welt aber sind die anderen, die anderen Radfahrer vor allem, von denen jeder mit seinem Gefährt, über dessen Geschwindigkeit und den Weg, den es nimmt, er allein bestimmt, die innigste Gemeinschaft bildend daherkommt. Und so besteht zwar, ist man zu zweit, zu dritt oder in noch größerer Gruppe unterwegs, eine Verbindung der Fahrenden untereinander, diese ist aber so locker, dass niemand seine Autonomie aufgibt und eine gewisse Isolation voneinander sich nicht verliert – anders als in Zug oder Auto gibt es keine *Fahrgemeinschaft*, die sich ja immer nur dann herstellt, wenn man sich nicht aus eigener Kraft bewegt, sondern transportiert wird.

Das bringt mit sich, dass es auf dem Rad weder das von Transportmitteln bekannte Einander-Ausgesetztsein noch den Zwang der gleichmacherischen Gemeinschaft gibt: Nicht der eine, der am Steuer sitzt, hat alle Macht über Tempo und Ziel, auch ist man seinem Können und seiner Konzentrationsfähigkeit nicht auf Gedeih und Verderb ausgeliefert – nein, beim Radfahren verfügt jeder selbst über Lenker und Antrieb, bestimmt über Richtung und Geschwindigkeit.

All die Szenen, die wir von Küchentischen und Sofakissen her kennen, Berührungen, Verführungen, das Crescendo und Accelerando der Beziehungskriege mit drückendem Schweigen, wütenden, einander musternd messenden oder Verachtung zeigenden Blicken über den Rückspiegel hin, Wortgefechten, bis einer den anderen zum Aussteigen nötigt, ihn am Straßenrand aussetzt oder umgekehrt der Mitfahrende den Fahrer anzuhalten zwingt, und dann fährt der eine mit dem Auto weiter, der andere geht zu Fuß, oder wiederum umgekehrt das generöse Chauffieren, das in eine Entführung umschlagen kann – immer sind es Demonstrationen eines Machtgefälles, Abhängigkeiten, die Schuld und Schuldgefühle mit sich bringen. All das entfällt auf dem Rad, auf dem man mehr mit sich selbst und der Welt als mit dem anderen beschäftigt ist, weshalb sich beim Fahren auch nie die Langeweile der Fahrer-Beifahrer-Konstellation einstellt: das als drückend empfundene anhaltende Schweigen, das belanglose Geplauder, die Verhöre, von denen auch Zugreisende betroffen sind, wenn sie in ihren eigenen Bedürfnissen entgegengesetzt gestimmte Gesellschaft geraten, ihren Platz aber nicht verlassen wollen oder können.

Und selbst Spaziergänger drückt ja oft der Zwang zum Reden, die Last des Schweigens, sie sind wie Gestrandete auf einer Insel, müssen alles teilen, denn das Vorausgehen oder Hinterhertrödeln wird bei ihnen, sind es nicht Kinder, als unhöflich, gar kränkend empfunden, woraus ein, meist unbewusster, Hang zur Zusammenballung, zur Rudelbildung entsteht. Unter Radfahrern aber ist das Voraus- oder Hinterdreinfahren ganz üblich. Nicht nur auf einem Ausflug fährt man in kleinerer oder größerer Gruppe, sucht die Geselligkeit, kann aber auch für sich sein, seinen Gedanken nachhängen: Das Alleinsein inmitten der anderen ist hier weit unkomplizierter, wirkt in der dahinrollenden Bewegung so viel heiterer und lockerer als beim Stehen (Party) oder Gehen (Spaziergang). Da haftet dem Einzelnen doch oft der Makel des Eigenbrötlers oder gemiedenen Außenseiters an (nur in Filmen und auf Bildern wirken solche Menschen anziehend und souverän).

Wechselnde Distanzen, wechselnde Konstellationen, Paarungen stellen sich ein – etwas von freier Begegnung und erotisch grundierter Verschworenheit, etwa unter Schulkindern oder bei Arbeitskollegen. Die Laune, die Sympathie strickt unaufhörlich an der Girlande der Fahrenden, löst sie wieder auf, fügt sie neu zusammen, und auch der Raum, durch den man sich bewegt, formt die Gemeinschaft, zwingt hier zum Nacheinander, erlaubt dort das gemächliche Nebeneinanderher, eine gemeinschaftliche Bewegung, die keinem gemeinsamen Rhythmus unterworfen ist, sondern idiorrhythmisch arbeitet, mit je eigenen Regelwidrigkeiten, Routenvorlieben, Schlenkern, über die man sich durch Zurufe und Handbewegungen verständigt. Die Gemeinschaft ist in beständiger Bewegung, in unaufhörlicher Anpassung verschiedener Subsysteme begriffen, ohne doch in *einen* Takt zu fallen. Die Radfahrer sind ein *Archipel*, zwischen dessen verstreuten Eilanden die Boote der Worte, Gesten, Blicke getauscht werden, und zwischen denen das Meer – das *ma* – doch beneidenswert oft in vollkommener Harmonie schwingt.

Natürlich kommt es auch bei Radfahrern zu Differenzen, etwa über den zu nehmenden Weg, die Bedrohlichkeit aufziehender schwarzer Wolken, die Länge der Rast; da aber jeder sein eigenes Rad unter sich hat und das Notwendige – Proviant, Kleidung – mit sich führt, kann man sich in solchem Falle einfach voneinander lösen, getrennter Wege ziehen, ohne dass daraus ein Ungleichgewicht, eine Benachteiligung, Zurücksetzung des anderen oder seiner selbst entstünde. Die durch die Meinungsverschiedenheit geweckte Frustration aber setzt man sogleich in Bewegungsenergie um, nach einer Stunde Strampeln ist der Zorn verraucht, die Erregung dahin – und mit einem Scherz kehrt man zum anderen oder zur Gruppe, die einen eben noch in eine tolle Wut trieb, zurück.

Weshalb es Menschen gibt, die die durch das Rad geschenkte Freiheit, individuellen Launen folgen zu können, freiwillig aufgeben und sich zu mehreren auf ein Fahrrad setzen, habe ich nie verstanden. Mir erscheint das Tandem wie die Rückkehr in einen Kleinkindzustand. Denn bei den meisten beginnt die Bekanntschaft mit dem Rad ja auf dem Kindersitz des Mutter- oder Vaterrades – in meiner Kindheit fuhr man noch vorn, zunächst in einem aus Rohr geflochtenen Kindersitz, der mit Kissen und Decke gepolstert und dem Gesicht des Fahrenden zugewandt war, so dass man sich mit diesem unterhalten, lachen, ihm Grimassen schneiden konnte. Später dann auf einem eigenen kleinen Sattel, der am Oberrohr des Fahrrads montiert war, mit zwei Stützen für die Füße samt Speichenschutz, die Hände hatte man in der Mitte des Lenkers und konnte so fleißig die Klingel bedienen. Das hatte etwas von abenteuerlicher Rikscha- und fast schon eigener Fahrt, und besonders aufregend war es mit meinem Vater, der, um uns Kinder zum lustvoll-erschrockenen Kreischen zu bringen, immer wieder haarscharf an Laternenpfählen und Baumstämmen vorbeifuhr oder über huckliges Pflaster, so dass wir die Einkäufe, die vorn im Korb auf- und abhüpften, festhalten mussten. Heutige Kinder kommen leider, jedenfalls hierzulande, um dieses Vergnügen, müssen sie doch, laut Vorschrift, hinter dem Rücken der Erwachsenen in hohem Stuhle thronen, ohne die Möglichkeit zu vertraulichem Gespräch, geborgen zwischen den Armen der Eltern, die Schutz geben wie Rückenlehne und Armpolster eines Sessels, mit freier Sicht und allen Abenteuern vor sich, wie ich es kennengelernt habe. Da bekam ich schon einen Vorgeschmack auf die Freuden, die mich erwarteten, und so schnell wie möglich wollte ich mein eigenes Rad.

Wenn ich aber ein eigenes Rad haben kann, weshalb sollte ich es mit einem anderen zusammenschweißen? Die ganze Fahrt lang auf den Rücken des Vordermanns blicken statt in die Welt, Schlaglöchern und abrupten Richtungswechseln blind ausgeliefert? Mit einem anderen im Gleichtakt treten? Anhalten müssen, wenn er anhält, und umgekehrt ihn zum Anhalten zwingen, wenn ich nur einen Schluck Wasser trinken oder einen Pullover überziehen will? Die Fahrt auf dem Tandem ist die Fortsetzung der Kindheit unter schlechteren Bedingungen: Man wird nicht gefahren auf dem Kindersitz in der ersten Reihe, mit bester Aussicht und geschützt vom umschließenden Elternkörper, nein, man muss sogar noch mittreten – das Tandem ist nicht nur regressiv, es erinnert auch an Zirkus oder schlimmer noch Galeere, gleicht das Fahren auf ihm doch einer Bestrafung.

Kein Wunder also, dass Arno Schmidt ein Anhänger des Tandems war, denn so konnte er die Zwangsgemeinschaft seiner Ehe noch auf dem Rad fortsetzen. Zu Beginn des Fahrradzeitalters saß die Frau, die ja nach traditioneller Partnerwahl meist kleiner war als der Mann, noch vorn, waren die Köpfe also wie bei den ansteigenden Parkettsitzen eines Theaters gestaffelt. Zudem konnte der Mann mitlenken, behielt also einen Teil der Kontrolle über die Richtung, in die sich das Paar bewegte. Das war beim Schmidtschen Ehetandem jedoch nicht mehr der Fall. Ehefrau Alice, die Schmidt auf seinen Recherchen und Pilztouren begleiten musste, saß hinten, und ihr war kein Seitenschwenk nach eigenem Gutdünken erlaubt, nur mittretende Gefolgschaft.

Es gibt aber nicht nur Zweiertandems, sondern auch welche mit drei, vier, fünf Sitzen – für die ganze Familie. Da wird nun ein besonderes Zusammengehörigkeitsgefühl ausgestellt, ein familiärer Teamgeist, der doch einem Kontrollzwang zum Verwechseln ähnlich sieht – keiner kann ausscheren, seine eigenen Bahnen ziehen, alles muss gemeinschaftlich unternommen werden, wahrscheinlich muss man sogar noch im Gleichtakt pfeifen. All das widerspricht den Wonnen des Radfahrens – dem Gefühl der Freiheit, den Freuden, die das Ausleben der eigenen Individualität schenkt; von der Starrheit der Konstruktion, fehlenden Wendigkeit, schlechteren Kurvenneigung, Unzweckmäßigkeit des Tandems im Alltag ganz zu schweigen. Schon das Zu-zweit-Fahren negiert in meinen Augen alle Vorteile, wird aber noch übertroffen von der Lächerlichkeit eines Tandems, auf dem nur einer fährt – der leere Sattel deutet immer auf die abwesende zweite Person (man hat ja das Tandem nicht, um einen fahrradlosen Freund mitzunehmen oder nach dem Kino nach Hause zu bringen, es ist kein Moped), es erscheint wie ein Tänzer, der allein seine Pirouetten dreht. Kein Wunder also, dass niemand mit einem Tandem, schon gar nicht einem für vier oder fünf Personen, allein durch die Gegend fährt, es ist nur als Zweitrad zu gebrauchen. Und so steht wieder etwas herum, was doch eher selten zum Einsatz kommt. Mir aber ist ein Gefährt lieber, das sich in möglichst vielen Lebenslagen als praktikabel erweist und nicht nur für eine (Transport-)Situation geeignet ist. Das für das Vergnügen ebenso da ist wie für den Alltag.

Am meisten aber spricht gegen ein Tandem, dass sein Anblick nichts von der Grazie und Wohlproportioniertheit eines Fahrrades hat, gar eines Rennrads, das ja der anmutig tänzelnde Araber unter den Fahrrädern ist. Es kommt immer klobig, überlang wie eine Stretchlimousine daher, ihm fehlt alle Poesie. Nichts findet sich bei ihm von dem Anmutig-Provisorischen eines Fahrrads, auf dem eine zweite Person transportiert wird, jenem Bündnis auf kurze Zeit zur Überbrückung einer geringen Distanz (niemand wird auf diese Art eine weite Reise unternehmen) – eine reine Gefälligkeit, ein Freundschaftsdienst, denn schließlich wäre für den Transportierten ja immer auch das Gehen möglich.

Auch in Amsterdam werden gern
Transportliebesdienste verrichtet.

In dieser *einladenden* Geste zu schnellerem Vorankommen, um einen Zug noch zu erreichen, einem aufziehenden Gewitter zu entgehen, zeigt sich die belastbare Großzügigkeit, die zum Wesen des Fahrrads gehört. Trotz seiner Zartgliedrigkeit ist es fähig, ein Vielfaches seines Gewichts zu tragen, und bevorzugt ausgeglichene Verhältnisse. Ein Ungleichgewicht wird daher wenn möglich vorübergehend aufgehoben, indem der andere, Fahrradlose, vorn auf der Stange oder auf dem Gepäckträger Platz nimmt, was, da dies ja nicht vorgesehen und mit einer weit größeren Anstrengung des Fahrenden verbunden ist, eine innigere Gemeinschaft erfordert und vielfältige Berührungen erlaubt: Wenn man wie im Damensitz auf dem Oberrohr des Herrenrads Platz nimmt, gibt es fast schon eine Umarmung (wie in der Kindheit, aber wie aufgeladen jetzt mit ritterlicher Symbolik), ein Anschmiegen, wenn man hinten auf dem Gepäckträger sitzt, die Arme um die Taille des Fahrenden gelegt, und beim Stehen auf den Achsenenden des Hinterrads (ach, gäbe es doch noch die großen Flügelmuttern wie in meiner Kindheit!) ruhen die Hände auf den

157

Schultern des Pedaleurs. Am meisten Mut, Geschicklichkeit und Vertrauen aber erfordert wohl die Position, in der man vorn auf dem Lenker mehr liegt als sitzt, erhoben, und mit jeder Bewegung nach links oder rechts geschwenkt wird.

Das ist ein anderes Chauffiert-Werden als mit dem Auto, ist doch das Fahrrad dafür gar nicht eingerichtet, und manchmal, vor allem wenn es bergauf geht, reichen die Kräfte nicht, und dann kann man es entweder machen wie die Kinder, die sich das Fahren eines Erwachsenenrades teilen: eines stehend in den Pedalen und das andere, das auf dem Sattel sitzt, mittretend, oder aber der Radfahrer wird, um wiederum Gleichheit herzustellen, zum Fußgänger – und die Anmut des Schiebens beginnt.

In nichts ähnelt dieses dem Schieben, das einem, ist man allein unterwegs, von widriger Witterung oder ungünstigen Gelände- und Bodenverhältnissen aufgezwungen wird. Und das man vor allem aus der Kindheit kennt, als der Wind zu heftig wehte und die Steigung zu groß war, als das Rad einen Platten hatte oder man gestürzt war und sich mit blutenden Knien nach Hause kämpfte, oder wenn ein Unwetter einen überraschte und man im Regen kaum mehr etwas sah.

Über dem Nicht-fahren-*Können* schwebt ja immer der Ruch der Niederlage und eine Traurigkeit, der geliebten Leichtigkeit des Vorankommens verlustig gegangen zu sein. Beim Nicht-fahren-*Wollen* aber werden Liebesdienste verrichtet: Kinder, die müde sind und nicht mehr länger laufen wollen, sitzen auf dem Sattel, die eine Hand lenkt, die andere gibt ihnen Halt, während man Geschichten erzählt, die den Weg verkürzen. Ein Gast wird zum Zug gebracht, am Lenker hängen die Taschen, auf dem Gepäckträger ruht der Rucksack, das Fahrrad hat sich in ein Packeselchen verwandelt, das gemeinschaftlich zum Bahnhof getrieben wird. Oder man bremst neben einem mit Einkäufen beladenen Freund, um ihm die Lasten abzunehmen.

Das gemeinsame Bemühen, das dem einen mehr Erleichterung verschafft, als es den anderen beschwert, führt, so stelle ich immer wieder fest, zu einer innigeren Verbindung;

die flüchtigen vertrauten Berührungen, die dem Gelingen der Sache dienen, machen auch das Gespräch vertraulicher, das Rad, das sonst eine Grenze zieht, trennt nicht mehr. Und selbst wenn gar nichts zu transportieren ist, nur der eine, ohne Rad, vom anderen, mit Rad, begleitet wird – durch das Schieben bildet sich eine Gemeinschaft, die zwei nur Gehende nicht kennen. Auch bei zwei Radfahrern zu Fuß, die Räder jeweils neben sich, stellt sie sich ein.

Es ist, als bäte der eine den anderen in das Zelt, das er, als Fahrender, mit seinem Rad aufspannt, als würden die getrennten Zimmer, die zwei Fahrende bilden, in dem Moment, da sie, ihre Räder schiebend neben sich, zu Gehenden werden, verschmolzen. Eine größere Innigkeit entsteht, in der doch immer schon potenziell die Trennung, die Rückkehr zur geliebten Autonomie mitschwingt, was das Zusammensein doppelt kostbar macht und ihm die zähe Schwere nimmt, die zwei Fußgänger so oft umgibt.

Und dann steht man noch eine Zeit nebeneinander, der eine muss in die eine Richtung, der andere in die entgegengesetzte, man sitzt schon im Sattel, hat einen Fuß auf dem Pedal, schiebt den Abschied aber noch hinaus – denn schmerzlich ist das Auseinander der Radfahrer, ihr Verschwinden in verschiedene Richtungen nach einer solchen Begegnung, dem Spazieren mit den Rädern neben sich, einem Stück gemeinsamer Fahrt, als hätte es eine andere Tragweite, eine Unwiderrufbarkeit. Aber schließlich kommen sie doch: die letzte Umarmung, ein Kuss, das *adieu* – und von Winken und Rufen begleitet, eröffnet sich nun, mit dem Einschwenken in die je eigene Richtung, eine Bewegung von wundersamer Schönheit: eine Doppelkurve, ein zweifacher Bogen, ein sich immer weiter ausstreckendes Flügelpaar.

Niemand hat dies, das Paar überschreitend und eine ganze Schar in schmetterlingshaft schwerelos erscheinende Bewegung versetzend, schöner beschrieben als Giorgio Bassani in seinen *Gärten der Finzi-Contini*, diesem Roman, der von einer Gruppe Studierender im Ferrara der dreißiger Jahre erzählt, Jeunesse dorée der Stadt und zugleich zum Pariadasein verurteilt, gehören sie doch der jüdischen Minderheit an. Mit ihren Rädern fahren sie durch die strengen geraden Straßen zum verwunschenen Park der zurückgezogen lebenden, geheimnisumwobenen Familie Finzi-Contini, die nach dem Erlass der Rassengesetze für die aus dem Tennisklub der Stadt Ausgestoßenen die Tore zu ihrem Anwesen öffnet und sie auf dem eigenen Court spielen lässt.

Man ist Teil einer Gruppe, ist in ihr aufgehoben, Gesten, Worte, Blicke, das *Lachen* verstehen sich wie von selbst, bilden eine Textur, einen Teppich, in der und auf dem man sich wie schwerelos bewegt, und trotz der bedrohlichen Atmosphäre und zunehmenden Bedrückung hat alles eine solche Leichtigkeit, Schönheit, Sonnentrunkenheit, sieht man die jungen Leute, diese kleine Schar, die, auch das Ausdruck ihrer Vertrautheit, in der jeder seine Eigenständigkeit bewahrt, ohne Anführer auskommt, in leuchtenden Kleidern und mit leuchtenden Gesichtern durch Ferrara fahren, dann wieder mit vielstimmigem *ciao* und leicht zum Gruß erhobener Hand vom Corso in die Nebenstraßen einbiegen, denn es ist ja, inmitten der Verdüsterung um sie her, ihre Jugend, die sie erleben, erste Liebe, erster Liebesschmerz.

Szene aus *Jules und Jim* von François Truffaut.

Auch in François Truffauts Film *Jules und Jim*, dieser so heiter daherkommenden Geschichte zweier Freunde, die dieselbe Frau lieben, gibt es eine Szene, in der Catherine (Jeanne Moreau) mit ihrem Ehemann samt gemeinsamer Tochter und ihren beiden Liebhabern einen Radausflug unternimmt – sie fahren neben- und hintereinander eine Straße hinab, mal ist der eine voraus, dann wieder ein anderer –, und diese kleine beschwingte Szene führt mit so bewundernswert leichter Hand alle Konstellationen der Zu- und Abneigung, der Rivalität und Eifersucht, Freundschaft und Liebe und Partnerschaft vor, ohne ein einziges Wort, dass man bei jedem Wiedersehen nur immer von Neuem staunen kann.

Das ist das wundersam Schöne an italienischen und französischen Romanen und Filmen, dass sie über der Tragödie, die den dunklen Grund des Geschehens bildet und unaufhaltsam voranschreitet, ein feines Gespinst aus Blicken, Gesten, Lächeln breiten, hauchzart, und doch deckt dieses kaum zu greifende Nichts Leichtigkeit und lebendige Verspieltheit über die Schrecken, Gefahr, Demütigung, Tod, und weckt eine angesichts der Umstände fast schon skandalöse Freude, das zu lesen, das zu sehen, und lässt einen gegen alle Zeichen hoffen, es werde sich ein Ausweg finden, alles gut und allen Rettung werden – denn die kleine Schar, das Freundes- und das Liebespaar, sind sie nicht dem Altern enthoben, vom Anhauch des Todes unberührbar?

Das Radfahren hat für mich sehr viel mit den Filmen des italienischen Neorealismo und der Nouvelle Vague zu tun – jener Zeit des Kinos, in der Filme wie Godards *Außenseiterbande* gedreht wurden, Filme, die nichts zu ihrem Glück brauchen als »zwei Jungs, ein Mädchen und ein Fahrradrennen«. Mir scheint, Italiener und Franzosen sind damals, ohne die Sache eigentlich zu thematisieren, der innigen Verwandtschaft zwischen Kino und Fahrrad auf die Spur gekommen – die nicht nur eine auf der inhaltlichen Ebene, im gezeigten Bild ist: Wie viele dieser Filmradfahrer und -radfahrerinnen sind leidenschaftliche Cineasten! –, sondern die auch in der mechanischen Korrespondenz von surrendem Projektor und dem Surren der Kette im Freilauf, den beiden Filmspulen und den rollenden Rädern besteht. Ein gemeinsamer Atem und Herzschlag durchpulst beide Vergnügen, das sich daher auch nach dem Kinobesuch, bei dem wie schlendernd Nebeneinanderherfahren in lauer Sommernacht, fortsetzt – unbeschwert und jeder frei und sein eigener Herr, und doch bildet sich eine heitere Gemeinschaft in dem doppelten Fahrrad-Cabrio (auch wenn man darin etwas unaufmerksam ist, aber die Straße ist zum Glück fast autoleer), aus dem heraus sich so gut plaudern lässt, über den Film, die Liebe, das Leben.

Franzosen und Italiener haben in ein anderes Verhältnis zum Fahrrad gefunden als alle anderen Nationen. Nicht nur dass in ihren Filmen Fahrräder als geliebte Objekte auftauchen, als Wesen, die man neben und mit sich führt wie treue Tiere (Pferde, Hunde). Sie tänzeln, haben keine Schwere (nie werden sie gewuchtet), sind grazil und elegant und stehen in den Schlafzimmern am Fußende des Bettes. Ganz wunderbar führt diese leidenschaftliche, eifersüchtige Liebe Louis Malle in seiner melancholisch-ironischen *Komödie im Mai* (Milou en mai) vor, in der Michel Piccoli in der Rolle des Milou sein Rad kaum aus der Hand und den Augen lässt, als wäre es seine Geliebte, der letzte treue Freund, Symbol der Einsamkeit und Verlorenheit, der Suche und des Scheiterns des gebrochen-sympathischen Helden – auf das dieser, das ist das Doppelbödige an der Sache, aber auch aus rein pragmatischen Gründen immer ein Auge haben muss, weil das halbe Land im Generalstreik und an den Tankstellen kein Benzin mehr zu haben ist.

Aber nicht nur im Film preisen die Franzosen das Fahrrad, sondern auch in ihren Chansons. Die berühmteste Hymne, die doch so unhymnisch daherkommt und zugleich verführerisch wie ein Sonntagmorgen – *un beau matin* – in Paris, mit Sonnentupfen auf dem Gitter des Balkons, dem Geruch von Kaffee und frischem Weißbrot – ist *A bicyclette* von Yves Montand, der nun eigentlich hier schon eine Weile unterhalb des Textes mitsummt, umschwebt vom Lächeln von Jeanne Moreau.

162   Diese Selbstverständlichkeit und Leichtigkeit, mit der Fahrräder bei unseren Nachbarn auftauchen, mit der dort vom Radfahren als *cette noble activité* die Rede ist, mit der

man Schriftsteller, die leidenschaftliche Radfahrer sind, als *écrivain-cycliste* bezeichnet, ist in Deutschland nicht vorstellbar. Hier haftet dem Fahrrad leider immer eine Schwere, etwas von Verzicht, ökologisch korrektem Verhalten, Zurechtweisung, Besserwisserei an. In Italien und Frankreich aber ist es mit dem Vergnügen, dem Spiel der Verführung, dem Flirt, dem Eros, der Liebe verbunden – und mir scheint, dies hat mit der freudigen Gewohnheit zu tun, sich in einer Gruppe, einer vertrauten Schar – *nous étions quelques bons copains*, heißt es in Montands Chanson – zu bewegen und die Verhältnisse in der Schwebe zu halten. Nicht ohne Grund sind beide Länder berühmt für ihre großen Radrennen, den Giro d'Italia und die Tour de France – die ja in ihrem tiefsten Wesen keine Sportereignisse sind, sondern Mythen –, minnetrunkene Heldenepen voller Huldigungen an die Schönheit des Landes, seine Natur und die Glorie seiner Geschichte, die nicht voneinander zu trennen sind. Und natürlich an die Liebe. Die Gruppe, die Schar erlaubt beides: die Liebe und den Wettstreit, die Gemeinschaft und die Individualität, das Verbundensein mit den anderen und die Einsamkeit, die Übereinstimmung zwischen der Gemeinschaft und dem Universum – und eben deshalb wirkt sie so heiter und luftig ansteckend, ist sie so überaus liebens- und rühmenswert.

Keine Frage des Wetters, sondern der Kleidung

Funktionsunterwäsche und Regenüberhosen versus Sommerkleider und Abendgarderobe

Es gibt Tage, an denen man, auf seinem Rad sitzend, von leichtem Wind umspielt, davon träumt, ein ganzes Jahr im Freien zu leben, unbeschwert von Besitz, selbst so lebensnotwendig erscheinendem wie Bett, Tisch, Stuhl, Lampe, Büchern. Wie ein Schaf auf der Weide möchte man bei solch mildem Frühlingswetter leben, wenn man weder friert noch schwitzt und auch die stets überraschend kommenden Aprilhagelschauer ausbleiben. Das Wetter macht ja vor allem dann auf sich aufmerksam, wenn es Körper und Seele beschwert – bei Sonnenschein und lauem Wind aber fährt es sich wie von selbst, mit heiterem Herzen und einem seligen Lächeln auf den Lippen. Wie ein kleines wildes Pferd will man da den Morgen begrüßen, das Grün der Wiese, frisch vom Tau, die aus den Bäumen herabwehenden Blütenblätter, die Bienen, die Schmetterlinge, das hohe Blau des Himmels: *azzurro!*

Natürlich träumt der Radfahrer von einem Land, in dem dieses immer gleiche schöne laue Wetter herrscht, nur kurz unterbrochen von einem Luft und Wege reinigenden, Bäume und Büsche tränkenden Gewitter oder einem sanft rauschenden Landregen, der auf den Wiesen frisches Grün sprießen lässt (am besten nachts, wenn alles schläft). Aber wir leben nun einmal in Breiten, in denen es erhebliche Temperaturschwankungen, wechselnde Winde und Windstärken, mitunter sehr nasse und sehr kalte Niederschläge gibt, die Jahreszeiten mit ihrem Auf und Ab der Temperatur, ihrer manchmal grausamen Schönheit, den strahlenden Tagen und den nebelverhangenen. Bei gemäßigten Temperaturen, in dem angenehmen Bereich zwischen zwölf und 25 Grad, und wenn die Anstrengung und das Tempo nicht zu groß sind, bewegen wir uns, ohne besondere Ansprüche an die künstlichen Häute zu stellen, die uns einhüllen. Geht es aber darüber oder darunter, beginnen die Seufzer: Ach, wenn doch das Frieren nicht wäre! Und das Schwitzen. Der Regen nicht. Und nicht der Hagel. Und dieser Wind!

Und so können wir nicht das Jahr über im Sattel sitzen, mit nichts bekleidet als Rock oder Hose und Bluse oder Hemd und einer Jacke unterm Gepäckträger gegen die Abendkühle. Nein, ein und derselbe Mensch will bei minus 18 Grad ebenso gut fahren wie bei plus 34 – das Wetter ist wechselhaft, wir aber verlangen, immer wohltemperiert zu sein. Und das auf einer Maschine, die uns nicht vor der Witterung schützt, vor glühender Hitze ebenso wenig wie vor Schneeregen und dem von der Seite kommenden, uns fast vom Rad fegenden Wind. Da muss man sich zwei, drei Häute zusätzlich überziehen. Aber was für welche?

Natürlich gibt es Menschen, die ihr Rad, sobald der kleine Bereich, in dem sie sich wohlfühlen, über- oder unterschritten wird, stehen lassen und sich auf andere Weise fortbewegen. Und das sind nicht wenige. Ich staune immer wieder, wie sich mit den ersten schönen Tagen, Straßen und Rad- und Parkwege beleben, als trieben die Sonnenstrahlen nicht nur die Krokusse und Narzissen aus der warm-feuchten Erde ans Licht, sondern ließen auch die Knospen aufplatzen, aus denen die Radfahrerblüten sich entfalten – plötzlich, fast über Nacht, ist man nicht mehr allein, sondern umgeben von Gleichgesinnten, denen das Fahren eine Lust ist. Bis zum goldenen Herbst geht das so, flattert und jauchzt man umher in farbenfroh-fröhlicher Gemeinschaft, aber kaum sind die feuchtkalten, dunklen Monate des Jahres da, sitzt wieder nur die kleine robuste Heldenschar im Sattel. Für sie beginnen mit den sinkenden Temperaturen die langen Wochen der Rüstung und des Gewappnetseins gegen Regen, Frost, Dunkelheit – und damit die Frage: Was ziehe ich an?

Man kann entweder gegen alles, was einem unterwegs begegnen könnte, geschützt fahren – mit Regencape, Gamaschen, Fellhandschuhen, Fleecevisier, und was man gerade nicht braucht, in dann prall gefüllten Fahrradtaschen mit sich führen, stets gerüstet gegen alle möglicherweise über einen herfallenden Wetterteufel. (Nicht zu vergessen jene Reflektorwesten, die die Radfahrer in Gleisarbeiter und rhythmisch vor sich hin blinkende Verkehrspolizisten verwandeln. Ich wunderte mich, als diese Neuerung aufkam, eine Zeit lang, weshalb so viele Straßenwarte aufs Fahrrad umgestiegen waren und in ihrer Berufskleidung nach Hause fuhren – bis mir aufging, dass da wieder einmal der Geschmack vermeintlich höherer Sicherheit zuliebe kapituliert hatte.) Das geschieht allerdings zu dem Preis, dass man sich so schwer und unbeweglich fühlt wie ein Ritter des Mittelalters in seiner Rüstung, vom nicht gerade gewinnenden Anblick einer solch vermummten Gestalt ganz zu schweigen. Oder man ignoriert das Wetter und kleidet sich, als wolle man in einem Visconti-Film mitspielen. Dann bleibt man früher oder später mit seinem langen Schal oder flügelweit geöffneten Pelz, aus dem der rote Kaschmirpullover hervorleuchtet, an einem Verkehrsschild oder Absperrgitter hängen oder liegt am folgenden Tag mit gliederlähmender, atembeschwerender Erkältung im Bett – es hat jedenfalls Gründe, dass die Modedesigner Fahrräder als schicke Accessoires nur in ihren Frühjahrs- und Sommerkollektionen auftreten lassen: warm, wasserdicht *und* elegant schließen sich immer noch aus.

Die Anforderungen sind aber auch enorm: Die Kleidung soll ja nicht nur wärmen und regenundurchlässig sein, sondern auch leicht und bequem, und das möglichst am ganzen Körper. Der Körper aber ist nicht etwas von Kopf bis Fuß Einheitliches, sondern teilt sich – und das auf dem Rad noch viel mehr, als wenn man zu Fuß unterwegs ist – in verschiedene Klimazonen. Der Rumpf, der von den meisten Kleiderschichten bedeckt wird, gefällt sich als äquatoriales Afrika – hier schwitzt man häufig selbst bei Minustemperaturen. Kopf und Füße dagegen spielen Polkappen, wobei ihnen die Hände als fast schon extraterrestrisch anmutende, weltraumkalte Brems- und Lenkobjekte attestieren. Die Funkverbindung zu Fingerkuppen und Zehen scheint mir jedenfalls manchmal ausgefallen: Halb erfroren und unbeweglich, zu jeder Feinmotorik unfähig, kommen sie mir sehr fern vor – taub geworden schweben sie als schon Verlorene jenseits des Äthers.

Geschmack ist eine kalte Sache

Der schönste Ort, an dem man den Winter verbringen kann, ist bekanntlich der am oder besser noch – wie im russischen Märchen – *auf* dem Ofen. Aber manchmal lässt es sich nicht vermeiden, das Haus zu verlassen, man muss einer Arbeit nachgehen, Einkäufe machen, ist zu einem Essen verabredet, will einen Film im Kino ansehen, und immer liegt zwischen den eigenen vier traulich warmen Wänden und denen des Ziels dieser lange schmale kalte dunkle Schlauch – winterliche Straße genannt.

Kälte und Dunkelheit sind das eine, Schnee und Glätte das andere – also zieht man das alles an: Mütze, Handschuhe, Nierenwärmer, Stiefel, die auf nassen, vereisten Pedalen Halt geben, und träumt, kaum sitzt man auf eiskaltem Sattel, der sich auch nicht die Spur erwärmt, von einem Schlitten mit Pelzdecken, von einem Pferd – ein Reiter hat ja wenigstens noch einen warmen Pferdekörper unter sich, auf dem Rad aber ist rundum nichts als schneidende Kälte.

Fingerkuppenstarre, Zehenfrost, aufgesprungene Lippen – ich versuche mich mit dem Gedanken des japanischen Schriftstellers Saitō Ryoku'u zu trösten, der der Meinung war, dass »guter Geschmack eine kalte Sache ist«. Denn die Kälte erzwinge Aufmerksamkeit, gebe Distanz und erlaube somit Genuss, Kritikfähigkeit, Urteil. Trotzdem friere ich. Und frage mich, wie hat mein Vater das nur gemacht? Er fuhr immer mit dem Rad zur Arbeit, auch im Winter. Und die Winter meiner Kindheit waren kälter, müssen kälter gewesen sein, schließlich liefen wir wochenlang Schlittschuh und spielten Eishockey auf zugefrorenen Seen. Zwar trug er dunkelbraune, mit Lammfell gefütterte Wildlederhandschuhe, deren Geruch ich mochte – von Kälte vollgesogen, ein Wintergeruch –, nie aber hatte er eine Mütze auf! Später, als ich Aki Kaurismäkis Film *Ariel* sah, in dem der arbeitslos gewordene Bergarbeiter Turo Pajala in einem offenen Cabrio (das Verdeck ist kaputt) mitten im Winter von Nordfinnland nach Helsinki fährt und sich gegen den eiskalten Fahrtwind nur seinen Schal um den Kopf gebunden hat, dachte ich sogleich an den Wetterstoizismus meines Vaters und spürte wieder seinen heimwegkalten abendlichen Begrüßungskuss.

Leider habe ich dieses dicke Fell gegen die Kälte nicht geerbt, friere vielmehr von Winter zu Winter mehr – und träume von Schneeanzügen für Erwachsene, Ganzkörperdaunenhüllen, die unten an den Beinen nahtlos in lammfellgefütterte Stiefel übergehen. Aber da kommen wir zur dritten Sache: der Eleganz! Und die macht einem einen Strich durch die Rechnung. Wie nur soll man sich in all diese Sachen verschnüren und gleichzeitig die Locken nicht zerdrücken, den Blusenkragen nicht zerknittern, wie in diesem mit Eiswasser durchmischten Mordsgeheul da draußen die Hosen nicht durchnässen und verbeulen, die Stiefel nicht bis zu den Knien hinauf mit Schneematsch bespritzen? Und was macht man mit den Blumen, die man dem Geburtstagskind überreichen will, die aber, vom Wind hin und her gezottelt, eine Überlebensdauer von höchstens drei Minuten haben?

Wie bei allem, was die Essenz des Lebens ausmacht, ist es auch hier eine immaterielle Größe, nämlich die Haltung, die man einnimmt, die mehr hilft als alle materielle Ausrüstung. Zu dieser Haltung aber gehören auf dem Rad, wird man vom Wind gebeutelt, vom Regen bis auf die Haut durchnässt, neben einer gewissen Zähigkeit und der Kraft, inmitten des Unwetters an etwas Schönes zu denken,

Humor und die Fähigkeit, die Sachen geradeheraus anzuge-
hen. Ist der Blumenstrauß von dem Wind, der ihn zwischen
die Speichen trieb, aller Blüten beraubt worden und der ihn
überreichende Gratulant in pudelnasser Auflösung, so sollte
er nicht versuchen, den Zustand von diesem wie jenem zu
kaschieren, sondern die abrasierten Blüten durch solche
ersetzen, die er, nach einem heißen Wannenbad, das ihm die
Freunde gleich einließen, jetzt, da er in einen dicken Frot-
teebademantel gewickelt und mit Filzpantoffeln bestückt
im Sessel neben dem Ofen sitzt, aus dem herumliegenden
Geschenkpapier ausschneidet und an die kahlen Stiele heftet,
während Pullover und Hose und Socken ringsum auf den
Stühlen trocknen. Die Missgeschicke zu benennen und über
sie zu lachen stellt immer eine schöne Familiarität her, eine
Nähe und Wohligkeit, die ein in nassen Sachen durchgefroren Dasitzender, der wärmende Wollsocken und ein um
die tropfenden Haare geschlungenes Handtuch aus Rücksicht auf das, was sich angeblich schickt, ablehnt und nun
mit miesepetrigem Gesicht, von Halsschmerzen bedroht,
dahockt, nie erleben wird. Liebenswürdigkeit stellt sich
nicht dadurch ein, perfekt zu sein, schon gar nicht, wenn
man es offensichtlich nicht ist, da sich unter dem Stuhl, auf
dem man sitzt, eine Pfütze bildet und blaugefrorene Lippen
sich an den Rand eines mit zitternder Hand gehaltenen Sekt-
glases legen – das ist nur Peinlichkeit, die ja nichts anderes
als offensichtliche, aber mit Schweigen belegte Unzulänglichkeit ist. Und so entgeht allen ein orientalischer Abend
in Turban und Kaftan, der ein heiteres Ruhmesblatt in den
Annalen der Freundschaft werden könnte, eine oft erzählte
Geschichte, deren liebenswerter Souverän man ist.

Der wäre man auch gern auf dem Rückweg, den man
in einer der Ohnmacht nahen Betäubung aller Glieder, die
ihren Dienst zum Glück auch jetzt noch geübt automatisch tun, zurücklegt, magnetisch angezogen von der Hal-
luzination des eigenen Bettes (das Schöne!), in das man
sich bald – halt aus!, es sind nur noch wenige (Kilo-)Meter,
feuert die innere Stimme an – fallen lassen kann, solange

aber wärmt einen nur die Bewunderung, die einem die Radabstinenzler zollten, als man seine Montur wieder anzog und aus der Tür hinaus ins Eiskalte schritt. Man weiß dann hinterher oft nicht, wie man es geschafft hat – aber man hat: Da ist man, ist über die Schwelle getreten, und im Rückblick, jetzt, unter der dicken Decke, unter der Hände und Füße allmählich auftauen und die Oberschenkel wieder warm werden, oh wundervolle Verwandlung, wird die nächtliche Heimfahrt durch sich gletscherhoch türmende Schneeberge und auf mit dicken Eiskrusten überzogenen Radwegen entlang zu einem phantastisch-heroisch-beseeligenden Traum.

»Im Schneesturm durch Hokkaido zu wandern ist ein Vergnügen?«, fragte staunend-ungläubig *Zeit*-Redakteur Ulrich Greiner den Schriftsteller Peter Handke, der zwar kein Radfahrer, aber ein Wind und Wetter trotzender Gehender ist, und der antwortete: »Aber natürlich. Wenn man dann in Sicherheit ist, die Schwelle überschritten hat zur Wärme, wird es ein Vergnügen gewesen sein, um im Futurum exaktum zu sprechen. Jedes Mal, wenn man sich aus einer brenzligen Situation befreit, wenn man denkt, es geht nicht weiter, wenn man total minimalisiert ist als Mensch und dann über die Schwelle kommt, merkt man plötzlich, was Leben ist. Diese Übergänge sind das Fruchtbarste überhaupt.« Ja, so ist es, aber das werden Menschen, die wie der russische Märchen-Iwan immer auf dem warmen Ofen hocken, nie verstehen.

Es gibt eine Freude über das Wetter, das man auf dem Rad unmittelbar, nahezu ungeschützt erlebt, eine Freude auch über das Ausgesetztsein, dem man mit Aktivität begegnet – und das ist etwas grundlegend anderes, als wenn man an einer Haltestelle steht und in Regen und Kälte von einem Fuß auf den anderen tretend, vor Ungeduld fluchend oder bereits in schafstrüber Resignation begriffen, auf den Bus wartet, der nicht kommt. Der öffentliche Nahverkehr führt, da er eine passive Art der Fortbewegung ist, immer zu einer Erschlaffung. Auf dem Rad aber ist man nur auf sich gestellt, muss sich allein gegen die Elemente behaupten, was – außer man ist krank – eine freudig den Körper durchpulsende Energie freisetzt, die in jede Muskelfaser, in jede Zelle dringt: ein anderes Atmen beginnt.

Radfahrer mit Regencape.

Deshalb auch ist der schlimmste Tag nicht der, an dem man tropfnass und durchgefroren oder verschwitzt nach Hause kommt, sondern der, an dem man sein Rad stehen lassen, es im Stich lassen muss – weil es dick zugeschneit oder, wie es mir im letzten arktischen Berliner Winter geschah, das Fahrrad von einem Eispanzer umhüllt ist, als wäre Andersens Schneekönigin vorübergezogen und hätte es mit ihrem Eishauch gestreift.

Jetzt ist es nicht mehr nur vernünftiger, zu Fuß durch den Schnee zu stapfen, man sieht sich dazu gezwungen. Wie auch zur Benutzung der öffentlichen Transportsysteme. Aber wenn man mal auf sie angewiesen ist, erweisen sie sich vor allem als eins: große Versager. Herumstehen, Warten, Frieren – das ist nun das täglich angestimmte Lied, denn Bus und Bahn sind nicht viel besser dran als das Fahrrad, und ihre Betreiber nicht klüger und vorausschauender als man selbst. Der Winter kommt jedes Jahr so überaus überraschend – immer wenigstens ein paar Monate zu früh, man wollte ja noch vorsorgen, zur Winterdurchsicht, Enteisungsspray kaufen, Wintermäntel aufziehen, die Bremsen justieren lassen, aber hätte das alles nicht auch ganz und gar unnötig sein können, weil der Winter mal ausfällt? Und so schob man es auf, Tag um Tag – aber da, plötzlich, schneit es schon, und auch die S-Bahn hat es überrascht, sonst gäbe es ja sicher nicht gerade jetzt überall Baustellen und auf allen Strecken Schienenersatzverkehr. Und müsste nicht die Hälfte der Wagen zur Inspektion. Wenn man zwei Abende nacheinander länger als eine halbe Stunde bei minus 18 Grad auf die S-Bahn gewartet hat, die nicht kam, den dritten Abend *in* der S-Bahn, weil die Türen voller Eis waren und nicht mehr schlossen (umgeben von trübe blickenden Mitreisenden, Mitwartenden, deren Mienen man nach einem Jahr im Sattel nicht mehr gewöhnt ist, kaum aushält) – riskiert man: *alles.*

Welch Frohlocken, an den Frierend-Wartenden in den Bushäuschen vorbeizufahren – wenn auch in Schneckentempo und in der fragwürdigen Hoffnung, auf dem verharschten Schnee, dessen Eiskrusten in die Reifen schneiden, nicht abrupt bremsen, abbiegen, ausweichen zu müssen. Man weiß ja gar nicht mehr, wohin man zuerst schauen soll: auf den Boden, die Ampeln, Autos, Fußgänger – von allem scheint Gefahr auszugehen, während man hochkonzentriert der schmalen Spur in der Eisrinne folgt und vor sich hin murmelt: Pfützenkrachen, Eisschollenhaut, Eislaut, eisiger, Eiswindbraut – und mitten in der Beschwörung in die nächste Schneewehe saust.

Zum Glück hat man sich nur ein paar blaue Flecke geholt. Ein bisschen den Arm verdreht. Das Knie aufgeschlagen. Aber ist der Sturz auch glimpflich abgegangen, so sieht man ein, ehe Schnee und Eis nicht ein wenig zusammengeschmolzen sind, sollte man den Knochen zuliebe aufs Radfahren verzichten. Das Rad aber bleibt unten auf der Straße, einsam, verloren, dem Frost ausgesetzt – wie grimmig ist er in den Nächten, und diese Dunkelheit! Man steht hinter der Scheibe im Warmen und sieht zu ihm hinunter, bis man es nicht mehr aushält, es in die Wohnung holt, mit einem weichen Lappen warm und trocken reibt, gemeinsames Aufseufzen, ein Lächeln. So kann das Rad auch einmal Weihnachten mitfeiern, mit ein paar Tannenzweigen und Kugeln geschmückt, und dient geduldig als Ablage für Mützen, Schals, Handschuhe, die an Lenker und auf dem Gepäckträger trocknen.

Aber dann! Wie freut man sich über den ersten Frühlingstag! Heute! Nach Wochen eisiger Kälte ist er endlich da, der erste Sonnentag mit milder Luft, die Vögel probieren ihre Stimmen aus, übertrumpfen sich gegenseitig mit Zwitschern und Gurren und Rufen, und die erste große Ausfahrt steht bevor, die nicht nur ein schnelles Zurücklegen einer Strecke von A nach B sein wird, sondern ein Genuss.

Denn auch die anderen, die kühlen Tage kommen ja wieder – die Tage mit Wind, mit attackierenden Seitenböen, in denen das Haar zottelt wie wild, das Fahrrad zum Segelboot wird. Die Tage mit Regen, dem sanften Landregen, *oh sweet England*, der so feine Düfte heranträgt, dem Platschen und Pladdern, das einen unterwegs überrascht und vor dem man sich in die nächste Toreinfahrt flüchtet:

Als es stärker zu regnen anfing,
stieg er vom Rad, stellte sich unter
auf der Kastanienallee/Ecke Schwedter
und starrte ins Wetter.

heißt es bei Elke Erb in ihrem Gedicht *Mai*, und weiter, im Kommentar der Dichterin dazu:

Dort war das Gleiche wie sonst.
Dazu noch Regen.
Ich weiß nicht, warum
die poetische Dimension
in das Gewebe einschlug.
(…)
Ich freute mich, daß es ging.
Ich freute mich, daß ich nicht zu fragen hatte.
Der war herangekommen, auch er wußte von nichts,
    stellte sich mit dem Rad unter –
und ich freute mich. Top.

Ja, solches Wetter, das doch gemeinhin als »schlecht« gilt – »schlechtes Wetter«, sagt der Schriftsteller Werner Bergengruen, »welch anthropozentrische Vorstellung« –, kann Quelle großer Freude sein. Und zwar immer dann, wenn wir es nicht als Störung, Durchkreuzung unserer Vorstellung davon, wie es sein *müsste*, auffassen, sondern uns ihm öffnen: betaute Krokusse, die erste laue Nacht im Park, *où le vert décline ses nuances*[*], wie Louis Nucéra schreibt. Das Ahornnasengestrappel, Kiesgetrappel unter den Schutzblechen, der Staub der Wege, der hinter dem Rad in hellen Wolken aufsteigt. Und auf der Heimfahrt, wenn der Morgen dämmert, inmitten des morgendlichen Vogelgesangs, der süße Duft der Hecken, Bäume – überhaupt die Gerüche: nach Schnee, gemähtem Gras, nach nassem Staub, würzig, zu Beginn eines langersehnten Regens.

Und solange Bäume und Büsche kahl sind und alles wie entblößt erscheint, hat man den Eindruck, durch eine Grafik zu fahren, und das Rad ist der Stift, der die Linien aufnimmt, verbindet, eine Klarheit, Durchsichtigkeit, von der Kälte unterstützt, die sich im Sommer nicht findet, wenn alles in Üppigkeit schwelgt und die sattgrünen Kostüme bei kaltem Wetter so unpassend-deplatziert wirken, wenn sie sich beugen unter stürmischem Wind oder gepeitscht werden von heftigem Regen, dass die hellen Blattunterseiten nach oben gekehrt werden.

Oder im Herbst: Alles weiß vor den Fenstern, wenn man die Vorhänge aufzieht – Nebel (mangels eines breiten wasserreichen Flusses etwas sehr Seltenes, Kostbares in Berlin). Auf dem Rad fühlt man sich nun wie die Rennradfahrer in Louis Malles *Vive le Tour!* bei ihrer Bergabfahrt – in die Regenjacke geduckt, den Schal dreimal umgeschlungen, die Kapuze auf dem Kopf, hört man nur das Ticken des Leerlaufs und die Bremsgeräusche, überlaut, konzentriert, während alle anderen Töne gedämpft sind, als hätte man Watte in den Ohren. Dann aber kommt der Moment, da

[*] Wo das Grün seine Schattierungen streut.

der Nebel durchsichtig wird, die ersten Sonnenstrahlen ihn fein machen wie ein Gespinst und er zu leuchten beginnt wie dünnes venezianisches Glas, kostbar, irisierend. Die Wiesen dampfen. Und auf den Wegen ausgerollt liegt der Blätterteppich, das bunte Mosaik des Laubs, vom Regen lackierte Blätter, Pfützen, wie große unbeliderte, traurig blickende Augen, den Himmel spiegelnd, und immer wieder überraschend schön die wie von hinten herankommenden, überholenden Geräusche, wie etwa dieses, von Lutz Seiler aufgenommene:

> die feine
> schabende arbeit des mantels, vor
> zurück, zurück & vor

Unendlich vieles ist zu sehen, zu entdecken, jeden Tag, es ist nur unser oft so stumpfer, müder, bequemer Sinn, der die Nuancen nicht wahrnimmt, seine kindliche Verbundenheit mit dem Elementaren verloren hat – Kinder aber kennen keine Jammerei über das Wetter, sie leben in ihm.

Denn Kinder, obwohl sie so sehr Auge, Ohr, Haut sind, bewegen sich in einer mündlichen Welt, in einer Welt der Sprache, die die Dinge größer, schöner, leuchtender macht. Wie es auch das Radio kann, das voller Geheimnisse ist, da es uns die Bilder, die unsere Vorstellungskraft so sehr einengen, vorenthält. Und wie es die Dichter können, die ein Mädchen in einem Regenmantel auf einem Fahrrad in eine mythologische Gestalt verwandeln – allein durch die Zauberkraft der Worte.

Der liebend verwandelnde Blick

Wo liebende Augen sind, wird die Welt schön – es hängt vom Betrachter ab, ob etwas als hässlich denunziert wird oder als verführerisch, schmückend attribuiert. Und so kommt es auch bei der Kleidung und ihrer ästhetischen Bewertung vor allem auf den Betrachter an, sein Begehren, zu sehen, seine Fähigkeit, zu verwandeln. Selbst eine Signalweste, ein umgehängtes Reflektorkoppel kann so zum flüchtigen Zauberkleid oder magischen Gurt werden – und wie Proust seine Figur Albertine als einen heiligen Georg der Straße imaginiert, so hat die Sprache hier und jetzt die Macht, aus Fahrradkurieren in ihrer windschnittigen, durch raue Wetter abgeschmirgelten, von allem Überflüssigen befreiten Kleidung schlanke Raubfische zu machen, die, über ihre Lenker gebeugt, in Kontakt mit einer unsichtbaren, Befehle gebenden Zentrale stehend, gewandter als alle anderen durch den Großstadtverkehr tauchen.

Die Werbung hat von den Dichtern gelernt. Wird ein neuer Sport, eine neue Maschine erfunden, folgt die Spezialkleidung auf dem Fuße – begleitet von Geschichten, die jedem einzelnen Stück einen Mythos zuschreiben, der es begehrenswert erscheinen lässt. Und als hätte ein materielles Objekt die Macht, unsere Körper in die zu ihm passenden Wundermaschinen zu verwandeln, glauben wir der Magie der Worte. In der Folge aber jonglieren wir in unserem Geist nicht mehr mit Versen, mit Eindrücken, mit einer Aufladung der Welt, einem Aufschein des Immateriellen, sondern mit Produkten, mit denen wir uns das Gegenteil von dem einhandeln, was ihre Hersteller versprechen. Nicht weiter, schöner, geheimnisvoller wird die Welt, dazu müssten wir uns entgrenzen, sondern enger und uniformer.

Es gibt eine Faszination der Gruppe auf jeden Beobachter. Wir können das an unseren privaten Beziehungen sehen: Alles, was von uns als Gruppe wahrgenommen wird, wirkt anziehend, wie ein Strudel. Wir fürchten den Außenseiterstatus, suchen uns zu verbinden. Umgekehrt führt die Gruppe, ist sie einmal etabliert, zu einem Abschluss gegen die anderen, und zwar mittels gemeinsamer Codes, Vorlieben in Verhalten, Kleidung, Sprache. An kaum etwas lässt sich dies deutlicher ablesen als an der Mode. Und daher hat, wie wir uns kleiden, nur bedingt mit der Witterung zu tun, sehr viel mehr aber mit Selbstbild und sozialem Status. Und das gilt natürlich auch auf dem Fahrrad.

Ich werde wohl nie verstehen, was an Hosentaschen, die über oder gar unter dem Knie angebracht sind, praktisch sein soll, und was an Rucksäcken in Schwarz und Lila (oder Mintgrün) gefällt. Aber ebenso wenig kann ich einem Retro-Trend abgewinnen, wie sie die sogenannten Tweed-Clubs pflegen, einem Fahren in Wollwesten und Knickerbockern, Kniestrümpfen und Halbschuhen, als hätte es die Fahrer aus dem England der fünfziger Jahre auf heutige Straßen herübergeweht.

Teilnehmer des Tweed Ride Bike in London.

Nostalgie ist kein Ausweg aus der Kleidermisere, es geht ja nicht um Verkleidung, sondern um Kleidung. Und diese sollte praktisch sein, robust, pflegeleicht, knitterarm, vor allem aber: schön.

Mag eine funktionellere Kleidung bei den ersten radfahrenden Frauen tatsächlich geboten gewesen sein, da sie in den glockenschwingenden Kleidern mit den riesigen Tournüren auf keinem Fahrradsattel hätten Platz nehmen können, so ist die sogenannte Funktionalität, die heute die einzige Aufgabe der Fahrradmode zu sein hat und die sich insbesondere in wasserabweisendem, atmungsaktivem Material mit Klettverschlüssen und Schnürzügen zeigt, jedoch längst zu einer diktatorischen Generalformel verkommen. Ohne sie scheint es inzwischen sogar unmöglich geworden, das häusliche Sofa zu erklimmen. Der neueste Trend ist die Velo-Couture – mit so schönen Produkten wie

Windbreaker (das ist auch nur eine ordinäre Windjacke und sieht auch so aus), der *Women's Daily Riding Pant* und der *4Season Pant* für Männer. Auf den Fotos dazu sieht man Sonnenschein und von leichter Brise durchwehten Halbschatten – mediterranes Wohlfühlklima, wie es ebenso den Hintergrund von Kaffee-, Alkohol- und Autowerbung ziert. Bei solchem Wetter aber kann man seine Runden auch im Pyjama drehen. Und das wäre vielleicht ein Anfang!

Wehende Mäntel, Schlaghosen, die in die Kette geraten, Jackenärmel, die an Autotürgriffen hängen bleiben, Tücher, Hüte, Kapuzen, die den Hang haben, sich in die Lüfte zu erheben oder das Blickfeld zu beschneiden, Ledersohlen, die wenig Halt auf dem Pedal geben – das sind Einschränkungen, die ein etwas geringeres Tempo und ein wachsames Auge, eine schnelle Hand erfordern, aber doch nicht das Radfahren unmöglich oder zu einer selbstmörderischen Angelegenheit machen! Wenn Sie es nicht glauben, schauen Sie sich alte Filme an – oder fahren Sie nach Ferrara!

»Hütet euch vor jedem Unternehmen, das neue Kleider erfordert und nicht einen neuen Menschen. (…) Nicht was wir *anhaben*, sondern was wir *tun*, vielmehr was wir *sind* – darauf kommt es an!«, schrieb der Verfechter des einfachen, güterarmen Lebens Henry David Thoreau in seinem Hauptwerk *Walden – Ein Leben mit der Natur*. Abgesehen von den drei, vier Wochen im Jahr mit extremer Witterung, braucht man für die paar Kilometer ins Büro oder zum Zahnarzt keine Spezialausrüstung – man muss nur den Fahrstil der Kleidung, die man trägt, anpassen. Und so ist die einzige Vorgabe, der man zu folgen hat, die Ästhetik – denn ist Schönheit keine Funktion? Und nicht die wichtigste?

Mit dem Fahrrad gekommen zu sein, ist keine gute Ausrede für fehlenden Stil – sondern deutet eher auf Faulheit und Mangel an Geschmack. Das Fahrrad hindert einen nicht, Handschuhe, Mütze und Schal farblich aufeinander abzustimmen, das Hemd in die Hose zu stecken, lange und kurze Röcke, Stiefel mit Absätzen, Wollmäntel oder Seidenblusen zu tragen. Es ist keine Frage des *Oder,* sondern des

Und. Wahre Funktionalität ist immer eine des Geistes, der Phantasie und Improvisationsgabe, und Geschmack erweist sich nicht zuletzt am Grad der Unkonformität, auch gegenüber den praktischen Erfordernissen. »Und was die Kleidung anbelangt, mag ich es, wenn die Leute sich entweder sehr gut anziehen oder sehr schlecht; mir mißfällt korrekte Kleidung«, urteilt Virginia Woolf in ihrem übermütig-vergnügten Essay *Halbintellektuell*. Nicht das Fahrrad bestimmt, wie wir uns kleiden, nicht das Wetter verbietet uns, im Winter leuchtende Farben, schöne Stoffe zu tragen, nicht die widrigen Umstände hindern uns an Extravaganz und Eleganz, sondern allein wir.

Welches Rad?

*Von der schwierigen Balance
zwischen Glamour und Alltagstauglichkeit –
und der unheilvollen Macht der Diebe*

Wenn das Fahrrad auch bereits um 1900 seine klassisch schlichte Grundform erhalten und diese sich seither so wenig geändert hat, dass es kaum auffallen würde, bewegte man sich auf einem Rad von damals fort, gibt es doch inzwischen so viele Marken, Typen, Sondermodelle, die diese Grundform auf ihre je eigene Weise variieren und alle ihre spezifischen Fahreigenschaften haben, dass es nicht so leicht fällt, das Passende für sich zu finden. Nur der Nichtradfahrer meint ja, Rad sei Rad, und die Bewegung, ob man dieses oder jenes wähle, immer dieselbe.

In meiner DDR-Kindheit war die Zahl der Marken und Typen, der Rahmen- und Reifengrößen mehr als überschaubar. Inzwischen gibt es auch für mich Hunderte Fahrradhersteller allein in Deutschland – seltsamerweise ist mir aber gerade aus der frühen Zeit ein Typus als Ideal geblieben, der sich von meinem ersten Erwachsenenrad herleitet: einem leichtgängigen Sportrad mit Ledersattel, schmalen Felgen und – was ich bis heute liebe – hellen Mänteln. Aber auch wenn der Fahrradtyp, der doch meist früh feststeht und dessen Favorisierung sich vielleicht unbewusst, halb bewusst immer aus den frühen Fahrerfahrungen (Körpergefühl, Sitzposition, Antrieb, Beschleunigung, Wendigkeit) speist, wie auch der Preis die Auswahl einschränken, ist diese immer noch riesig. Und fällt die Wahl schwer.

Dem Fahrradenthusiasten, dem das Radfahren natürlicher erscheint als das Gehen, ist es nicht gleich, wie sein Gefährt beschaffen ist – vielmehr träumt er, wie jeder Idealist, von der Vollkommenheit, von der Übereinstimmung von Wunschbild und Wirklichkeit. »Perfektion ist dann erreicht, wenn man nichts mehr wegnehmen kann«, schreibt Antoine de Saint-Exupéry – und das gilt natürlich auch für das Fahrrad, und zwar nicht nur, weil das Einfache auch das am wenigsten zu Fehlern Neigende ist (was gegen die immer beliebter werdenden E-Räder spricht, die nicht nur eine Abhängigkeit von Ladestationen mit sich bringen, sondern auch störanfällige Elektronik ans Fahrrad, das bisher so wunderbar ohne auskam). Perfekt ist das Rad, wenn es in Reinform vor einem steht, also nur die für das Fahren absolut notwendigen Teile besitzt und dem von Verkehrsschildern bekannten Piktogramm gleicht, Rahmengröße, Radabstand, Sattelstützenhöhe, Lenker und Vorbau gut proportioniert sind, das Rahmenrohr einen kleinen Querschnitt hat (weshalb Stahl- und Karbonrahmen den so klobigen Aluminiumrahmen, auf denen zu allem Übel auch noch riesengroß der Markenname steht, der Vorzug zu geben ist), die Details (Gabelschwung, Lackierung, im Oberrohr geführtes Bremskabel, gemuffter Rahmen ohne Schweißnähte etc.) fein ausgearbeitet sind, und Schaltung und Bremsen von wenigstens mittlerer Qualität. Ein barock geformtes Rad aber – etwa in Form eines einkaufstauglichen Cityrads mit besonders niedrigem Einstieg oder eines Beachcruiser – widerspricht der reinen Idee. Wie auch Ballast in Form von Schutzblechen, Gepäckträger, Kettenschutz, Reflektoren den radbegeisterten Puristen ein Dorn im Auge ist. Im Grunde träumen sie ja von einem Rad, das die Materie hinter sich lässt – nur noch Bewegung ist.

Reduktion auf das unbedingt Notwendige ist das eine. Andererseits sucht man jedoch ein Rad, das alltagstauglich ist. Es soll also nicht nur wohlproportioniert, leicht, wendig und schnell sein, sondern eben auch robust, wartungsarm, sicher, geeignet für verschiedene Untergründe und Straßenzustände, für die Stadt ebenso wie fürs Land, für den Sprint bergauf genauso wie für rasende Abfahrten. Dazu bei jedem Wetter einsatzbereit und mit Einkäufen und Gepäck und zwei eigenbewegungsverliebten Kindern belastbar.

Das Idealrad, das seinem Piktogramm ähnlich sieht und dem wohl ein Rennrad und die jetzt so beliebten Fixies am nächsten kommen, kann das nicht leisten. Ein ganz auf Schnelligkeit hin ausgelegtes Rad hat nicht die Straßengriffigkeit, die man im Winter oder bei Regen braucht, und wird bei Seitenwind zum Spielball der Böen. Ein solches Rad, dem Gepäckträger und Schutzbleche fehlen, verträgt weder einen Kindersitz oder mit Büchern und Laptop vollgepackte Satteltaschen, noch möchte man auf ihm in einen auch nur durchschnittlichen Regen geraten.

Bald wird klar – man sucht in *einem* Rad Eigenschaften zu vereinen, die sich ausschließen, sucht also im Grunde eben nicht *ein* Rad, sondern mehrere. Dem Dilemma, in das einen die gegensätzlichen Wünsche und Ansprüche manövrieren, lässt sich nun auf zwei Wegen entkommen: Will man nur *ein* Rad für *alle* Lebenslagen, muss man dem *vélo pur* adieu sagen und sich auf die Suche nach einem Kompromiss machen. Nach Beantwortung der Frage, welcher Radfahrtyp man sei, welches also die vorrangigen Eigenschaften sind, die man in seinem Gefährt zu vereinen sucht, nach ausgiebigem Studium der angebotenen Modelle und Aufstellen einer ästhetische wie pragmatische Punkte gleichermaßen berücksichtigenden Rangliste, wird man unter den zur Auswahl stehenden Rädern schließlich eine Entscheidung treffen.

Es sei denn, man zieht es vor, sein Rad gleich aus mehr oder weniger frei wählbaren Komponenten zusammenbauen zu lassen. Insbesondere Männer zeigen nicht selten einen ihre Umwelt ob des getriebenen Aufwands in Staunen versetzenden Hang zur Eigenkreation, die eine intensive Vertiefung in Detailfragen verlangt – Materialien, Verarbeitungstechniken, ruhmreiche Vergangenheit und Prestige von Marken, Fabrikaten. Über der Suche nach dem besten Rahmen, den besten Felgen, Schläuchen, Mänteln, dem besten Sattel, der besten Gabel, den besten Bremsen, Zahnkränzen, Pedalen können Monate, wenn nicht Jahre ins Land gehen, und inzwischen sind schon wieder ganz neue Rahmen, Materialien, Komponenten auf dem Markt. So beginnt die Suche immer wieder von vorn. Und je länger sie dauert, desto schwieriger wird es, sich festzulegen. Es ist mehr eine Sache des Kopfes, des eigenen wie der der anderen Eingeweihten, als eine der Praxis: Denn für das Fahren, das für die meisten doch im amateurhaft-alltäglichen Rahmen bleibt, sind diese Dinge keinesfalls von einer Bedeutung, die solchen Aufwand rechtfertigte. Im schlimmsten Fall wird ein solcher Daueroptimierer nie zu seinem erträumten Rad kommen, denn jede Entscheidung für das *eine* Teil schließt eben die für alle anderen aus. Ja, der Perfektionstrieb kann sogar so weit gehen, dass man eigene Entwürfe macht, einen neuen Typus entwickelt, vom Bastler zum Designer wird.

Was aber vielleicht der geheime Sinn der Suche ist. Denn nicht die eigentliche Funktion des Fahrrads, welche seine Bezeichnung so deutlich, fast schon penetrant verkündet, das *Fahren,* ist für diese Idealisten das Ziel. Vielmehr wird das Rad, sollte es je aus dem Raum der Möglichkeiten in den der Wirklichkeit gelangen, zum Zweck in sich selbst. Das *Stand*rad, wie ich es nennen möchte, ist Kultobjekt, Fetisch, Statussymbol und verlangt als solches Zuwendung, Anbetung, Pflege, Verehrung. Kein Wunder, dass es dann, wie im Fall von Benjamin J. Bowdens 1946 entworfenem *Spacelander Bicycle* im Museum landet.

Benjamin J. Bowden: *Spacelander Bicycle,*
Entwurf 1946.

Da es bei diesen Rädern vor allem auf den Besitz ankommt, nicht auf den Gebrauch, treten ihre funktionalen Eigenschaften gegenüber ihren ästhetischen zurück, manchmal so weit, dass durchaus die Frage erlaubt ist, ob es sich bei dem Gegenstand noch um ein Fahrrad handelt. Die Vorliebe, die der Bastler für ein spezifisches Objekt entwickelt hat, scheint dann ersetzbar. Ebenso gut könnte er seine Passion auch auf Modelleisenbahnen, Uhren, Schallplattenspieler oder Kameras richten. Und es erstaunt dann auch kaum, dass der Bastler, während er an der stetigen Erweiterung, Perfektionierung seines Fahrradideals arbeitet und darüber alle Vorteile, die in den niedrigen Anschaffungskosten und der geringen Aufwendung für Wartung und Haltung liegen, verliert, nicht selten auf einem Rad daherkommt (wenn er überhaupt noch Rad fährt, denn oft genug tritt die Ersatzhandlung an die Stelle der eigentlichen), das seinen Ansprüchen wenig entspricht: einem Gesellen, der unscheinbar, wenn nicht sogar arg vernachlässigt wirkt. Aber nichtsdestotrotz treu seine Dienste tut.

Was nicht das Schlechteste ist. Denn sind die einzeln ausgesuchten Teile, der so und so geschweißte Rahmen aus einer Speziallegierung dann doch endlich eingetroffen und alles zusammengebaut, ergibt das in der Vorstellung so Ideale nicht selten ein Hybridfahrzeug, das einem Monster ähnlicher sieht als dem erhofften Wunderwesen – die Proportionen sind exzentrisch, die verbauten Materialien disparat. Über dem Optimieren der Details ging der Blick für das Ganze verloren.

Und so weckt das Rad, das gerade erst eingetroffen ist, alsbald den Wunsch nach einem neuen, besseren. Und selbst wenn das Ergebnis beim nächsten Versuch gelungener ausfallen sollte für den Perfektionisten, der immerfort die Entwicklungen im Segment seiner Leidenschaft verfolgt und in einem ewigen Vergleichen und Optimieren befangen ist, kann es den Zustand der Zufriedenheit, des Glücks nicht geben, da er ihn allein über das Materielle zu erreichen sucht.

Da doch lieber die Phantasie ausschweifen lassen und sich vom Materiellen lösen. Da doch besser eine echte Erfindung wagen, weg von Stahl und Karbon, Aluminium, Leder und Gummi. Ein Rad aus Gras, ein Rad, das lebt, das besiedelt ist von amöbenhaften Wesen oder sich gar aus ihnen zusammensetzt, wer will das schon so genau entscheiden, wenn er Max Ernsts Gouache- und Tuschearbeit von 1921 betrachtet, die den, einen langen Atem brauchenden, Titel trägt: *La Bicyclette Graminée garnie de Grelots, les Grisous grivelés et les Échinodermes Courbant Échine pour quêter des Caresses* (etwa: Das gräserne Fahrrad mit Schellen bestückt, die gesprenkelten Schlagwetter und Stachelhäuter das Rückgrat beugend, um Liebkosungen zu erbitten).

Das ist kein Fahrrad mehr, das ist eine ganze Welt für sich, eine Erkundung im Raum der Möglichkeiten, eine in Symbiose verbundene Entität, durch Übertragung geheimnisvoller, nur dem Künstler bekannter Kräfte zusammengehalten und von Energien angetrieben, die sich einem organisch-abstrakt-geometrischen Zusammenspiel feinst abgestimmter Substanzen, Nuancen verdanken. Sogar einen Dunkelscheinwerfer gibt es da, der das wenige Licht, das die Nacht gelassen hat, frisst – wenn es nicht ein blinder Passagier ist, der auf dem höchsten Punkt der Rahmenprojektion, jedoch ohne die anderen zu überragen (das widerspräche seinem zarten Empfinden für Ebenbürtigkeit), Platz genommen hat, ein Nachtschattengewächs besonderer Art, von den sehnsüchtig erwarteten Liebkosungen in eine dunkelglühende Intimität versetzt.

Die Sammlung und der dichterische Typ

So ein Max-Ernst-Rad hat auch den Vorteil, dass es im wirklichen Raum, nicht dem der Kunst, nur zweidimensional ist, was erlaubt, dass sich andere Räder zu ihm gesellen und ihre Schellen und Glöckchen läuten, ihre Schalmeien und Tuten spielen lassen können, ohne dass es dafür mehr braucht als ein paar Wände, an denen aufgehängt sie sich tummeln. Das sieht bei den dreidimensionalen Rädern schon anders aus, wie ich bei Freunden von mir beobachten kann, die, um sich ihren Wunsch nach dem perfekten Rad zu erfüllen, den zweiten Weg gegangen sind und also dem Irrsinn eines

Dritt-, Viert-, Fünftrades, der potenziell vielleicht in uns allen wohnt, nicht haben ausweichen können. Denn das ist ja die andere Lösung, um den Kompromiss zu umgehen: die Sammlung. In ihren Elementen wesentlich überzeugender, eleganter, nur leider eben auch nicht ganz platzunaufwendig. Von den Kosten ganz zu schweigen.

Denn wer eine Sammlung beginnt, ist oder wird doch binnen Kurzem anspruchsvoll, und das Anspruchsvolle hat seinen Preis. In solch einer Sammlung, die darauf zurückzuführen ist, dass da jemand auf die Frage, welcher Fahrradfahrtyp er sei, keine eindeutige Antwort zu geben vermag: weil er mehrere Temperamente in sich vereint, ohne dass eines das bestimmende wäre; weil er wechselnden Launen unterworfen ist oder wechselnden Anforderungen der Witterung, seines sozialen Lebens entsprechend gerüstet sein will; weil für ihn das Wort Kompromiss verdächtig nach Verrat klingt (an seinem ästhetischen Empfinden, seinem Selbstbild vor allem); in solch einer Sammlung, die keine museale, keine von Ausstellungsstücken ist, die vielmehr, da alle ihre Elemente in Gebrauch sind und bleiben, einen Fuhrpark verschiedener Typen darstellt und daher eher einem Regal voller Schuhe vergleichbar ist, die letztlich auch immer demselben Grundzweck dienen und sich doch immer nur zu einem speziellen eignen; in solch einer Sammlung findet sich, wenn überhaupt, nur *ein* Rad, dessen Verlust nicht, allein unter rein materiellem Gesichtspunkt betrachtet, schmerzlich wäre – was die Notwendigkeit mit sich bringt, die anderen Räder, sitzt man nicht gerade auf ihnen, zu schützen. Sie also in die Wohnung hinaufzutragen, und das nicht nur in die eigene, sondern auch in die der Freunde, wenn man sie besucht.

Da stehen sie dann beisammen, erzählen sich, aneinandergelehnt, ihre Abenteuer, ihre geheimen Vorlieben, Träume und Ängste, schließen Freundschaft, verlieben sich vielleicht sogar und sehen voll Bangigkeit der Stunde entgegen, da sie wieder voneinander Abschied nehmen müssen.

Neben diesen beiden Grundtypen, den Bastlern und den Sammlern, die beide auf ihre Weise den Hang zur Mehrrädigkeit in sich nicht bändigen, sich daher nicht auf den Sieg der Vernunft, den alle Kompromissler für sich in Anspruch nehmen, berufen können, gibt es jedoch noch einen dritten Typus – den ich den *dichterischen* nennen möchte.

Denn es gibt Menschen, die sind für die Steigerung der Praktikabilität der Dinge ebenso unempfänglich wie für das, was man ihr Ansehen in der Welt, ihr Prestige, ihren Ruhm nennt. Sie haben Dinge, um sie zu benutzen, sie wollen, dass diese ohne viel Pflege und Reparaturaufwand, ja, allein ohne die Notwendigkeit, sich mit derartigen Beschwernissen in Gedanken zu beschäftigen, funktionieren. Vor allem aber wollen sie sich, sie in Gebrauch nehmend, an ihnen erfreuen. So sind sie weder aufmerksam für Namen noch Preise, der Rummel um Marken und Wertsteigerung, errungene Siege kümmert sie nicht – sie sehen nicht, was die anderen sehen, und gehen doch keinen Umweg. Sie stehen in einem Fahrradladen, schlendern über den Flohmarkt, lassen die Augen über die Reihen, das bunte Gewirr der Räder schweifen, legen bei dem einen die Hand auf, beugen sich bei einem anderen über den Lenker, befühlen einen Reifen, fahren eine Runde – und folgen in allem allein der Stimme

187

ihres Herzens. Auf die Frage *Welches Rad?* kann es für sie nur eine Antwort geben: Eines, das man liebt.

Ich habe alle meine Räder, die in meiner Erinnerung lebendig sind, so gefunden – spontan, ohne viel Überlegung, Zögern, unbeirrt selbst durch offensichtliche Mängel, über die hinwegzusehen, anderen, nicht Verliebten, nicht eingefallen wäre. Denn der von einer unerklärlichen Zuneigung, einer Anziehung ergriffene Liebende nimmt die von anderen belächelte Unzulänglichkeit seines Gefährts nicht nur in Kauf – für ihn sind, im Gegenteil, alle Fehler sogar Grund, mehr zu lieben. Untrennbar sind sie mit dem Gegenstand seiner Passion verbunden, gehören zu diesem, wie Schwächen, Gewohnheiten, Schönheitsfehler, Ticks zu uns Menschen, und machen gerade seine höchst eigene Liebenswürdigkeit aus. Und so ist es nicht Nachsicht, mit denen er ihnen begegnet, er *über*sieht sie nicht, wie der nicht von ihnen Ergriffene vermuten könnte, vielmehr werden sie unter seinem Blick Preziosen, die sein Gefährt, das Rad, das, solange es nicht sein Herz berührt und im Sturm erobert hatte, nur *irgendein* Rad war, schmücken und damit in etwas Einmalig-Besonderes, in *sein* Rad verwandeln. Wie auch der Name, den er dem Rad verleiht, die Accessoires, mit denen er es versieht: das abgewetzte Plüscheisbärenfell als Satteldecke, die grellgelbe Klingel, der japanische Talisman-Aufkleber. Diese Attribute der Zuneigung, die alle den gleichen leichten Hang zur Vernachlässigung aufweisen und damit zeigen, dass es auf das Materielle weniger ankommt als auf das Ideelle, sind, wie die unvermeidlich durch den Gebrauch hinzukommenden Kratzer und Beulen (die Schrammen und Narben des Rads), Zeichen seiner unverwechselbaren Individualität. Sie machen das Rad zum Träger einer Geschichte – denn es ist nicht der neue, jungfräuliche Zustand, der sein Wesen am besten ausdrückt; sondern eher sein entstellter, ein wenig abgenutzter, ein wenig vernachlässigter, verschmutzter.

Aus der liebevollen Zuneigung von Fahrendem und Gefährt aber erwächst eine Souveränität der Haltung, die Bastler und Sammler nie erfahren, da ihnen das Rad immer zum Schaustück gerät, sich in den Vordergrund drängt, so dass die Aufmerksamkeit, die doch dem Fahrenden zukommen sollte, dann allein seinem Fahrzeug gilt. Eben hierin liegt der Unterschied von Stil und Style. Stylish ist jemand, der in der Hoffnung, sich selbst aufzuwerten, das Außen überbetont und sich so hinter dem Glanz der Oberflächen selbst zum Verschwinden bringt. Stil aber kann nur ein Liebender haben, der dem Geliebten nicht die Pflichten der Repräsentation aufbürdet, nicht von seinem Abglanz zu profitieren hofft, sondern ihm Glanz aus dem Schatz seiner Seele verleiht. Er entsteht aus dem nicht auflösbaren Ineinander von innen und außen, dem Bewohnen und Beleben der Formen, bis sie keine hinzugefügten Attribute mehr sind, sondern lebendig zu werden beginnen, organisch, beseelt. Und so verwandelt der dichterische Typus ein altes Hollandrad mit abblätterndem Lack, das vergnügt vor sich hin klappert und das zugeneigte Entspanntsein seines Besitzers schon von fernher ankündigt, in ein auratisches Wesen. Und kann ein Mann sogar ein Damenfahrrad besteigen, ohne an seiner Männlichkeit Schaden zu nehmen.

Herrenlose Damenfahrräder

Denn seltsam ist es doch, dass der Radtyp zunächst nach Geschlechtern eingeteilt wird. Es gibt weder Herren noch Damen mehr, aber die Räder heißen weiter nach ihnen – in der Bezeichnung lebt hier noch immer das 19. Jahrhundert fort. Und wie nach der Geburt eines Kindes die erste Frage lautet, Junge oder Mädchen?, wird man im Fahrradladen nach Bekundung eines Kaufinteresses sogleich mit der Frage nach der Geschlechtszugehörigkeit des gewünschten Modells konfrontiert – wenn, mit Blick auf den Kunden, die Kundin, nicht ohnehin kurzgeschlossen wird, dass beide darin übereinzustimmen haben. Und wie in Angelegenheiten der Mode wird auch hier eher toleriert, dass sich eine Frau für ein Herrenmodell entscheidet, sei es, weil sie die stabilere Geometrie des Trapezrahmens bevorzugt oder, wie ich, die Form ästhetischer findet, als umgekehrt einem Mann zugestanden wird, sich für ein Damenmodell zu interessieren oder die vorauseilende Festlegung unbeachtet zu lassen – es sei denn, der Käufer ist schon recht alt und daher in den Augen des Verkäufers gewissermaßen geschlechtslos geworden.

Die Sache wird nicht ganz so streng gehandhabt wie etwa bei Schlittschuhen, bei denen auch viele Frauen das Herrenmodell wählen, Männer aber niemals, und seien sie noch so kleinfüßig, zu Damenschlittschuhen greifen, und schon gar nicht werden die der älteren Schwester oder Cousine an Jungen »vererbt«, was umgekehrt, aus Sparsamkeitsgründen, doch nicht selten ist – lieber geht der männliche Nachwuchs gar nicht aufs Eis, als sich mit weißen Eiskunstlaufschuhen sehen zu lassen. Nicht die Funktion gibt den Ausschlag, sondern allein Aussehen und Form – ein Ungleichgewicht, das darauf deutet, dass der Träger mit äußeren Augen wählt.

Bei den Fahrrädern verhält es sich ähnlich – niemand würde bestreiten, dass man mit dem Damenmodell (fast) ebenso gut Ausflüge und Reisen machen kann wie auf dem Herrenrad, ja, dass es in der Stadt oft sogar praktischer ist. Die Grenze wird nicht ganz so strikt gezogen, durchaus akzeptiert, dass es Männer gibt, die mit dem Oberrohr nicht klarkommen, einen tiefen Einstieg bequemer und sicherer finden – oder sich mit ihrer Frau ein Rad teilen; man einigt sich dann auf das Modell, das beide gleichermaßen verwenden können. Von diesen Ausnahmen abgesehen, sind Damenräder für Männer aber nach wie vor nur als Studenten- oder Altherrenräder »vorgesehen« (als von Männern nur mitbenutzte Familienräder; in Como, Ferrara, wie ich gesehen habe, nicht selten sogar in Rosa). In beiden Fällen dient zur Begründung – denn nahezu nie bleibt ja ein Damenmodell in den Händen eines Mannes unkommentiert –, ein Neukauf hätte das Budget überschritten, man habe, zum Glück, ein Altrad geschenkt bekommen, in das man natürlich nichts mehr investiere, das man nur noch

»abfahre« – und so sind diese Räder, auf die Stufe von Trödel gesunken, in ihrer Geschlechtszuschreibung neutralisiert.

Bei einem Neukauf aber wird der Griff eines Mannes zum Damenmodell noch immer belächelt – Gründe, die die praktischen Aspekte betonen, zwar zur Kenntnis, aber nicht für voll genommen. Was im umgekehrten Fall, wenn nämlich eine Frau die Wahl eines Herrenrades mit ästhetischen und pragmatischen Argumenten stützt, nicht gilt: Ein von Frauen gefahrenes Männermodell wird anerkennend als sportlich, schick, cool begrüßt. Bei geschlechterüberkreuzendem Gebrauch ist also auch hier wie so oft das Männermodell dasjenige, das aufwertet, während das Damenmodell den männlichen Fahrer in der Achtung der anderen sinken lässt – oder in ihm zumindest die Befürchtung weckt, dass dies geschehen könnte. Und wie so oft, wie bei der Kleidung, bei Accessoires und Farben, steht das mit männlich Attribuierte für die Sache selbst – ist ein Herrenrad eben ein Fahrrad, das Damenmodell dagegen nur eines für Frauen.

Wie wäre dem abzuhelfen? Wie wäre eine größere Partizipation des Männlichen am Weiblichen, ein ausgeglicheneres Diffundieren der Sphären möglich? Schon eine geschlechtsneutrale Bezeichnung würde die antiquiert anmutende Zuordnung der Räder nach Damen und Herren aufheben, eine Neuordnung der Modelle nach Sportlichkeit, Bequemlichkeit oder Farbe erlauben und Raum für einen neuen Typus schaffen (den es in einigen Segmenten der Fahrradtypologie ja bereits gibt): das Unisex-Bike. In ihm wäre, was die Welt der Fahrräder angeht, Margarete Mitscherlichs Vision einer »androgynen oder gynandrienen Entwicklung der Geschlechter« verwirklicht, ein Locker-Werden, ein Ineinanderfließen der generischen Identitäten, die sich auf die der Fahrenden auswirkten, sie öffneten für den übergeschlechtlichen Raum des Humanen.

Auf der Ebene der Fahrräder deutet sich diese Entwicklung hin zu einer größeren Vermischung der Geschlechter, die mit einer Zunahme der femininen Elemente einhergeht, bereits an, etwa in den vielen neuen Rent-a-bike-Läden: Die Modelle mit schräg nach unten geführtem Oberrohr und tiefem Einstieg dominieren – können sie doch von beiden Geschlechtern gleichermaßen gut gefahren werden und mindern sie zudem bei Radfahrungeübten die Angst vor Stürzen und Unfällen. Auch im privaten Bereich empfiehlt es sich, als Zweitrad eher ein Damenrad parat zu halten, wird es doch Freunden und Freundinnen, den Freunden und Bekannten von Freunden und Bekannten, Untermietern und Sommergästen gleichermaßen nützlich sein.

Fahrradverleih

Henry Miller, der ein Fahrradfreak war und mehrere Räder sein Eigen nannte, verlieh diese bedenkenlos an Freunde, »wenn sie eines brauchten«. Mit einer Ausnahme: »Auf dem aus dem Garden* fuhr nur ich selbst. Es war für mich wie ein geliebtes Haustier.«

Dieses eine nämlich, der Liebling, ist mehr als ein Rad. Seine reparier- und austauschbaren Teile wurden in Organe verwandelt und vitalisiert, und so ist es, belebt, beseelt, mehr Tier als Fahrzeug, nicht mehr bloß Gefährt, sondern Gefährte. Zur bloßen Sorge um den Erhalt der mechanischen Funktion tritt daher die Angst, es könnte ihm in den Händen eines anderen etwas zustoßen und Dinge erleben, die ihm sein Besitzer, dem es schon schwerfällt, sein Rad abends allein auf der Straße zurückzulassen, keinesfalls zumuten will. Am liebsten nähme er es mit hinauf in die Wohnung, stellte es ans Fußende des Bettes, so dass er es auch in der Nacht, wann immer er aufwacht, vor Augen hat und sich überzeugen kann, dass es ihm gut geht. Denn aus einer seltsam übersteigerten Empathie heraus hat man das Rad mit der eigenen Empfindsamkeit – wenn nicht sogar noch größerer! – gegen Kälte

* Gemeint ist der Madison Square Garden, wo die Sechstagerennen veranstaltet wurden und Miller einem deutschen Fahrer dessen Rad abgekauft hatte.

und Nässe und alle Unbill, die es treffen könnte, ausgestattet. Und unerträglich ist der Gedanke, das Rad, das sich nicht selbst zu schützen weiß, aus den Händen zu geben. Tut man es schweren Herzens doch und erhält es nach einer Weile zurück, untersucht man jedes seiner Teile genau, ob es nicht Schaden genommen, sich Rost eingefangen oder Kratzer im Lack davongetragen hat.

Wie anders ergeht es da dem, der sich ein Rad leiht. Nicht den Liebling des Fahrradnarrs, er würde einem nur das Leben schwermachen; aus Sorge, ihm könne etwas zustoßen und man sei schuld daran, traut man sich ja kaum, es zu benutzen. Nicht das nur bei professionellen Anbietern, also nur stunden- oder tageweise gegen Geld zu mietende Rad, das für den Dauergebrauch nicht infrage kommt. Nein, ich meine ein Rad, das schon etwas in die Jahre gekommen ist und nun die Rolle des Reserve- oder Besuchsrads spielt, das überzählig oder dessen Besitzer abwesend ist. Wer einen räderreichen Freundeskreis hat und in seinen Ansprüchen anpassungsfähig ist, hat, wie der Sammler, da leicht einen ganzen Reigen an Rädern zur Verfügung, und das, ohne mit ihnen, wie ihr Eigentümer, belastet zu sein. Zu einem nur ausgeliehenen Rad, selbst wenn die Übertragung die Form einer Dauerleihgabe angenommen hat, stellt sich eine andere Verbundenheit her, eine unbekümmerte, gelassen-friedvolle, uneifersüchtige.

Denn es ist ja nicht so, dass wir diese Räder, wenn sie schön sind und uns entsprechen, nicht ins Herz schließen würden – aber wir können sie betrachten, mit unseren Blicken liebkosen, auf ihnen ausfahren, ohne dass sich das Gefühl hitziger Enge einstellt, das uns überkommt, wenn wir etwas in Besitz nehmen wollen. Stattdessen spüren wir, wie sich ein innerer Raum in uns öffnet, sich Bande der Zuneigung herstellen, ohne den Wunsch zu herrschen. Wie eine streunende Katze ist so ein Rad, die sich zu uns gesellt, sich an uns reibt, die wir gelassen streicheln, ehe sie weiterzieht – wir blicken ihr nach, freundlich, aber ohne den Wunsch, sie zu halten. Auf und mit diesen Rädern machen wir die Erfahrung, dass die Dinge uns umso mehr gehören, je mehr wir sie frei geben.

Man muss sehr anspruchsvoll sein, um so anspruchslos leben zu können. Den meisten von uns fällt es schwer, den Dingen ohne possessive Energie zu begegnen, in ihnen nicht mehr zu sehen als eine Brücke, die einen über den Fluss trägt. Aber wo so gelebt wird, mit vollkommener Offenheit dem Kommenden gegenüber, wird der Besitz bedeutungslos, ja, mehr noch, gibt es keinen Besitz mehr, nur noch einen Gebrauch.

Das gestohlene Rad

Aber so zu leben ist schwer. Und wer nicht nur ein herrenloses Damenrad adoptiert – und selbst da schaffen Gewohnheit und Pflege bald eine zärtliche Anhänglichkeit –, sondern lange gesucht hat, ehe er seinen Liebling fand, der fürchtet seinen Verlust. Und schmückt das Rad mit Blumen, die er um Lenker und Gepäckträger windet, mit leuchtenden Bändern oder sprüht Streifen auf Rahmen und Schutzbleche. Denn durch Schmuck und Farbe, Bänder und Talismane wird das Rad individualisiert, hebt man es aus der Masse heraus. Und gerade indem man die Aufmerksamkeit auf es lenkt, schützt man es. Nicht nur weil es wiedererkennbar oder, wenn man keine Skrupel hat, unansehnlich wird – durch Farbe und Schmuck, Fähnchen, Lämpchen und Schleifen wird der Fahrradkörper zubereitet, gerüstet, gefüttert mit magischen Kräften, die zusammen mit Schlössern und Ketten dabei helfen, die Diebe abzuwehren, die überall lauern.

Aber es gibt Menschen, die auf die geballte Macht von Magie und Eisen nicht vertrauen. Und das Rad, wenn sie es nicht brauchen, nicht einfach auf die Straße oder in den Keller stellen, sondern es mit sich herumtragen – wie der Schweizer Autor Charles-Albert Cingria, der, nachdem ihm einmal das Rad gestohlen worden war, Einladungen nur noch annahm, wenn er sein Rad mitbringen und es in Sichtweite des Tisches an die Wand lehnen durfte; nachts aber hängte er es an zwei Eisenhaken über seinem Bett auf. Das wäre ein schöner Anblick, wenn alle meine radfahrenden Freunde zu Besuch wären und ihre Räder mit in meine Wohnung hinaufbrächten, der lange Gang nicht nur voller Mäntel, Mützen und Schuhe wäre, sondern auch voller plaudernder Fahrräder.

Aber Platz zum Anschließen ist ja zum Glück fast überall, einer der Vorteile des Fahrrads, dass sich immer ein Laternenpfahl, ein Straßenschild, ein Baumstamm oder Zaun findet, an dem man es im Freien anschließen kann (in Italien gern unter dem Schild *Vietato introdurre biciclette* – es gibt keinen sichereren Ort!). Und das, anders als beim Auto, bei dem sich die Parkplatzsuche nicht selten als überaus schwierig erweist, in unmittelbarer Nähe zum Bestimmungsort. So genießt man als Radfahrer immer das Privileg, das Motorisierte nur haben, wenn sie sich chauffieren lassen: direkt vor dem Haus von Freunden, vor dem Eingang von Oper, Theater, Kino abzusteigen. Man taucht da bereits in ihre Atmosphäre, ihre Aura ein, bewegt sich in ihrem Glanz, der festlichen Beleuchtung, unter den Augen der aus den Schaukästen herübergrüßenden Sänger, Schauspieler, Filmstars und denen der anderen Besucher. Spürt einen schönen Nervenkitzel, wenn man das Fahrrad, wie hier, in Berlin, vorm Zeughauskino am Geländer an der Spree anschließt – gleich hinter den Streben lauert das nachtschwarze Wasser, über dem der Schlüssel schwebt, das leise Gluckern, Plätschern zieht ihn an, und alle Wassermythen werden geweckt: lockend verlockende Tiefe, in die es hinabzieht, aus der es ruft und wispert, *Schlüssel, Schlüssel, fall herab* – Aufatmen, wenn das Schloss schnappt, der Schlüssel zurück in die Tasche gleitet, und in einem Augenblick geschieht's, das Sichabwenden unter dem Nachthimmel, der sich kräuselnden schwarzen Luft, und die Zuwendung zu dem neuen Dunkel, der Höhle, die uns erwartet, dem Kino, das uns anlockt mit seinem kegeligen Lichtstrahl, der doch eben noch als Scheinwerfer vorn am Rad den Weg durch den nächtlichen Tiergarten wies. Und während wir uns dem Vergnügen der flackernden Bilder, der Töne und Stimmen hingeben, stehen die Räder draußen, verschlungen mit Laternenpfählen und Baumstämmen, aneinandergelehnt, und geben sich Schutz und Halt wie Freunde. Und erwarten uns treu wie diese, wenn wir aus dem einen Dunkel herauskommen und es durch das andere wieder nach Hause gehen soll.

Wenn es noch da steht. Wie angewurzelt verharrt man, lässt den Blick über die Reihe der Fahrräder gleiten, sucht sich zu erinnern, wo genau man es angeschlossen hat, geht von Rad zu Rad, prüft, wendet sich um, vielleicht war es im Weg, wurde es auf die andere Seite getragen – so geht es eine Weile, aber das Rad, das eine, der Liebling, bleibt verschwunden. Ja, *verschwunden*, denn noch will man nicht *gestohlen* denken, sagen. Die Freunde stehen ratlos wie man selbst. Beginnen Vorschläge für die Heimfahrt zu machen. Steig bei mir auf, ich nehm' dich bis zur Soundso-Ecke mit. Raten, was man am nächsten Tag der Polizei und was der Versicherung sagen solle. Man hört es, aber nimmt, tiefer und tiefer in graue Traurigkeit versinkend, nichts auf – die kaum mehr zu leugnende Tatsache, dass das Rad nicht mehr da und also gestohlen sei, man kann, man will sie nicht begreifen.

In dem Gefühl der Leere, das der Schock hinterlässt, ist es nicht zuerst Empörung, dass da jemand nach fremdem Eigentum gegriffen hat, die sich meldet und nach Vergeltung ruft. Es ist das Gefühl tief gehender Enttäuschung, als hätte das Rad sich von allein davongemacht, ohne ein Wort des Abschieds, einen letzten Gruß: Was für eine Untreue, was für ein Verrat! Aber sogleich hält man ein mit Verdächtigungen und Schuldzuweisungen. Denn ist man nicht selbst der, der das in einen gesetzte Vertrauen enttäuscht hat? Hat man den Liebling denn ausreichend be- und geschützt?

»Is it about a bicycle?«, wird man von den Polizisten in Flann O'Briens Roman *Der dritte Polizist* begrüßt, wenn man sich ihrer merkwürdigen, räumlich nicht fassbaren Wache nähert. Und so sollte auch die erste Frage lauten, wenn man gramgebeugten Hauptes ein Polizeirevier betritt, um den Diebstahl des geliebten Fahrrads zu melden. Denn anders als im Roman, wo es einer der *Sergeants* selbst ist, der jeden

Montag Fahrräder stiehlt und sie am Dienstag wieder aussetzt, so dass ihre Eigentümer sie wiederfinden können, sind im wirklichen Leben gestohlene Räder zu nahezu hundert Prozent verloren. Und auch die Polizisten wissen, dass die Aussicht, das gestohlene Rad wiederzufinden, nahe null ist, winken müde ab, wenn man sie bei der Aufnahme des Protokolls danach fragt, und erklären, in ein paar Wochen käme ein Schreiben mit der Auskunft, die Ermittlungen wären nun eingestellt. Was beim Anzeigeerstattenden natürlich einen gewissen Groll weckt, bedeutet es doch nichts anderes, als dass von vornherein feststeht, dass nach Dieb und Diebesgut gar nicht gesucht wird, der Verlust einfach hingenommen werden muss und keinerlei Aussicht auf Wiedergewinnung des Fahrrads besteht. Nur der Zufall könnte helfen, aber auf den ist kein Verlass.

Noch lange Zeit sucht man mit den Augen, wenn man in der Stadt unterwegs ist, hofft, das gestohlene Rad würde wieder auftauchen, stünde einfach wieder dort, wo man es angeschlossen hat, am Ort seines Verschwindens, oder meint, das gestohlene Rad zu erblicken, bekommt schon Herzklopfen, bis man sieht, nein, es ist nicht meines, das eine, nur ein ihm ähnliches Rad. Mir sind bereits mehrere Räder gestohlen worden, und an einige von ihnen denke ich noch immer voller Wehmut, leide an ihrer Abwesenheit wie an einem Phantomschmerz – vor allem eines, das ich gerade einmal zwei Wochen besaß, da war es schon wieder fort, ist in der Erinnerung fast verklärt. Vielleicht weil ich keine Zeit hatte, es kennenzulernen, weil die Freunde es nie gesehen haben, ich von ihm nur wie von einem Fabelwesen, das sich nach erstem Auftauchen gleich wieder in unerreichbare Weiten davonmachte, erzählen kann.

Mit dem Abschiednehmen, dem Annehmen des Verlustes geht es nicht so schnell. Und so braucht auch der Neukauf eine Zeit. Und nicht nur oder am wenigsten, weil das Modell nicht mehr angeboten wird, das gestohlene Rad also nicht einfach ersetzbar ist. Es hat gedauert, bis man unter Hunderten möglichen Rädern das eine gefunden und gewählt, bis man es eingefahren, sich mit ihm vertraut gemacht hatte, mit ihm zur Mensch-Maschine verschmolzen war – es ist Teil einer körperlich spürbaren Erinnerung geworden, man hat eine gemeinsame Geschichte. Und dass diese verloren, dass sie zur bloßen Erinnerung geworden ist, darum muss getrauert werden. Solange aber – Tage, Wochen, manchmal sogar Monate – bleibt man räderlos, mustert jeden Vorüberfahrenden, Entgegenkommenden wehmütig, selbstmitleidig, ein wenig neidisch auch, wodurch der Verlust noch schmerzlicher wird. Und während man so herumgeht, zum Herumgehen gezwungen ist, schleicht sich der Gedanke ein: Wer stiehlt so ein Rad? Wo mag es jetzt sein? Und dann: Hatte der Dieb es vielleicht nötiger als ich?

Eine Umkehrung der Perspektive, die an Vittorio de Sicas neorealistisches Meisterwerk, seinen Film *Fahrraddiebe* (Ladri di biciclette) aus dem Jahr 1948 denken lässt. Die Armut in Italien ist nach dem Krieg groß. Vorbei die Zeiten, in denen man sein Rad ins Gras sinken lassen, an Hauswänden und Brückengeländern anlehnen konnte, ohne befürchten zu müssen, dass der nächste Vorbeikommende mit ihm auf und davon fährt. Das Fahrrad ist in diesen Jahren Zeichen der extremen Armut und zugleich des Glaubens, wirtschaftlich voranzukommen, verbesserte Aufstiegschancen zu haben. Bei vielen nahm es, als wertvollster Besitz und Grundlage der Existenz, einen zentralen Platz im Haushalt ein, wurde gehegt und gepflegt und mit in die Stube genommen, um es vor Beschädigung und Diebstahl zu bewahren – denn nicht nur ganze Räder, auch Reifen und Ventile wurden ja gestohlen.

In de Sicas Film nun geht Antonio Ricci, der endlich Arbeit als Plakatkleber gefunden hat, für diese aber ein Fahrrad braucht, das ihm, kaum hat er zu arbeiten begonnen, gestohlen wird, gemeinsam mit seinem Sohn auf die Suche. Er kommt Fahrrad und Dieb auch tatsächlich auf die Spur, findet den Räuber aber in ähnlich prekären Verhältnissen an, wie sie sein Leben bestimmen, und kann sich gegen dessen hartnäckig-verzweifelte Abwehr seiner Ansprüche nicht durchsetzen. Am Ende wird Ricci, da er sich nicht mehr anders zu helfen weiß, selbst zum Fahrraddieb, jedoch sogleich gefasst; da der Besitzer des Rades seine ausweglose Lage erkennt, nimmt er jedoch von einer Anzeige Abstand. Als Zuschauer weiß man da schon lange nicht mehr, wem man Glück und das Fahrrad (zurück) wünschen soll.

Auch in den Büchern von Giovanni Guareschi über Don Camillo und Peppone, die im Nachkriegsdeutschland vor allem durch ihre Verfilmung mit Fernandel populär wurden, tauchen immer wieder Fahrräder auf. Und wie bei de Sica findet sich auch hier das Motiv, dass der überführte Dieb den Eigentümer mit seiner Armut so sehr rührt, dass dieser ihn nicht anzeigt, ja, ihm das Rad sogar überlässt, kommt er sich doch, verglichen mit dem Dieb, geradezu reich vor: Don Camillo stellt den Dieb, einen um seine Existenz kämpfenden Mann, dann sogar als Küster ein.

Diese extreme Armut ist, jedenfalls was Europa betrifft, kaum mehr vorstellbar. In unseren Breiten ist das Rad seit Jahrzehnten ein normaler Gebrauchsgegenstand – ein Fahrrad zu besitzen hebt einen nicht heraus, eher ist schon das Gegenteil der Fall: Kein Fahrrad zu haben ist das Erstaunlich-Bestaunte. Es ist nicht länger ein notwendiges Mittel zum Bestehen des Überlebenskampfes, sondern ein Transportmittel unter vielen, unter denen die allermeisten, je nach den Gegebenheiten, es sich leisten können zu wählen.

Welcher Luxus also, verglichen mit der existenziellen Not der Nachkriegsgesellschaften, dass man heute seinem Rad nur aus sentimentalen Gründen nachtrauert. Dass es versichert war, man Geld für ein neues bekommt. Und nach angemessener Trauerzeit beginnt man die vorbeischwirrenden Räder und die in den Schaufenstern mit anderen, wachen Augen zu mustern: Die Qual der Wahl, die Suche nach einem gelungenen Kompromiss, hat von Neuem begonnen. Und nur eines steht fest: Er muss rot sein, der neue Liebling, denn ein rotes Rad, das wissen schon die Kinder, ist schneller.

Dank

an all meine radfahrenden Freundinnen und Freunde, meine
Eltern und Geschwister, meine Agentin Katrin Kroll und
meine Lektorin Christiane Naumann, die natürlich passio-
nierte Radfahrerinnen sind, an die Literatur, die Kunst,
den Film, die Musik, meine vielen Räder, eigene (zwölf!)
und geliehene (?), den Tiergarten, den Berlin-Kopenhagen-
Radweg, die märkischen Wälder, die Ostsee, den Frühling,
den Regen, den Wind, die Erfinder des Dynamos und der
wasserdichten Fahrradtasche, den Mond sowie die beiden
Nichtradfahrer Hartmut Reiher und Dieter M. Gräf.

Literatur

Albig, Jörg-Uwe: *Velo*. Roman. Volk & Welt, Berlin 1999.

Barathieu, Marie-Agnès: *Les Mobiles de Marcel Proust*. Thèse, Toulouse-le-Mirail 1999.

Barthes, Roland: *Cy Twombly*. Deutsch von Walter Seitter. Merve, Berlin 1983.

Barthes, Roland: *Die Lust am Text*. Aus dem Französischen von Traugott König. Suhrkamp, Frankfurt a. M. 1974.

Barthes, Roland: *Mythen des Alltags*. Vollständige Ausgabe. Aus dem Französischen von Horst Brühmann. Suhrkamp, Frankfurt a. M. 2010.

Barthes, Roland: *Sades Fourier Loyola*. Aus dem Französischen von Maren Sell und Jürgen Hoch. Suhrkamp, Frankfurt a. M. 1986.

Barthes, Roland: *Wie zusammen leben – Simulationen einiger alltäglicher Räume im Roman. Vorlesung am Collège de France 1976–1977*. Hg. von Éric Marty. Aus dem Französischen von Horst Brühmann. Suhrkamp, Frankfurt a. M. 2007.

Bashô: *Auf schmalen Pfaden durchs Hinterland*. Aus dem Japanischen übertragen sowie mit einer Einführung und Annotationen versehen von G. S. Dombrady. Dieterich'sche Verlagsbuchhandlung, Mainz 2007.

Bassani, Giorgio: *Die Gärten der Finzi-Contini*. Piper, München 2000.

Bataille, Georges: *Die Geschichte des Auges*. In: ders., *Das obszöne Werk*. Deutsche Übersetzung und Nachwort v. Marion Luckow. Rowohlt, Reinbek b. Hamburg 2010, S. 5–53.

Beauvoir, Simone de: *In den besten Jahren*. Aus dem Französischen übertragen v. Rolf Soellner. Rowohlt, Reinbek b. Hamburg 1969.

Beckett, Simon: *Fingal*. In: ders., *Mehr Prügel als Flügel*. Aus dem Englischen v. Christian Enzensberger. Suhrkamp, Frankfurt a. M. 1989, S. 21–34.

Bleckmann, Dörte: *Wehe wenn sie losgelassen! Über die Anfänge des Frauenradfahrens in Deutschland*. Maxime Verlag Maxi Kutschera, Gera / Leipzig 1998.

Castiglione, Baldassare: *Der Hofmann. Lebensart in der Renaissance*. Aus dem Italienischen von Albert Wesselski. Wagenbach, Berlin 2004.

Chambaz, Bernard: *Petite philosophie du vélo*. Milan, Toulouse 2008.

Collins Weitz, Margaret: *Frauen in der Résistance*. Übersetzung Gabriele Haefs. Unrast Verlag, Münster 2002.

Deiss, Richard: *Kommt Zeit, kommt Rad. Kleine Geschichten und interessante Fakten zur Entwicklung des Fahrradverkehrs*. BoD.

Doyle, Arthur Conan: *Der verschwundene Rugby-Spieler*. In: ders., *Die Wiederkehr von Sherlock Holmes*. Sämtliche Sherlock-Holmes-Erzählungen III. Verlag Gustav Kiepenheuer, Leipzig und Weimar 1984, S. 332–363.

Ebert, Anne-Katrin: *Radelnde Nationen. Die Geschichte des Fahrrads in Deutschland und den Niederlanden bis 1940*. Campus, Frankfurt a. M. / New York 2010.

Erb, Elke: *Kastanienallee*. Texte und Kommentare. Aufbau-Verlag, Berlin / Weimar 1989.

Erb, Elke: *** [Ich fuhr . . .]*. In: dies., *Meins*. Hg. v. Christian Filips Roughbook 006, Wuischke / Berlin / Holderbank SO 2010, S. 33.

Ezine, Jean-Louis: *De la littérature considérée comme une vélomachie*. In: ders., *Un ténébreux*. Le Seuil, 2003, S. 25–26. (Übersetzung des Zitats B. H.)

Franke, Jutta: *Illustrierte Fahrrad-Geschichte*. Nicolaische Verlagsbuchhandlung, Berlin 1987.

Fuld, Werner: *Das Lexikon der Fälschungen. Lügen und Intrigen in Kunst, Geschichte und Literatur*. Piper, München / Zürich 2000

Gibbs-Smith, Charles: *The Inventions of Leonardo da Vinci*. BCA, Oxford 1978; dt.: *Die Erfindungen von Leonardo da Vinci*. Belser, Stuttgart / Zürich 1978.

Gottfried von Straßburg: *Tristan*. Bd. 2. Mittelhochdeutsch / Neuhochdeutsch, Übersetzung von Rüdiger Krohn. Reclam, Stuttgart 1996.

Gressmann, Michael: *Fahrradphysik und Biomechanik – Technik, Formeln, Gesetze*. Delius-Klasing, Bielefeld 2002.

Handke, Peter: *Ich komme aus dem Traum*. Ein Gespräch mit Ulrich Greiner in *Die Zeit,* Nr. 6, 2. 2. 2006, S. 53–54.

Herrigel, Eugen: *Zen in der Kunst des Bogenschießens. Der Zen-Weg*. Aufzeichnungen aus dem Nachlass in Verbindung mit Gusty L. Herrigel. Hg. v. Hermann Tausend. S. Fischer, Frankfurt a. M. 2004.

Houppermans, Sjef: *Marcel Proust constructiviste*. Editions Rodopi, Amsterdam, New York 2007.

Jerome, Jerome K.: *Drei Männer auf Bummelfahrt*. Aus dem Englischen v. Renate Orth-Guttmann. Manesse, München 2005.

Johnson, Uwe: *Das dritte Buch über Achim*. Roman. Suhrkamp, Frankfurt a. M. 1998.

Kleist, Heinrich von: *Amphitryon*. In: ders., *Sämtliche Werke und Briefe*. Bd. 1. Hg. v. Helmut Sembdner. Hanser, München 1985, S. 245–320.

Kleist, Heinrich von: *Über das Marionettentheater*. In: ders., *Sämtliche Werke und Briefe*. Bd. 2. Hg. v. Helmut Sembdner. Hanser, München 1985, S. 338–345.

Klonovsky, Michael: *Radfahren*. dtv, München 2006.

Leblanc, Maurice: *Voici les ailes!* Paul Ollendorff Editeur, Paris 1898. (Eine dt. Ausgabe ist unter dem Titel *Nun wachsen uns Flügel!* für 2012 im Maxime Verlag angekündigt.)

Lessing, Hans-Erhard: *Automobilität – Karl Drais und die unglaublichen Anfänge*. Maxime Verlag, Leipzig 2003.

Lessing, Hans-Erhard: *Fahrradkultur*. Bd. 1: *Der Höhepunkt um 1900*. Rowohlt, Reinbek b. Hamburg 1985.

Lessing, Hans-Erhard (Hg.): *Ich fahr so gerne Rad – Geschichten vom Glück auf zwei Rädern*. dtv, München 2007.

Lyken, Verena: *Es gibt kein Leben nach der RAF. ›Nichts als Gespenster‹ – Christian Petzolds Film aus dem Jahr 2000 ist Thriller, Familiengeschichte und politisches Kammerspiel zugleich*. In: *Frankfurter Allgemeine Sonntagszeitung*, Nr. 15, 18. 4. 2010, S. 24.

Maierhof, Gudrun / Katinka Schröder: *Sie radeln wie ein Mann, Madame. Als die Frauen das Rad eroberten*. eFeF-Verlag, Zumikon / Dortmund 1992.

Marks, Patricia: *Bicycles, Bangs, and Bloomers. The New Woman in the Popular Press*. University Press of Kentucky, Lexington 1990.

Melville, Henry: *Bartleby, der Schreiber – Eine Geschichte aus der Wall Street*. Übersetzt v. Jürgen Krug. Insel, Frankfurt a. M. 2004.

Meneghello, Luigi: *Die kleinen Meister*. Aus dem Italienischen von Marianne Schneider. Wagenbach, Berlin 1990.

Michael, Jan: *Ein Buch vom Fahrrad. Mit 22 Plakaten aus seiner Glanzzeit*. V.O.C.-Angel Books, Amsterdam 1980.

Miller, Henry: *Mein Fahrrad und andere Freunde. Erinnerungsblätter*. Deutsch von Hermann Stiehl. Rowohlt, Reinbek b. Hamburg 1994.

Neruda, Pablo: *Ode an das Fahrrad*. In: ders., *Elementare Oden*. Übertragen v. Erich Arendt. Volk & Welt, Berlin 1975, S. 451–453.

Nizon, Paul: *Radfahrer durch die Stadt*. In: *Die gleitenden Plätze*. In: ders., *Romane, Erzählungen, Journale*. Suhrkamp, Frankfurt a. M. 2009, S. 12–16.

Nucéra, Louis: *Mes rayons de soleil*. Grasset, Paris 1987.

O'Brien, Flann: *Der dritte Polizist*. Roman. Aus dem Englischen von Harry Rowohlt. Kein & Aber, Zürich 2006.

Proust, Marcel: *Auf der Suche nach der verlorenen Zeit: Im Schatten junger Mädchenblüte*. Aus dem Französischen von Eva Rechel-Mertens, revidiert von Luzius Keller und Sibylla Laemmel. Suhrkamp, Frankfurt a. M. 2004.

Proust, Marcel: *Auf der Suche nach der verlorenen Zeit: Die Flüchtige*. Aus dem Französischen von Eva Rechel-Mertens, rev. von Luzius Keller und Sibylla Laemmel. Suhrkamp, Frankfurt a. M. 2004.

Rabenstein, Rüdiger: *Radsport und Gesellschaft – Ihre sozialgeschichtlichen Zusammenhänge in der Zeit von 1867 bis 1914*. Weidmann, Hildesheim / München / Zürich 1996.

Rathjen, Friedhelm: *Ein treffliches, leichtes Gerät mit Holzfelgen und roten Reifen. Samuel Beckett und seine Fahrräder*. Verlag Jürgen Häusser, Darmstadt 1996.

Rauck, Max J. B. / Gerd Volke, Felix R. Paturi: *Mit dem Rad durch zwei Jahrhunderte*. AT Verlag, Aarau / Stuttgart 1979.

Rennert, Jack: *100 Jahre Fahrrad Plakate*. Rembrandt Verlag, New York / Berlin 1974.

Salvisberg, Paul von (Hg.): *Der Radfahrsport in Bild und Wort*. München 1897. Nachdruck hg. v. Hans-Erhard Lessing. Olms Presse Verlag, Hildesheim 1980.

Schenkel, Elmar: *Cyclomanie. Das Fahrrad und die Literatur*. Edition Isele, Eggingen 2008.

Seiler, Lutz: *was ich besaß* (S. 61). *wer hinten geht* (S. 88–89). In: ders., *im felderlatein*. Gedichte. Suhrkamp, Berlin 2010.

Siegfried, Martin: *Die Hygiene des Radfahrers*. In: *Der Radfahrsport in Bild und Wort*, hg. v. Paul von Salvisberg, München 1897. Nachdruck hg. v. Hans-Erhard Lessing. Olms Presse Verlag, Hildesheim 1980, S. 157–170.

Stiegler, Bernd: *Reisender Stillstand. Eine kleine Geschichte der Reisen im und um das Zimmer herum*. S. Fischer, Frankfurt a. M. 2010.

Suzuki, Daisetz T.: *Zen und die Kultur Japans – Der Geist des Zen in Dichtung und Malerei, Theater, Tee-Weg, Garten- und Baukunst, Philosophie und den Kampfkünsten Japans*. O. W. Barth, München 1994.

Tanizaki, Jun'ichiro: *Lob des Schattens. Entwurf einer japanischen Ästhetik*. Aus dem Japanischen übertragen von Eduard Klopfenstein. Manesse Verlag, Zürich 1990.

Tausendundeine Nacht. Nach der ältesten arabischen Handschrift in der Ausgabe von Mushin Mahdi erstmals ins Deutsche übertragen von Claudia Ott. C. H. Beck, München 2005.

Thompson, Flora: *Lark Rise to Candleford. A Trilogy*. Penguin Books, London 2000.

Thoreau, Henry David: *Vom Spazieren*. Ein Essay. Aus dem Amerikanischen von Dirk van Gunsteren. Diogenes, Zürich 2001.

Thoreau, Henry David: *Walden – Ein Leben mit der Natur*. Deutsch von Erika Ziha. Ergänzt und überarbeitet von Sophie Zeitz. dtv, München 2010.

Tolstoi, Lew: *Tagebücher Bd. 2, 1885–1901*. Hg. v. Eberhard Dieckmann. Rütten & Loening, Berlin 1978.

Ude, Christian: *Stadtradeln. Kleine Philosophie der Passionen*. dtv, München 2005.

Virilio, Paul: *Fahren, fahren, fahren …* Aus dem Französischen übersetzt von Ulrich Raulf. Merve, Berlin 1978.

Welzer, Harald: *Warum a-l-l-e-s immer schlimmer wird. Ständig wollen wir besser werden. Das kann nicht gut gehen*. In: Zeit-Magazin, Nr. 1, 30. 12. 2010, S. 16.

Willms, Johannes: *Stendhal*. Biographie. Hanser, München 2010.

Wolter, Gundula: *Hosen, weiblich. Kulturgeschichte der Frauenhose*. Jonas Verlag, Marburg 1994.

Woolf, Virginia: *Halbintellektuell*. In: dies., *Der Tod des Falters*. Essays. Nach der englischen Ausgabe von Leonard Woolf hg. v. Klaus Reichert. Deutsch von Hannelore Faden und Joachim A. Frank. S. Fischer, Frankfurt a. M. 1997, S. 168–178.

Woolf, Virginia: *Tagebücher 1. 1915–1919*. Deutsch von Maria Bosse-Sporleder. Hg. v. Klaus Reichert. S. Fischer Verlag, Frankfurt a. M. 1990.

Bildnachweis